強権的指導者の時代

民主主義を脅かす世界の新潮流

ギデオン・ラックマン

村井浩紀［監訳］

The Age of the Strongman

Gideon Rachman

日本経済新聞出版

The Age of the Strongman

How the Cult of the Leader Threatens Democracy around the World

by

Gideon Rachman

First published as The Age of the Strongman in 2022
by The Bodley Head, an imprint of Vintage.
Vintage is part of the Penguin Random House group of companies.

Japanese translation rights arranged with
The Random House Group Limited
through Japan UNI Agency, Inc., Tokyo.

ジャック・ラックマン（１９３８〜２０２１年）を偲んで

強権的指導者の時代
目次

はじめに

2018年春、ホワイトハウスはドナルド・トランプ米大統領と北朝鮮の金正恩《キムジョンウン》総書記の首脳会談に向けた準備に追われていた。アメリカ大統領の国家安全保障スタッフが働く行政府ビルで、トランプの側近の1人が苦笑いしながら私に言った。「大統領は独裁者と直接取引することを楽しんでいるんだ」

政権幹部は明らかに、トランプの独裁者好きを苦々しく思っていた。トランプ自身が世界最大の民主主義国家の中枢に独裁者の習慣のいくつかを持ち込んでしまった——そんな言葉にならない思いが、ホワイトハウスの空気に漂っていた。大統領の乱暴なレトリック、軍事パレード好き、利益相反に対する寛容さ、ジャーナリストや判事に対する不寛容さはすべて、強権的指導者の政治手法の特徴であり、つい最近まで西側の成熟した民主主義国家にはないものだと考えられていた。

だがトランプは時代の波長に合っていた。2000年以降、強権的指導者の台頭は、世界政治の中心的な特徴になっている。モスクワ、北京、ニューデリー（デリー）、アンカラ、ブダペスト、ワルシャワ、マニラ、リヤド、ブラジリアなど世界のさまざまな首都で、自称「強権的《ストロン》指導者《グマン》」（いまのところ、彼らはすべて男性である）が権力を掌握するようになった。

一般的に、これらの指導者はナショナリスト（訳註：国家主義者、国粋主義者、民族主義者などと訳される）で文化的保守主義者であり、少数民族や反対意見、外国人の利益には不寛容だ。国内では、彼らは「グローバリスト」エリートに対抗して、一般人のために立ち上がっていると主張する。海外では、自国を体現しているかのように装う。そして、行く先々で個人崇拝を奨励する。

強権的指導者の時代は、トランプがホワイトハウスを獲得するずっと前から始まっている。そしてポスト・トランプ時代でも、世界政治の中心テーマであり続けるだろう。21世紀の新興超大国である中国とインドは、ともに強権政治に傾斜している。中国の習近平《シージンピン》国家主席とインドのナレンドラ・モディ首相はまったく異なる政治体制の国を運営しているが、指導者個人を前面に出した統治手法に変えているのは共通している。ナショナリズム、自国は「強い」というレトリック、自由主義《リベラリズム》への激しい敵意が特徴だ。EUの東側にある重要な2大国ロシアとトルコも、強権的指導者によって運営されている。ロシアのウラジーミル・プーチン大統領もトルコのレジェップ・タイイップ・エルドアン大統領も、政権を握ってから20年近くが経過している。ハンガリーのビクトル・オルバン首相やポーランドのヤロスワフ・カチンスキ元首相によって、EUにも強権的指導者の手法が入り込んできている。イギリスのボリス・ジョンソン首相も、法律、外交、党内の異論に対する態度において、この手法を持ち込んでいる。中南米の2大国であるブラジルとメキシコは、現在、ジャイル・ボルソナロ大統領とアンドレス・マヌエル・ロペスオブラドール大統領（通称アムロ）が率いている。ボルソナロは極右、ロペスオブラドールは左派ポピュリストである。両者とも強権的指導者モデルに合致し、個人崇拝と国家機関の軽視を助長している。

このような国際的なパターンは、本書の主題――強権的指導者の政治スタイルは権威主義体制に限定されない――を明確に示すものだ。いまやこの手法は民主的選挙で選ばれた政治家の間でもよく見られる。トランプのような民主主義国家で活動する強権的指導者は、習近平やプーチンにはない制度的制約に直面する。しかし、トランプ、フィリピンのドゥテルテ大統領、ブラジルのボルソナロ大統領に見え隠れする本能は、中国やロシアの強権的指導者と不安になるほど似ている。

世界各地での強権的指導者の台頭は、世界政治を根本的に変えている。いまわれわれは自由民主主義の価値に対する世界規模の攻撃にさらされており、しかもそれは１９３０年代以降で最も継続的な攻撃でもある。世界が瓦礫と化した第２次世界大戦から約60年、政治的自由は世界中で進展してきた。その歩みは不安定であり、民主主義の定義も不明確であるが、全体的な方向性は明らかであった。１９４５年当時、世界にはわずか12カ国の民主主義国家が存在した。それが２００２年には92カ国になり、史上初めて独裁国家の数を上回った。[*1]

それ以来、正式に民主主義国家と定義された国々は、わずかながらも独裁的な政権をしのいでいた。だが、民主主義の衰退が始まっている。世界の「自由度」について年次報告書を発表しているフリーダムハウスは、２０２０年発表の報告書で世界の自由度が15年連続で低下したと指摘している（訳註：「自由度」は市民的自由と政治的自由の2つのカテゴリーで算出。世界の自由度は、その合計スコアが改善した国数から悪化した国数を差し引いたもの）。冷戦後、市民的自由と政治的自由が世界的に急改善したが、２００５年に潮目が変わった。それ以来、市民的自由と政治的自由が減少した国は、増加した国よりも多くなっている。フリーダムハウスが述べているように「長びく民主主義の後退が深刻化している」[*2]。この現象の中心にあるのが、強権的指導者の台頭である。強権的指導者の政治手法は、法律や制度よりも指導者の本能を優先させるからである。

今日のグローバルな政治環境は、大国間の戦争が日常だった１９３０年代の独裁者の時代とはまったく異なる。グローバリゼーションは世界経済を一変させた。国際法の普及は、国際社会における指導者に期待される行動を生み出した。だが、21世紀のテクノロジーは、大衆と直接コミュニケーションする新しい方法と、社会統制の危険で新しいツールとを、強権的指導者たちに手渡そうとしている。とくに市民の活動や行動を監視する能力が備わったツールをである。これらが使われれば、21世紀における権威主義への流れが強まることになる。

アメリカのジョー・バイデン大統領は、世界的な民主主義の推進を就任後の中心的目標としている。しかし、彼は「強権的指導者の時代」の真っ只中に政権を握ってしまった。いまやポピュリストや権威主義の指導者たちが世界政治の方向性を形成しており、復活しつつあるナショナリズムと文化的・領土的対立の強い潮流に乗っている。バイデンがリベラルな価値観とアメリカのリーダーシップをふたたび主張しても、その潮流が強すぎて押し返せないかもしれない。

アメリカ国内においても、バイデンの勝利が強権政治を確実に覆したわけではない。トランプが２０２０年の大統領選で接戦を演じたことから、２０２４年の大統領選にも出馬するという噂がすぐに広まった。トランプ自身が政治の第一線から身を引いたとしても、これから先の共和党の候補者たちがトランプ流の政治手法を使う可能性は高い。

中国のナショナリストたちは、バイデンのことを、避けられない衰退に直面するアメリカを率いる、老いた弱いリーダーだ、としばしば表現している。対して中国のことは、強力で精力的なリーダーのもとで復興した大国として表現する。いま生まれつつある新世界秩序では、アメリカ大統領に通常与えられる「世界で最も影響力のある人物」という称号に対して、中国の国家主席が異を唱える日が近いかもしれない。

大統領としてのバイデンの中心的な課題は、自由民主主義の活力を国内外に示すことであろう。もしバイデンがそれに失敗したら、彼の任期は「強権的指導者の時代」の幕間《まくあい》に過ぎないことになる。

リベラル派が強権政治との戦いに勝つには、相手について理解する必要がある。本書は「強権的指導者の時代」について、主要な３つの問いに答えていく。

強権的指導者という潮流はいつから定着したのか？　その主な特徴は何か？　なぜこの流れが起きたのか？

１９９９年12月31日、ロシアでウラジーミル・プーチンが大統領代行に就任し、政権を握った。プーチンは、新世代の権威主義者になりたい者たちにとって重要なシンボルであり、インスピレーションを与える存在にもなっている。彼らは、プーチンのナショナリズム、大胆さ、暴力を行使する意志、「政治的正しさ」を軽視する姿勢を称賛している。

だが翌２０００年5月に大統領に就任したプーチンは当初、既存の世界秩序のなかで信頼できるパートナーとして見られることを強く望んでいた。同年6月、ビル・クリントン米大統領がクレムリンでプーチンと会談したとき、クリントンはプーチンには「自由と多元主義、法の支配を維持しながら、繁栄した強いロシアを建設する十分な能力がある」と述べた。[*3] ２００１年のジョージ・W・ブッシュ米大統領との初会談では、ブッシュはプーチンに好印象を受けた。「われわれは非常に良い対話をした。彼の魂を感じることができた」とブッシュは述べた。

プーチンがアメリカを中心とした世界秩序の敵として本格的に登場したのは、２００７年のミュンヘン安全保障会議におけるアメリカ糾弾演説と、２００８年のジョージアへの軍事侵攻がきっかけである。以来、プーチンの大言壮語と好戦的な政治手法は、アメリカのバラク・オバマ大統領、ドイツのアンゲラ・メルケル首相、中国の胡錦濤《フーチンタオ》国家主席といった当時の主要な世界的指導者たちの慎重なプラグマティズムに比べて、異質なものに映った。メルケルは、プーチンを21世紀の問題を解決するために19世紀の手段を用いる指導者だと断じた。[*4] だがプーチンは時代錯誤ではなく、むしろ時代の先駆者であった。彼が21世紀の幕開けに政権を取ったのは、象徴的でもある。

プーチンがロシアで権力を手中にしてから3年後の2003年、トルコの首相にレジェップ・タイイップ・エルドアンが就任した。プーチン同様、エルドアンが強権的指導者の政治手法をとるようになるには、しばらく時間がかかった。当初はリベラルな改革者として西側で広く歓迎されていたエルドアンは、20年以上の政権運営のなかで、ジャーナリストや政敵を投獄し、軍や裁判所、公務員を粛清し、アンカラに巨大な宮殿を建設し、偏執的で陰謀論的な世界観を信奉し、ますます独裁的になっていった。

ロシアとトルコは、ともにG20に加盟できるほどの経済規模を持つ大国である。しかし、彼らはもはや超大国ではない。「強権的指導者の時代」が世界的な現象として定着したのは、2012年、中国で習近平が権力を握った年であると言える。

1976年の毛沢東《マオツォートン》の死去から数十年にわたり、中国共産党は集団指導体制へ慎重に移行していた。現在の中国は、毛沢東時代には予想もできなかったほど豊かで洗練された国になっているが、習近平は自分が若い頃に浴びた毛沢東主義者の主題を懐かしく思っているようだ。共産党宣伝部は「習大大《シーダーダー》」（訳註：習おじさん）を前面に出し、習近平の個人崇拝を始めた。彼の強権的指導者への転換が決定的になったのは、2018年の国家主席の任期制限撤廃である。「2期10年」とされてきた制限がなくなり、習近平が終身国家主席になる可能性が出てきた。

アジアのもう1つの新興超大国であるインドは、2014年に選出されたナレンドラ・モディが同じような道を歩んでいる。モディはヒンズー至上主義政党インド人民党（BJP）の党首である。モディは野党党首時代にアメリカへの入国ビザ発給を拒否されたほど、首相就任前から物議を醸してきた人物である。ビザ発給拒否の理由は、彼がグジャラート州首相だった2002年に起きたヒンズー教徒によるムスリム（イスラム教徒）虐殺に関与したというものだった。インドの指導者になったモディは、自らを国内外の敵に立ち向かう男として売り出している。2019年のインド総選挙の前には、モディ再選への地均《じなら》しとしてパキスタンのテロリスト基地と目される場所を空爆し、インド人の多くを熱狂させた。選挙戦でモディは、有権者にこう請け合った。「ハスの花［インド人民党のシンボル］に投票するとき、あなたは電子投票機のボタンを押すのではなく、テロリストの胸を撃つ引き金を引くのだ」

2015年、強権的指導者の政治手法は、自由民主主義国のクラブを自称するEU内でも重要な躍進を遂げた。この年、権威主義的傾向を強めるハンガリー首相ビクトル・オルバンが中東からの難民流入を阻止するキャンペーンを主導し、ヨーロッパの右派ポピュリストの英雄になった。同年、ポーランドのヤロスワフ・カチンスキ率いる右派ポピュリスト政党「法と正義」は、大統領選、上下両院の選挙ともに勝利を収めた。

2015年の欧州難民危機は、イギリスで2016年6月に行われたEU離脱を問う国民投票の背景となった。ボリス・ジョンソン率いるEU離脱派は、ムスリム移民への恐怖心を利用し、トルコのEU加盟準備が整った、という誤情報をキャンペーンに使った。そして、トルコが加盟すればイギリスに移民が押し寄せると主張した。離脱派が使った「主権を取り戻せ（Take

Back Control)」というスローガンは強力で、多くの票を獲得し、離脱派勝利という予想外の結果に導いた。２０１６年のアメリカ大統領選挙でトランプ陣営の選挙対策本部長を務めたスティーブ・バノンは、トランプが大統領選に勝てると確信した瞬間は、イギリスのＥＵ離脱派が勝利したときだったと後に断言している。

２０１６年11月にトランプが大統領選挙で勝利したことは、いろいろな意味において、すでに形作られていた世界的潮流の一部に過ぎなかった。だがアメリカの経済的・文化的なパワーが比類ないものであるがゆえに、トランプの登場によって世界政治の雰囲気が変わり、強権的指導者の政治手法を強化・正当化し、模倣者を世界中で増やすことになった。

２０１７年5月、トランプが大統領就任後初の外遊先に選んだのは、アラブで最も豊かで強力な国家サウジアラビアだった。同年、ムハンマド・ビン・サルマン皇太子は、サウジアラビアの事実上の指導者となった。この新リーダーは、世界的な知名度を瞬く間に築き上げた。これは秘密主義で内向的なサウジアラビア王室では前例のないことだ。名前の頭文字からＭＢＳと呼ばれるようになった彼は、サウジアラビアが必要としていた権威主義体制の改革者として西側の一部から歓迎されていたが、それも反体制派記者のジャマル・カショギ殺害によって西側のＭＢＳファンに衝撃を与えるまでの間だった。２０１８年にアルゼンチンで行われたＧ20サミットでプーチンが笑いながらＭＢＳとハイタッチをした姿は「強権的指導者の時代」の法律無視と刑事免責の特権を具現したかのようだった。

南米最大の国ブラジルは、2018年にジャイル・ボルソナロを大統領に選び、強権政治の誘惑に負けた。いまでは「熱帯のトランプ」の異名をとるボルソナロだが、元は目立たない右派政治家だった。彼は「政治的正しさ」や「グローバリズム」「フェイクニュース」、環境保護NGOを非難し、銃所有者や福音派、牧場主、イスラエルの擁護といったトランプ的スローガンや論題を採り入れることで、大統領選に勝利した。

2018年、アフリカは強権政治の攻勢から解放されたように見えた。アフリカ大陸で2番目に人口の多いエチオピアの新指導者アビー・アハメド首相は、政治犯を解放し、隣国エリトリアとの長い戦争を終わらせることで国際的な注目を集め、2019年にはノーベル平和賞を受賞した。だがその翌年、アビーはティグレ州の反政府勢力に対する軍事作戦を開始し、数千人の死者を出した。戦争犯罪の疑いもある。アビーのこのような転向は、西側でリベラルな改革者として歓迎されながら、独裁的な強権的指導者に転じた指導者の最新例になるのではという懸念を抱かせた。

西側の論者には、登場したての強権的指導者をリベラルな改革者と勘違いする傾向があり、それがパターン化している。トルコでエルドアンが初めて政権を握ったとき、ニューヨーク・タイムズ紙は彼を「民主的多元主義を支持するイスラム政治家」と評した。[*5] 同じように、ニューヨーク・タイムズ紙のコラムニスト、ニコラス・クリストフは、2013年に習近平について こう予測している。「経済改革の再開に拍車がかかり、政治的な締め付けも緩むだろう」。また習近平政権で「毛沢東の遺体が天安門広場の毛主席紀念堂から引きずり出される」ことを期待した。[*6]その2年後、同じくニューヨーク・タイムズ紙の著名コラムニスト、トーマス・フリードマンは、ムハンマド・ビン・サルマン皇太子を「サウジアラビアの統治制度を変革する使命を帯びた」改革の台風の目として描写している。[*7] 2017年、MBSの人権侵害に対する不満が高まるなか、フリードマンはこうした異論を振り払うかのように「このメニューには『完璧』の文字はない。誰かがこの仕事を担って、サウジアラビアを21世紀型へと急転換させる必要があった」と書いている。[*8]

2014年にはナレンドラ・モディの首相就任の直前にそれを歓迎して、「インドは衝撃を必要としており、モディは取るに値するリスクだ」という見出しの記事を書いたイギリスのコラムニストがいた。それは誰か？　実のところ、私だ。私はまた、彼がその他後進諸階級（OBC）の貧しいチャイ売りから国の指導者に上り詰めたことを「スリリング」だと表現した。[*9] しかし、市民権に対するモディの傲慢な態度を目の当たりにしたいまなら、私は別の言葉を選びたい。

このような純朴な予測と打ち砕かれた希望の一覧を振り返って、西側の論者がなぜ間違え続けたのかを問うのは興味深いことである。振り返ってみると、冷戦の「勝利」から生まれたリベラルな政治・経済思想の力に対する過信と希望的観測が混在していたのだと思う。その結果、西側のオピニオンリーダーたちは、世界の潮流が反リベラリズムに変わりつつあることを理解するのが遅れた。だがプーチンが政権を掌握してから２０２０年で１世代経った。何が世界で起きているかを直視すべきだ。言論の自由、司法の独立、少数者の権利といったリベラルな価値観が、世界中で攻撃されている。[*10]

この暗い潮流から、２つの疑問が出てくる。強権的指導者による政治とは何か、それはなぜ台頭してきたのか、である。

われわれが「強権的指導者の時代」に生きているという議論には、当然異論もあるだろう。トランプやモディのような民主的に選ばれたリーダーと、習近平やＭＢＳのような民主的な選挙で選ばれていない独裁者とをひとくくりにして、比較することが本当に可能なのか、と。

このような比較は、慎重かつバランスをとって行う必要があるが、私は有効であり、実のところ、不可欠だと考えている。本書で取り上げた強権的指導者たちは、同じ直線上にプロットできる。一方の端には、中国やサウジアラビアの指導者のような誰もが認める独裁者がいる。そして中間には、プーチンやエルドアンのような、選挙や限られた報道の自由といった民主主義の制約を受けるものの、反体制派を投獄し、何十年も国を支配することが可能な人物がいる。そしてもう一方の端には、民主主義国家の中で活動しながらも、民主主義の規範を蔑ろにし、民主主義を損なうことに躍起になっているような政治家もいる。トランプ、オルバン、モディ、ボルソナロなどである。

本書の目的は、世界の独裁者のガイドブックではない。トランプやイスラエルのベンヤミン・ネタニヤフ首相といった強権的指導者を論じる一方で、金正恩のような暴君や、ベラルーシのアレクサンドル・ルカシェンコ大統領やカンボジアのフン・セン首相といった悪党は除外している。本書は、新しい世代の新しいタイプのナショナリスト、ポピュリストの指導者の台頭を描いている。彼らはリベラリズムを蔑視し、権威主義的な新しい統治方法を受け入れるという点でつながっている。21世紀に入ってから、アメリカ、中国、ロシア、インド、ＥＵ、ラテンアメリカなど、世界の主要なパワーセンターにおいて、強権的指導者が出現するという現象が定着してきた。一方、フン・センやルカシェンコは１９９０年代に国を支配したが、カンボジアもベラルーシも世界から見れば小国だったし、北朝鮮は１９４８年の建国以来「金王朝」が統治している。金正恩、ルカシェンコ、フン・センはいずれも強権的指導者の特徴を備えているが、この20年間の世界政治に流れる風の変化の中心的存在ではない。

イギリスの読者のなかには、強権的指導者のリストにボリス・ジョンソンが含まれていることに眉をひそめる人もいるだろう。首相やブレグジット（イギリスのＥＵ離脱）の支持者は、不当な中傷だと見るかもしれない。だが２０１９年、ジョンソンが首相になるという野望を果たしたときの党首選で、彼は自らを強権的指導者として売り込んでいたのだ。どんな手段を使ってでもブレグジットを成し遂げる、タフな人物だ、と。ジョンソンは平議員だったときから、ＥＵ対応のモデルとしてトランプ流の外交を引き合いに出していた。首相になった彼は、前任のテリーザ・メイが尻込みした次のような手を繰り出した。保守党幹部の役職解任や除名処分、下院を一時閉会するなどだ（一時閉会は最高裁が違法だと判断した）。トランプはジョンソンに親近感を抱き、「ブリテン・トランプ」と名づけた。バイデンもこれに同意し、ジョンソンをトランプの「肉体的・心理的クローン」と呼んでいる。[*11] ジョンソンが大義としたブレグジットは、グローバル化したリベラリズムに対する反発として、きわめて重要な出来事だった。

民主的に選ばれた強権的指導者について心配する理由の1つは、まさに彼らの行動とレトリックが独裁者の行動とはっきりと重なるからである。トランプについて最初に警鐘を鳴らした人のなかに、本当の独裁政治の経験者がいたことは特筆すべきである。とくにロシアからの亡命者ガルリ・カスパロフやマーシャ・ゲッセンは、トランプの振る舞いがプーチンを髣髴させると明確に述べている。[†][*12] しかし、アメリカは民主主義世界における唯一の逸脱例ではない。制度や法律、政党に基づくはずの他の政治システムでも、モディやボルソナロ、ドゥテルテのような強権的な人物が登場するようになったのである。

また、すでに権威主義的だった国のなかで、強権的指導者モデルへの移行が進んでいる。中国とサウジアラビアは一度も民主主義国家だったことはないが、習近平とＭＢＳ以前は共産党とサウジ王室を中心とした集団的指導体制が取られていた。しかし近年では、両国とも、より個人を重視した統治手法に移行している。

このように政治の「個人化」の動きが世界に拡散した結果、権威主義と民主主義の間の線引きがぼやけてきているのである。従来、アメリカ大統領は（アメリカが主導する）「自由世界」と、それ以外の非民主的な国々とを峻別してきた。しかしトランプはこの差異を軽視した。トランプは2015年の大統領選挙戦中にプーチンを称賛していたが、プーチンが政敵やジャーナリストを殺害していることについて問われると、こう答えた。「わが国も人をたくさん殺している」[*13]。また大統領就任後も、トランプはワシントン・ポスト紙のボブ・ウッドワードに「エルドアンとはかなりうまくやっている……彼らがしたたかでたちの悪い人間であればあるほど、私はうまくやっていける」と述べた。

トランプは報道の自由が自由社会の不可欠な要素だと擁護するのではなく、むしろ「フェイクニュース・メディア」と糾弾することに時間を費やした。トランプはアメリカの司法の独立や自由選挙を称えるのではなく、自分に不利な判決を下した判事を偏見に満ちていると非難し、2020年の大統領選挙の敗北を選挙不正だと唱えて覆そうとした。トランプの行動や言葉遣いは、他の民主主義国の指導者たちにも影響を与えた。イスラエルのネタニヤフ首相もブラジルのボルソナロ大統領も、「フェイクニュース」と「国家内国家《ディープ・ステート》」が自分たちに不利に働いていると訴えている。2021年に政権を失ったネタニヤフは、「民主主義史上、最大の不正選挙」の被害者だとトランプのような主張をした。

† 対照的に、冷戦時代のソ連の反体制派は、米ソの類似性を主張する西側のリベラル派を否定するのが常だった。

民主主義体制と権威主義体制の指導者の間にある線引きを消すことは、何十年にもわたり権威主義者の重要な目標だった。プーチンの長期政権の初めの頃、私はクレムリンで大統領府報道官のドミトリー・ペスコフに会ったことがある。私がプーチンの最近の弾圧行為のいくつかについて尋ねると、ペスコフは笑みを浮かべながらこう答えた。「わが国のシステムすべてに不完全な点がある」。トランプの論法は、こうしたロシアと中国の長年の姿勢を追認するようなものだ。トランプはアメリカ大統領であるにもかかわらず、「われわれも嘘をつき、殺し、メディアはフェイクで、選挙には不正があり、司法はいい加減」と明言するのを厭わない。中国史研究者ラナ・ミッターはこう述べている。「反リベラリズムの言説は、権威主義国家と民主主義国家の間には根本的な違いがなく、程度の問題だと言いやすくなるため、中国を利することになる」[*14]

本書で描かれる強権的指導者は「まったく同じ」ではない。だが、重要な類似点があり、そこからの気づきがある。強権的指導者の政治手法には共通する4つの特徴がある。個人崇拝、法の支配の軽視、自分は真の大衆を代表している反エリートであるという主張（ポピュリズム）、そして恐怖とナショナリズムで政治を動かしているということだ。

強権的指導者は、必要不可欠な存在であるとみなされたいと思っている。その目標は、国を救うのは自分しかいないと人々に信じ込ませることだ。「私だけがそれを正せる」と、トランプは共和党大会の大統領候補指名受諾演説で語った。国家と指導者の区別がなくなり、強権的指導者がより劣った人間に取って代わられることは危険で、考えられないことだと思わせる。理想は、強さだけでなく、道徳性や知性も称賛されることだ。

繰り返しになるが、これが、独裁国家と民主主義国家の強権的指導者に共通する特徴である。中国では、習近平が毛沢東時代以来の個人崇拝の復活に成功した。「習近平思想」（訳註：習近平による新時代の中国の特色ある社会主義思想）は憲法に盛り込まれ、かつては毛沢東にしか許されなかった特権が与えられた。「2期10年」という国家主席の任期制限は廃止され、習近平は終身の国家主席になる可能性がある。２０２０年に上海で私が見た壁画には、習近平に後光がさしていた。

このような個人崇拝は、独裁国家では強要しやすい。だが半民主主義国家や民主主義国家にも個人崇拝が導入されてきている。モディ率いるインド人民党の選挙活動は、モディ自身と、彼に備わるとされる英知、力、個人的倫理観を中心としている。高名なインドの歴史家ラマチャンドラ・グハはこう記している。「２０１４年5月以降、国家の膨大な資源が、すべてのプログラム、すべての広告、すべてのポスターの顔を首相にすることに費やされている。モディがインドであり、インドがモディなのだ[*15]」

ロシアとトルコでは、プーチンとエルドアンが一般市民と非常に親密な関係を築いているのだと喧伝している。両国では憲法改正が進められ、両者とも数十年、場合によっては終身の政権を維持することが可能になっている。また、日本の安倍晋三やイスラエルのベンヤミン・ネタニヤフといったナショナリスト的な首相は、在任期間の長さで新記録を樹立している。アメリカでは、トランプが、最長2期8年の大統領任期を延長することを「冗談」で言って、反対派を動揺させた。共和党がいかに個人崇拝に陥っているかは、2020年の大統領選で共和党が政策綱領の公表を見送り、「大統領の米国第一の政策を熱狂的に支持し続ける」という声明のみを発表したことに表れている。

もう1つの個人崇拝の共通点は、強権的指導者と国家の利害とを一致させることである。よくあるのが、指導者の親族が政府の要職に就くことだ。エルドアンは婿であるベラト・アルバイラクを財務相に任命したが、その後、不仲になった。トランプは婿のジャレッド・クシュナーに、アメリカの外交と国内政治で中心的な役割を担わせた。ブラジルでは、ボルソナロがフラビオ、エドゥアルド、カルロスという3人の息子を代理人やスポークスマンとして使い、エドゥアルドを駐米大使に任命しようとした。フィリピンでは、ドゥテルテの実娘サラを後任の大統領に就任させ、ドゥテルテ自身は副大統領に就任するという観測もあった。イギリスでは、ボリス・ジョンソンが弟のジョーを閣外相に、その後貴族院議員に任命した。

また強権的指導者は、法律や制度が障害となり、なすべきことができないのだと考える。これもまた、民主主義国家と独裁国家の強権的指導者に共通する傾向だ。だがその展開は、政治的背景によって異なる。習近平が政権を取る前、中国のリベラル派の知識人たちは、中国共産党の支配から司法を独立させようと働きかけていた。習近平はこの考えを否定し、自らが率いる中国共産党による支配を強調し、「西側の『憲政民主』『三権分立』『司法の独立』といった道をたどってはならない」と主張している。[16]

西側では、司法の独立が新世代の強権的指導者の最初のターゲットになることが多い。ハンガリーのオルバン政権やポーランドのカチンスキ政権の初手の１つは、改憲などによって裁判所を支配下に置くことであった。イギリスでは、ＥＵ離脱手続きの開始に議会承認が必要だという判決を英高等法院が下したとき、デイリー・メール紙が判事３人を「民衆の敵」と糾弾した。アメリカでは、トランプが「アメリカ大統領には全面的権限がある」と主張した。[17]

強権的指導者にとって法律は従うべきものではなく、反対派に対して使う政治的な武器である。スターリンの秘密警察、ＮＫＶＤ（内務人民委員部）議長だったラヴレンチー・ベリヤは、こう言い表している。「誰であろうと罪を着せてやろう」。政敵を投獄するのは標準的なやり方だ。プーチンが独裁に傾いたことを示す初期の兆候は、２００５年にオリガルヒのミハイル・ホドルコフスキーを裁判にかけて投獄したことだった。このパターンは続いており、最近では２０２１年に野党指導者のアレクセイ・ナワリヌイを投獄した。習近平は政権を握るとすぐに反腐敗闘争を開始し、１００万人以上が逮捕・投獄された。香港での民主化運動に対する習近平の対応は、そのリーダーを刑務所に入れることだった。フィリピンでは、ドゥテルテと「暗殺部隊」（訳註：警察関係者が組織していると目される自警団で麻薬密売人などを私刑している）の関わりを調査したレイラ・デリマ上院議員が、でっち上げの違法薬物取引容疑で逮捕・投獄された。サウジアラビアでは、ＭＢＳが汚職撲滅運動を展開し、国内の多くのエリートを恐怖に陥れて揺さぶり、(サウジらしく)リッツ・カールトンに軟禁して、資産の一部没収に同意させた。トランプはこうした恣意的な権力を持たなかったが、ほしかったのは明らかだ。2016年の大統領選挙では、トランプとその代弁者たちが、ヒラリー・クリントンに対して「彼女を投獄せよ」と繰り返し唱えた。

トランプがアメリカで試みたように、長期政権化した強権的指導者は自身に忠実な人物を判事に任命できる。フィリピンでは、ドゥテルテが最高裁判事をシンパで固めた。また、トルコでは、2016年のクーデター未遂後にエルドアンが非常事態を宣言し、クーデター関与を疑われた4000人以上の判事と検察官が追放された。

強権的指導者の支配にとって、裁判所は最も重要な機関である。またほとんどの強権的指導者は自らの権威をチェックしたり、異議を唱えたりできる独立機関に対していらだちを抱いている。しばしば標的となるのがメディアだ。情報機関や中央銀行などの国家機関も同様だ。メキシコで2018年末に政権を取ったロペスオブラドールは、就任から数カ月もしないうちに多くの規制機関のトップを解任した。

司法の正当性を疑う強権的指導者は、選挙による民主主義へ異議を申し立てる傾向にある。トランプ政治の反民主主義的な本性が明白になったのは、2020年の大統領選挙の結果を覆そうとしたときだった。強権政治の論理には、民主主義の否定が潜んでいる。かつてエルドアンが言ったように、「民主主義とは、目的地に着くまで乗っている路面電車のようなものだ[*18]」。

強権的指導者は制度を軽んじるものの、「民衆」のことは愛している。典型的な例として、彼らには一般庶民に対する直感的で本能的な理解と共感があると主張する。だからこそ、強権的指導者現象はポピュリズムと密接な関係がある。ポピュリズムとは、エリートや専門家を軽んじ、一般庶民の知恵や本能を尊重すべきと主張する政治手法だ。

そしてポピュリズムは、「シンプリズム」と呼ばれる政治議論の手法と密接な関係がある。[*19] これは、複雑な問題には単純な解決策があるにもかかわらず、悪意ある勢力によって妨げられているという考え方である。この単純な解決策は、「ブレグジットをやり遂げる（Get Brexit Done）」「壁を作れ（Build the Wall）」など、3単語で表現できるほど単純な場合もある。この議論では、複雑な問題の解決策は単純明快だと考えられているので、これらを妨げる者は愚か者か悪者とみなされる。そして、単純な解決策が困難に陥ると、強権的指導者は民意を通すために法的な障害を突き崩すと約束する。

強権的指導者は、法律や国家機関が物事を成し遂げるうえで無益な障害物になっているだけでなく、「影のエリート」が意図的に法律を難読化していると主張する。このような策略や障害を打破し、「ディープ・ステート」の陰謀を阻止するためには、強権的指導者が必要だとする。かつてボリス・ジョンソンはディープ・ステートのことを「国を本当に動かしている人々」と評した。彼の考えでは、イギリスのディープ・ステートはブレグジットを阻止するために共謀していた。[*20] ディープ・ステートは、トランプやボルソナロ、ネタニヤフなどが概念として採用する前に、トルコでは何十年も前からよく使われていた。

国家に対する策略を企てる「影の外国人」も、好んでターゲットにされる。習近平支配下の中国では、国を分裂させようとする西洋の陰謀に注意するよう、メディアが国民に警告している。中国以外の国では、多くの強権的指導者が同じ男をグローバリストのエリートを代表して庶民を操る人物と名指ししている。投資家のジョージ・ソロスは、プーチン、トランプ、エルドアン、オルバン、ボルソナロから非難される栄誉に浴している。ところが、庶民を代表してグローバリストのエリートに対抗していると主張する強権的指導者というのは、巨額の富を得ているケースが驚くほど多い。プーチン、オルバン、エルドアンなどのポピュリストの強権的指導者の多くは、自分自身や家族、友人を金持ちにするために政治権力を行使してきた。

また、強権的指導者は通常、家族、セクシュアリティ、ジェンダーに関して伝統的な考え方を支持する。彼らはドイツのアンゲラ・メルケル首相やニュージーランドのジャシンダ・アーダーン首相など、リベラル政治家（女性が多い）の「政治的正しさ」を軽蔑する。

強権的指導者の政治基盤は驚くほど類似している。彼らは都市部のエリートを敵に回し、小さな町や地方に住む人たちを相手に選挙戦を展開してきた。２０１６年と２０２０年のアメリカ大統領選では、トランプがほとんどすべての大都市の選挙区で敗北した。彼の支持者は学歴で分断されており、彼は大卒以上の有権者からの票は大きく失ったものの、大学を出ていない白人男性の票を約80%獲得している。トランプが２０１６年の大統領選で、「私は低学歴の人たちが大好きだ」と発言したのもうなずける。

このパターンはアメリカ以外でも同じである。イギリスでは、何の資格もなく学校を卒業した人の73％がＥＵ離脱に投票し、修士以上の学位を持つ人の75％がＥＵ残留に投票した。フィリピンでは、ドゥテルテが首都マニラを腐敗したリベラルなエリートが巣くう「帝国マニラ」と呼び、キャンペーンを張った。２０１７年のフランス大統領選でエマニュエル・マクロンはパリ中心部で圧勝したが、フランスの「取り残された」地域ではポピュリストが隆盛を極めた。権威主義へと向かうハンガリーとポーランドでは、首都ブダペストとワルシャワで大規模な反政府デモが起きた。だが、ハンガリーのオルバンとポーランドのカチンスキには、小さな町や地方に盤石な支持層がいる。

こうしたパターンを前に、都市部のリベラル派はこう言いがちだ。ポピュリスト政治や強権的指導者への支持は教育の欠如や愚かさによって説明できる、と。だがこの数十年間、西側諸国に住む「教育水準の低い」人々の賃金水準は低迷し、生活水準も低下している可能性が高い。このような状況下では、既存制度に反対する候補者を選ぶことは非常に魅力的である。強権的指導者が、良い時代を取り戻し、アメリカ（あるいはロシアやイギリス）を「ふたたび偉大な国」にすると約束すれば、その誘惑はいっそう強くなる。これは強権的指導者の政治手法の最後の要素である、懐古的ナショナリズムである。

ほとんどの強権的指導者は、トランプの有名な誓いの各国版を使用している。習近平の「中華民族の偉大なる復興」という言葉は、本質的には「中国をふたたび偉大にする《メイク・チャイナ・グレート・アゲイン》」という約束であり、中華帝国たる中国の正当な地位を回復するという約束である。中国とアメリカの指導者だけが、国家の偉大さを回復させたいという希望を抱いているわけではない。プーチンはソ連崩壊を大惨事と表現し、ロシアを世界的大国として復活させることを大統領就任後の中心課題としている。安倍晋三は、日本をアジアの大国にした明治維新を引き合いに出した。インドのモディは民族主義運動を率いており、イギリス植民地時代やムガル帝国以前の、神話の時代に始まる輝かしい過去の歴史に対するヒンズー教徒の誇りに訴えかけている。ハンガリーのオルバンは、第1次世界大戦後に失った領土をいつの日か取り戻すと語っている。トルコのエルドアンは、1920年代初頭に崩壊したオスマン帝国の栄光を引き合いに出している。イギリスのジョンソン首相による「グローバル・ブリテン」構想は、イギリスが28カ国の欧州クラブの一員ではなく、世界有数の大国であった時代への懐古趣味のうえに描いたものである。

　世界各地の懐古的ナショナリズムへの回帰は顕著であり、比較的新しい現象でもある。つい最近まで、イギリスやアメリカで成功する政治家というのは未来志向だった。クリントンは「21世紀への架け橋」を築こうと語っていた。また、デービッド・キャメロンは、自らを現代イギリスに満足し、明るい未来を信じるモダナイザー（訳註：保守党を現代化して支持基盤を拡大するために中道路線が必要とする立場）と位置づけた。中国やロシアでも、習近平やプーチンの時代以前は、過去の栄光を振り返ったり、過去の屈辱についてくよくよと考えたりするよりも、新しい未来を切り拓くことに関心があったようだ。

強権的指導者という現象を理解するためには、その政治的需要を作り出した現代社会そのものを詳細に見ていく必要がある。

世界史のなかでつかの間、自由民主主義が優勢になり、揺るぎないものになったと思われた。１９８９年にベルリンの壁が崩壊した後、経済と政治の大きな問いは解決したかに見えた。経済の答えは自由市場、政治の答えは民主主義だった。地政学的には、アメリカが唯一の超大国となった。社会では、女性や少数者の権利を拡大することが、当然のこととして進むべき道であった。すべての大きな問いが解決され、ドイツ大統領府国際局長も務めた外交官のトーマス・バガーが言ったように、政府は「予測できるものの管理」に絞られることになった。*21

しかし、リベラルな勢力の揺るぎない優位は20年足らずで終わった。２００７年には、プーチンは、リベラルな国際主義（訳註：国際協調主義）を支えてきた政治的、戦略的な信念を公然と否定し始めたのである。２００８年の世界金融危機は、リベラルなコンセンサスの背後にある経済的前提を打ち砕いた。「ネオリベラリズム（新自由主義）」という言葉は、主要経済モデルの行き過ぎと誤りを表現する批判的な言葉として、左派と右派の双方から使われ始めた。

２００８年の危機は、イラク戦争や中国の急成長と相まって、西側の支配が将来にわたって続くという考え方に風穴をあけた。習近平が政権を握った２０１２年頃には、西側の地政学的な優位はもはや当然視できないことが明らかになった。また、西側諸国では「文化戦争」（訳註：保守主

（義者と自由主義者の価値観の衝突）が激化し、社会的格差が拡大するなかで、自由民主主義が社会的平和をもたらす最良の道であるという考え方も否定されつつあった。

本書で描かれる強権的指導者たちはみな、さまざまな形で、1989年以降の最上の理想とされたリベラルなコンセンサスに対する反乱を起こしてきたのである。彼らの成功は、リベラリズムの危機の兆候である。その危機は多面的だが、経済、社会、技術、地政学の4要素に分けられる。

2017年、香港で講演したスティーブ・バノンは、トランプの台頭とグローバリゼーションへの反発について彼なりの説明を披露した。皮肉に満ちた舞台設定だった。ゴールドマン・サックスで投資銀行家として働いたこともあるバノン自身、彼が非難に躍起になっている「グローバリズム」から個人的に利益を得ていた。実際、バノンが解体しようとしている米中経済協力に依存するアジアの銀行家たちを前に講演し、多額の報酬を受け取っていた。

バノンは西側政治の極右に位置する。だが講演会を聞いてみると、驚いたことに彼の分析は左派の意見との重なりが多い。ブレグジットとトランプ当選につながったポピュリストの反乱の根源は、2008年の世界金融危機にあるというのが彼の主張だ。彼の考えでは、世界金融危機に関与した銀行家を処罰・投獄できなかったことと、その後の庶民の生活水準の低迷が、必然的に反発につながったのだ。バノンはポピュリズムを右派と左派に分類し、アメリカのトランプとイギリスのナイジェル・ファラージ（訳註：元イギリス独立党党首）が右派の旗振り役、バーニー・サンダース（訳註：アメリカ上院議員）とジェレミー・コービン（訳註：元イギリス労働党党首）は左派の先導者だと主張した。少なくとも西側で政治的に大躍進を遂げたのは、右派ポピュリストだった。

西側では、フランス北部、アメリカのラストベルト（訳註：米中西部を中心にしたさびた工業地帯）、ドイツ東部、イギリスの不景気な沿岸部の町など、失業率の高い取り残された地域でポピュリストが盛んになっている。こうした状況は西ヨーロッパとアメリカに限ったことではない。イングランド北東部で育ったトランプ政権のロシア専門家フィオナ・ヒルは、ロシアでプーチンが台頭した要因は、イギリスでブレグジット、アメリカでトランプへの支持を生んだ要因と似ていると考えるようになった。地域全体が依存していた伝統産業が破壊されてしまい、過ぎ去った時代の繁栄と安定を取り戻すことを約束する指導者への憧れを生み出したのである。[*22] ヒルが書いたように、「プーチンの支持基盤は比較的高齢で、男性が多く、学歴が低いなど、アメリカのトランプと同じ支持基盤であり、両者とも同じような不満を持っていた」。[*23] しかし、世界金融危機後の経済状態は、西側のポピュリスト的な強権的指導者の訴求力を理解するのに役立つが、完全な説明にはなっていない。たとえば、近年、生活水準が急上昇しているアジアで、ポピュリスト的な強権的な指導者が台頭しているのはなぜか？

中国やインドでも、経済状態が一役買っている。中国は過去40年間に国富を大幅に増加させたが、経済改革は勝者だけでなく敗者も生み出した。１９９０年代には、多くの赤字の国営企業が倒産を余儀なくされ、３０００万人もの労働者が失業した。工業労働者階級のエリートだった人々は、社会的な地位を失った。[*24] ロシア、イギリス、アメリカと同様に、中国でも、古き良き時代を取り戻すと約束する強権的指導者の訴えを受け入れやすい、高齢で教育水準の低い労働者の集団が存在したのである。

中国とインドでは、人と産業の大量移動を含む急速なグローバリゼーションがもたらした混乱が、より安定的で均質的で国民中心だった過去を懐古することへの魅力を高めている。さらに、グローバリゼーションがもたらした利益は、汚職によって一部のエリートにしかもたらされなかったという主張が発展途上国の多くで非常に強く、汚職をした者を締め上げることのできるタフガイを求める声が上がっている。習近平は就任早々、反腐敗闘争を主要な国内政策にした。同様にインドのモディは、低い身分から這い上がってきた庶民というイメージを政治的なアピールポイントとしており、不満を抱えるミドルクラスやインドの田舎町に新たな機会を創出できると強調している。

西側以外で台頭してきた強権的指導者の多くは、街頭犯罪や政府高官による汚職に対処できていない弱い国家が生み出す不満を利用してきた。フィリピンのドゥテルテもブラジルのボルソナロも、都市部での高い殺人率に怯える人々に訴えている。[*25] ボルソナロは、政財界の最高レベルに腐敗が蔓延していることが明らかになった後、国民の嫌悪感の波に乗って政権に就いた。ポピュリストは、エリート全体が腐敗していて私腹を肥やしており、システムは「いかさま」で庶民に不利になっているとレッテルを貼る。そしてポピュリストは、不正を行うグローバリストのエリートに対抗し、庶民のために立ち上がることのできるアウトサイダーとしての強権的指導者への需要を生み出した。

だが「強権的指導者の政治」では、経済状態だけが問題ではない。経済状態への不満が、移民や犯罪、国の衰退といったより大きな不安と結びついたとき、強権的指導者の本領が発揮されるのである。

この新しいタイプの指導者の多くは、何よりも移民による悪影響を強く訴える。冷戦後のリベラル時代はベルリンの壁の崩壊が象徴となったが、強権的指導者の時代は新たな壁を建設したがることに象徴される。トランプがメキシコとの国境沿いに約束した「大きくて美しい壁」、オルバンがシリア難民をハンガリーに入れないために作った壁（訳註：セルビア国境との間に建設）、ネタニヤフがイスラエルとパレスチナを分断するために建てた壁などである。

ポピュリストの強権的指導者は、一部の移民を明らかに歓迎していない。トランプの公約の1つは、すべてのムスリムのアメリカ入国を禁止するというものだった（失敗に終わった）。実際、欧米でもアジアでもナショナリスト・ポピュリズムを貫く1つの強固な特徴は、イスラム教嫌悪である。西側の極右勢力にとって、ムスリム移民は「ユダヤ・キリスト教」文明の存続を脅かす存在である。

一方、アジアの強権的指導者にとっては、イスラム系少数民族は格好の標的である。中国では、習近平政権が新疆ウイグル自治区のムスリムを「再教育する」という、異常で邪悪な取り組みを始めた。新疆ウイグル自治区のムスリムは、分離主義やテロリズムに共鳴していると糾弾されている。100万人以上のムスリムが再教育キャンプに送られ、これは第2次世界大戦後で最大規模の強制収容だという見方もある。トランプ政権もバイデン政権も、ウイグル人の扱いを「ジェノサイド」と言い切っている。[*26]

インド首相モディにとって反ムスリム感情は政治的アピールの中心であり、彼の物議を醸す行為の根拠でもある。2019年、モディはムスリムが大多数を占めるジャム・カシミール州の自治権を廃止する改憲を行った。大量の逮捕者が出て、夜間外出禁止令が発令され、インターネットも遮断された。またモディは、アッサム州の数十万人のムスリムを不法移民とし、追放または投獄すると脅した。

強権的指導者は、多数派が支配的な地位を追われ、文化的・経済的に莫大な損失を被るのではないかという恐怖心を強く煽る。ムスリムが西洋を征服しようとしているという陰謀論は、フランスのルノー・カミュのような作家によって推進され、その著書『*Le Grand Remplacement*（大置換）』は極右の座右の書となった（訳註：ムスリムや非白人の移民によって白人のフランス人を置換しようという陰謀計画の存在を主張する）。ハンガリーではオルバンが、大量移民がハンガリー民族の存続に関わる脅威を突きつけていると主張する。イスラエルではネタニヤフが、イスラエルをユダヤ人国家と定義する法案を押し通したが、その背景には少数派のアラブ系市民の人口比率が増えていることに対する脅威があるからだともされる。

アメリカでは、現在多数派の白人が2045年までに少数派集団の1つ（人口比で過半数割れ）になるという見通しが、社会的・人種的恐怖心を煽り、結果としてトランプの台頭を促した。社会科学者たちは、人種や人口動態の変化に対する不安感は、トランプ支持の強い予測因子であることを発見した。専門家のなかには、人種間対立や集団競争の圧力に民主主義は耐えられないのではないかと考える人さえいる。オバマは２０２０年にこう述べた。「アメリカは大規模な多民族・多文化の民主主義を構築する最初の本格的な実験であり、それが持続するかどうかはまだわからない」[*27]

ブラジルやインドなど、他の多民族・多文化国家の事例は、希望が持てるものではない。２０１０年のブラジルの国勢調査で、黒人や混血の人口が、白人の人口を初めて上回った。ブラジルの極右の政治主張は、アメリカのトランプ支持者が展開する議論を髣髴させる。ボルソナロの支持者は、左派が社会的報酬や直接的な汚職によって人種的少数派の票を買い、非合法に権力を獲得したと主張する。

人口の80％近くを占めるインドのヒンズー教徒にとって、多数派の地位を失うことへの恐怖はあまり合理的でないように思われる。しかし、モディ率いるインド人民党の幹部は、「愛の聖戦《ラブ・ジハード》」（ヒンズー教徒の少女と結婚して国家の純粋性を希薄化しようとするムスリムの陰謀とされる）への反対キャンペーンを止めていない。インド人民党が運営する５つの州では「愛の聖戦」を阻止する法律が制定されたり、検討されたりしている。[*28]

権威主義体制でも、こうした民族的恐怖心や敵対意識と無縁ではない。中国では人口の約92％

が漢民族である。だが習近平時代には、少数民族に対するパラノイアと不寛容が強まった。新疆ウイグル自治区のトップとして弾圧を指揮した自治区党委員会書記の陳全国《チエンチュエングオ》は、チベットで強制同化の戦術を編み出した人物である（訳註：陳全国は２０２１年に新疆ウイグル自治区のトップから農業担当の幹部に異動し、事実上「左遷」された。報道によれば２０２２年秋の党大会で政治局員からも退任させられるという）。「嫌われ者」——外国人、移民、ムスリムなど——の集団に対して「強気になる」姿勢は、強権的指導者の魅力に不可欠だ。また、そのマッチョな態度は男性的強さという伝統的概念に訴え、フェミニズムやＬＧＢＴの権利を見下す可能性も高い。西側に限らず社会的道徳観が急速に変化する時代において、伝統的な社会的価値観に訴えることは新しい権威主義者の強い武器であり、おそらく彼らの武器のなかでも過小評価されているものだろう。アメリカ、ロシア、ブラジル、イタリア、インドなどさまざまな国において、不満を抱えた大勢の男性（と一部の伝統主義的な女性）が、昔ながらの強権的指導者に熱狂しているのだ。[*29]

２０１６年のアメリカ大統領選で明らかになったのは、ポピュリストの強権的指導者とリベラルな挑戦者の支持者の性別に偏りが見られることだった。トランプが女性の「プッシー」をつかんでいると自慢するテープが流出したとき、トランプ陣営の多くはトランプが致命傷を負うことを恐れた。だがこの失言がトランプの勝利を妨げることはなかった。トランプに投票した男性は、ヒラリーに投票した男性よりもずっと多かった。２０１６年の大統領選挙では、女性大統領への恐怖心のほうが、「プッシー」をつかむ男性への嫌悪感よりも強力だったのかもしれない。

マッチョな言葉や態度は、アメリカ以外の強権的指導者の間でさらに顕著に見られる。ドゥテルテはかつて大統領候補時代に、オーストラリア人修道女が集団レイプされ殺された事件に関して発言し、自分が最初にレイプしたかったと「冗談」を言ったことで悪名高い。ブラジルのボルソナロは、路上で男性どうしがキスをしているところに出くわしたら、彼らの顔を殴ると言っている。イタリアの「同盟」書記長で強権的指導者を目指しているマッテオ・サルビーニは、ステージ上で膨らませたダッチワイフを自分の政敵の女性になぞらえて振り回したことがある。プーチンは西側諸国やロシアの文化的保守派から支持を得ようと、西側の「政治的正しさ」の愚かさについて、とくに同性愛者の権利とフェミニズムに焦点を当てて繰り返し非難している。プーチニズムの信奉者の1人、コンスタンチン・マロフェーエフに「西側のリベラリズムの本質は何だと見ているか」と尋ねたことがある。彼はこう答えた。「国境もなければ、男女の区別もないことだ」[*30]

新しい権威主義者たちのナショナリズムと文化的伝統主義が示しているのは、彼らが懐古的で後ろ向きな指導者であることだ。しかし、ある重要な点では、強権的指導者たちは非常に時代にマッチした存在であるといえる。一部の指導者を除いて、ソーシャルメディアの達人なのだ。新しい政治的コミュニケーション手段の台頭は、強権政治への動きを加速させた。トランプは、ツイッターを主要なコミュニケーションの手段にした。彼は有権者との直接的なコミュニケーションを確立し、「フェイクニュース・メディア」を迂回することに成功した。強権的指導者とその信奉者との間に個人的つながりを確立することが個人崇拝には不可欠であり、ツイッターは個人的つながりを作るのに理想的なメディアである。ブラジルではボルソナロのツイッターのフォロワーがボルソナロに心酔し、彼を「伝説の男」と呼んでいた。インド人民党もフェイスブックやツイッターといったソーシャルメディアの活用が巧みで、モディへの支持を呼びかけたり、反対派を威嚇したりしている。

フェイスブックとツイッターは、ニュースの虚実を決めてきた伝統的メディアの役割を損なってきた。２０１６年のフィリピンの大統領選挙戦でドゥテルテは、自身に有利なでっち上げのストーリーを広めるためにフェイスブックを活用する先駆けとなった。あるフェイスブック幹部は後にフィリピンを「患者第1号」と呼んだ。その数カ月後、フェイスブック上でトランプ支持の物語が広まり、アメリカの強権的指導者の台頭に決定的な影響を与えた。伝統的メディアはニュースの虚実を問うが、フェイスブックは投稿が「好き」か「嫌い」かをユーザーに問う。理性に問いかけるのではなく、感情や忠誠心に訴えるのがフェイスブックである。新型コロナウイルスの大流行時にイギリスで行われた調査によると、ニュースのほとんどをソーシャルメディアから得ている人は、陰謀論を信じる傾向がはるかに強いことがわかった。政府が新型コロナウイルスによる死者数を意図的に誇張して発表していると考える人の45％は、ニュースのほとんどをフェイスブックから得ていた。反対に、この陰謀論を否定する人のうち、フェイスブックにニュースを依存している人はわずか19％であった。[*31]

インターネットが登場した初めの頃、リベラル派の楽観主義者たちは、情報の自由な流れは権威主義者によるニュース検閲を難しくするので、必然的に民主主義に有利に働くと信じていた。ある程度、これは正しい。中国がツイッター、ユーチューブ、フェイスブックを遮断するのには理由がある。ロシアでは、アレクセイ・ナワリヌイがユーチューブで、プーチンとその側近による腐敗した取引に関する調査ビデオを公開した。プーチンにとっては非常に不利な内容だ。だがソーシャルメディアを自由なままにして、さまざまな可能性を解き放つべきだという楽観論は、大きく修正しなければならない。新しいソーシャルメディアは、強権的指導者が好む政治的コミュニケーション――メディアによる事実確認が行われる前にフォロワーによって急速に共有される可能性が高い、感情に訴えかけるスローガンや信頼性の低い主張――に理想的であることも判明している。

中国のインターネット利用に関する最近の動向は、さらに政治的に不吉なものである。インターネットと携帯電話が現代社会の生活に欠かせない存在となったいま、中国当局はまさに作家ジョージ・オーウェルが描いたような手法で、すべての移動、オンライン取引、ソーシャルメディアへの投稿といった市民の活動を監視できる。破壊工作を行ったと疑われる市民は、「社会信用システム」を通じて罰せられる。このシステムを通して、反体制派のあらゆる活動――職場での昇進から住宅ローンの審査、電車の切符を買えるかどうかまで――を妨害できる。中国の技術力は高く、とくにＡＩ分野において卓越している。中国のオンライン社会統制システムは中国以外の権威主義的政権にとっても興味深いものであり、友好国の強権的指導者に対する輸出品になり得る。

「強権的指導者の時代」は、地政学的にも大きな変化が起きる時代である。2000年当時、アメリカの優位性は揺るぎないものだった。当時の中国経済の規模はアメリカ経済の12%に過ぎなかった。世界金融危機の3年後の2011年、中国経済の規模はアメリカ経済の50%になった。全世界が新型コロナウイルスに襲われる直前の2020年のデータでは、中国経済の規模はアメリカ経済の3分の2を超えるまでになった。購買力平価換算の国内総生産（GDP）で見ると、2014年には中国が世界最大の経済大国となっていた。

この影響は、抽象的な統計にだけではなく、現実世界にも出ている。中国は現在、世界最大の製造国、世界最大の輸出国、世界最大の自動車とスマートフォンの市場、世界最大の温室効果ガス排出国である。また中国海軍の規模は、アメリカ海軍を凌駕した。中国の台頭とアメリカの相対的な衰退は、富と支配力がアジアに移行し、西側の経済的・政治的影響力が低下しているという大きな物語の一部である。アメリカの世界的な優位性が急速に失われつつあることを認識したうえで、トランプは国家の偉大さの回復を切望していたのである。

中国やインドなどアジアの新興国は、世界的なパワーシフトによって帝国主義時代に失われてしまった偉大な国家、偉大な文化を復活させるという野望を抱くようになった。アジアのナショナリズムは期待の高まりによって、西側のナショナリズムは失望によって突き動かされている。しかし、それが導いた政治の結果は驚くほど似ており、両者とも国を「ふたたび偉大にする《グレート・アゲイン》」ことを求めている。

2008年の世界金融危機以降、中国の指導者たちは、西側の民主主義が経済を混乱に陥れたとして、自分たちの権威主義的な発展モデルをより自信をもって主張するようになった。実際、中国の経済的成功は、そのモデルの威信を高め、とくにアフリカでは、中国の影響力がこの10年で急速に増大している。

アフリカでは、ザイールのモブツやジンバブエのムガベのように、独立を果たした後に強権的指導者が圧政を敷く悲惨な歴史があり、権威主義の悪評を生んだ。そして冷戦終結後の1990年代には、アフリカにも民主化の波が押し寄せた。しかし、最近では、ルワンダのポール・カガメ大統領やエチオピアのメレス・ゼナウィ首相のような指導者の経済的成功が、アフリカにおける権威主義的モデルに新たな勢いを与えているのである。

トランプ大統領の4年間の任期は、アメリカの「ソフトパワー」を大きく損なった。バイデン時代の重要な問題は、新大統領がアメリカの自由民主主義モデルの威信を回復できるかどうか、つまり強権政治の世界的な進出を食い止められるかどうかである。この問題については、本書のエピローグで触れることにする。しかし、事態がどのように展開するかを理解するためには、その大本に戻ることが必要である。

第1章

プーチン

強権的指導者の原型（2000年）

ウラジーミル・プーチンはイライラしていた。いや、退屈していただけかもしれない。ダボスの質素なホテルのレストランで、プーチンは各国ジャーナリストたちからの質問に辛抱強く答えていた。そのとき、ある質問が彼を苛立たせたようだった。彼は、アメリカ人記者を睨み返し、通訳を介してゆっくりと言った。「あなたの質問にはすぐに答えられる。その前に、あなたの指にはめている特別な指輪について聞きたい」。部屋の中の全員の頭がくるりと記者を向いた。「なぜ、その宝石はそんなに大きいのか？」会場からはくすくすと笑いがこぼれた。その場の全員から指輪をじろじろと見られたアメリカ人記者は居心地悪そうだ。プーチンは憐れむような口ぶりで、こう続けた。「自分を目立たせるために、わざわざそのような指輪を身につけているのだろうから、私が尋ねても気にしないだろう？」さらに笑いが起こった。もう、アメリカ人記者の質問は忘れ去られていた。本題をそらし、人を脅すのは、彼の得意技だ。

それは２００９年の出来事だった。プーチンが政権を取ってから10年近く経っていたが、私にとっては初めての生のプーチンを見たのがこの世界経済フォーラム（ダボス会議）の席上だった。声を荒らげることなく、威圧感を漂わせるプーチンの姿は印象的だった。彼がソ連の諜報機関ＫＧＢ（国家保安委員会）に属していたという経歴を思い起こさせるものであり、ＫＧＢ出身者であることは彼の性格、神秘的雰囲気、オフィスでの振る舞いに色濃く現れている。プーチンに関する最良の1冊によれば、彼は「クレムリンの工作員」なのだ。[*1]

プーチンは、多くの意味で、当代の強権的指導者の原型であり、モデルである。21世紀直前の１９９９年の大晦日に政権を握り大統領代行に就任したことは、あまりにも象徴的である。

２０１２年に中国の習近平が共産党トップの総書記に就任するまで、世界の主要国の指導者のなかでプーチンのスタイルは奇妙な例外に見えた。中国の胡錦濤、ドイツのメルケル、アメリカのオバマなど、クールで控えめな政治家が主流だったテクノクラートの時代には、彼のマッチョな権威主義や個人崇拝の奨励は場違いに見えた。

実際、プーチンがロシアの指導者になった当初、権威主義的指導者の新しいモデルとして台頭するなどとは考えられず、そもそもプーチンが長続きするかどうかも怪しかった。１９９０年代の混乱したエリツィン時代が終わり、プーチンはＫＧＢの元同僚たちの支援を得てトップの座に就いた。ロシアの富裕層で有力者のオリガルヒは、プーチンを脅威のない人物、つまり、有能な管理者であり、既存の利益を脅かすことのない「信頼できる人物」と見て、承認した。

西側の目には、プーチンは比較的安心できる人物に見えた。1999年の大晦日、エリツィンから政権を引き継いでわずか数時間後に行われたクレムリンからの最初のテレビ演説で、プーチンは「言論の自由、信教の自由、報道の自由、所有権といった、文明社会の基本要素を守る」と約束した。[*2] 2000年3月、大統領選挙に初当選し、その後「ロシアが近代的な民主主義国家になりつつあることを証明した」と誇らしげに断言した。[*3]

ロシアの選挙事情に精通する専門家は、このプロセス全体が入念に演出されたものだと主張する。プーチン自身は、ほとんど選挙活動をしていない。しかし、プーチンが「ロシアが近代的な自由民主主義国家になりつつある」と主張する必要性を感じたことは重要である。20年後、クレムリンにいるプーチンは、まったく異なる路線をとり、「リベラルの理念は時代遅れだ」と嬉々として宣言することになる。ロシアは西側から何も学ぶことはない。リベラルの勢力が「ここ数十年、誰彼構わずたやすい気持ちで何事にも指示を出してきたが、もうそれはできない」[*4]

就任当初のプーチンは自由民主主義のレトリックを使うのが便利だと思っていたかもしれないが、就任直後の行動からタフガイで権威主義的な傾向は露呈していた。就任1年目から、国内の独立した権勢を抑え込み、国家の中央集権を主張し、戦争を利用して自らの地位を高めるという、後にプーチニズムのトレードマークとなるような行動を即座にとった。チェチェン戦争の激化は、プーチンをロシアの国益を堅持し、一般市民をテロから守る、ナショナリストの英雄に仕立てた。リベラル派が憂慮した就任直後のプーチンの行動の1つは、旧ソ連国歌を復活させたことだった。また彼は、ロシアの富裕層に挑みかかった。とくに、独立系メディアを支配するウラジーミル・グシンスキーとボリス・ベレゾフスキーというオリガルヒの2人を最初に攻撃したのは注目に値する。プーチンが政権をとってから1年も経たないうちに、この2人は国外に脱出した。ベレゾフスキーは2000年の大統領選ではプーチン支持に回っていたのだが、結局、2013年にイギリスで不審な死を遂げた。*5

プーチンは就任当初、報道の自由を守ると言っていたが、それは空約束だった。ロシアの数少ない独立系テレビ局は、たちまち政府の管理下に置かれることになった。プーチンは就任直後にメディア統制強化にいち早く着手するという、世界中の強権的指導者の雛形《ひながた》を作った。

プーチンの権力集中のスピードは、彼の出世のスピードに匹敵するものだった。大統領代行に就任するわずか10年前、彼は東ドイツのドレスデンで働く、それほど高い身分ではないKGB職員だった。華やかでも、人目を引く地位にいたわけでもなかった。当時の東ドイツのKGBの主要拠点はベルリンにあり、ドレスデンは単なる地方拠点だった。プーチンの生涯に関する著作があるジャーナリストのキャサリン・ベルトンは、プーチンはこの二流とも言える地位から想像するよりも、もっと繊細で極悪な役割を担っていたのではないかと指摘する。また彼女はプーチンが西ドイツで活動するテロリスト集団と連絡をとっていた証拠を示している。それでも、かつての同僚は、プーチンがとくに強引な性格の持ち主だったとは記憶していない。「彼は決して自分を前面に押し出さない。前線に出ることもない。彼はいつもとても親切だった」と、東ドイツの諜報機関を統轄した国家保安省《シュタージ》幹部は回想している。[*6]

1989年、ベルリンの壁崩壊後のソ連帝国の崩壊を、プーチンはドレスデンから間近に見ていた。プーチンの回顧録のよく知られている一節で、彼は、周囲で共産主義が崩壊し、絶望的な気持ちになったことを回想している。彼はモスクワに指示を仰いだが、「モスクワは沈黙していた」。プーチンのようなソ連の愛国者には、もっと悪いことが待っていた。1991年のクリスマスの夜、ソ連は解体された。クレムリンから鎌と槌《つち》があしらわれたソ連国旗が下ろされ、ロシアの三色旗が揚げられた。

プーチンは、他の多くの元・現職のロシア情報局員とは異なり、ソ連の支配階級に生まれたわけでもない。ロシアで最も壮大な都市レニングラード（現サンクトペテルブルク）の、水回りを共同利用するような古いアパートの小さな一室で育った。プーチンの家族の歴史には、この街の悲劇が深く刻まれている。とくに、約900日間続いたナチスによるレニングラード包囲戦で、何十万人もの住民が飢えや砲爆で命を落としたことだ。同じウラジーミルという名を持つプーチンの父は、NKVDの指揮下にあった破壊工作部隊に所属し、東部戦線の裏で戦っていた。兄ビクトルは、レニングラード包囲戦中に2歳で亡くなっている。[*7]

プーチン自身は1952年生まれで、「大祖国戦争」（訳註：ロシア語圏で第2次世界大戦の東部戦線を指す）による物資不足と犠牲が作り出した環境のなかで育った。幼い頃からソ連の体制を強く賛美していた。10代の頃、彼はKGB支部を訪れ、大学で何を勉強したらいいかと相談したところ、皮肉にも「法学」という答えが返ってきた。彼は1975年にレニングラード大学法学部を卒業し、卒業後はすぐにKGBに入局した。

プーチンが若い頃に見せたやる気と自己管理能力、そして威圧感を与えない演出力は、1990年代の混乱期に大いに役立った。ソ連体制が崩壊しつつあった1990年、彼はドレスデンからレニングラードに戻り、アナトリー・サプチャークに連絡をとった。サプチャークはレニングラード大学法学部教授で、当時はレニングラード市ソビエト議長を務めており、さらに1991年には初めて民主的に選ばれた市長となった人物だ。彼が市長になった後、プーチンも続いて市政府入りして副市長となった。KGBを正式退官したのは、ソ連崩壊のわずか数カ月前の1991年8月である。サプチャークの補佐役として、プーチンは有能な官僚として評判になった。しかし、港で違法操業を行う組織犯罪グループとも関係があったようだ。[*8] 1996年の市長選でサプチャークが敗れて退陣すると、プーチンはモスクワに移って、クレムリンで働くことになった。

最初の仕事は、大統領府の資産管理の担当部署で、とくに重要な仕事ではないように思われた。しかし実際には、クレムリンの資産は利益供与の莫大な源泉となった。翌年には大統領府副長官に就任し、権力トップへの上昇速度が加速していく。ロシア研究者であるフィオナ・ヒルとクリフォード・ガディが指摘するように、「大統領府副長官、連邦保安庁（ＦＳＢ）長官、首相、大統領代行と、わずか2年半足らずの間に、プーチンはどんどん昇進していった」。[9] そして、エリツィンが退陣し、プーチンが大統領に就任したのは千年紀の変わり目であった。

プーチンの急速な台頭は、必然的に憶測と陰謀論を呼び起こす。プーチンはＫＧＢ（現ＦＳＢ）の元同僚たちと、国家権力をふたたび強化するという決意と、１９９０年代に国家資産が安く売却され、一部のオリガルヒが莫大な富を築いたことへの怒りとを共有し、彼らの支援で易々とトップに上り詰めたことは明らかである。しかし、プーチンは一部の富裕層――とくにエリツィン一族――には、彼らの利益を守ると安心させることにも腐心した。酔っぱらいで有名なエリツィンとは違い、プーチンは酒を飲まないし、ロシアの混乱を収拾できる有能な行政官に見えたのだ。エリツィンの娘婿で元大統領顧問のワレンチン・ユマシェフが後に回想したように「彼はいつも見事に仕事をこなしていた。自分の意見をきっちりまとめていた」。[10] 彼は、かつてクレムリンからロシアを支配したピョートル大帝やスターリンのような強権的指導者の後継者になるという野心をうまく隠していた。それどころか、プーチンは自分から「ただのマネジャー」「雇われただけ」とたびたび主張した。[11]

だが、プーチンが大統領の地位を確たるものとすると、ロシアのリーダーとして、強権的指導者のイメージ作りが始まった。プーチンのイメージアップを図った初期の政治活動顧問の１人グレブ・パブロフスキーは、後にプーチンを「物覚えがよく」「才能ある俳優」と表現している。ロシアのメディアをはじめ、世界中にメインで使ってほしい画像が配られた。乗馬中のプーチン、柔道をするプーチン、腕相撲をするプーチン、シベリアの川辺を上半身裸で散歩するプーチンなどだ。これらのイメージは、知識人や皮肉屋から多くの冷笑を浴びた。しかし、クレムリンのメディア担当者は、意図的にハリウッドを模倣したのである。パブロフスキーが後に語ったように、その目的は「理想的には、プーチンがハリウッドの救世主的ヒーローのイメージと一致する」ようにすることであった。[*12]

彼が政権を握った頃、多くのロシア人は強権的指導者を求めていた。ソ連崩壊で民主主義が浮上し、言論の自由が確立されつつあった。だがソ連式の経済が衰え、最終的には崩壊するなかで、多くのロシア人の生活水準と個人の安心感は著しく低下していた。1999年のロシア人男性の平均余命は4歳短くなって58歳になった。その原因を国連の報告書は「自己破壊的行動の増加」とし、「貧困率の上昇、失業、経済的不安」と関連づけている。[*13] このような状況下で、より良い時代に戻すことを約束する強力な指導者は、本当に魅力的に映った。

一般的にイメージというものは、基本的政治姿勢と少しでも関連があれば役に立つ。政治活動顧問が焦点を当てた「男らしさ」は、プーチンの最大の関心事である「強いロシアの復活」と合致していた。プーチンの最も有名な言葉の1つに、ソ連崩壊を「20世紀最大の地政学的大惨事」と表現した2004年の発言がある。この発言はしばしば、プーチンが「頑固なスターリン主義者」であることを示す材料として使われる。また、真意を述べた声明だと見ることも可能だ。つまり、15の旧ソ連構成国を、ふたたび単一の政治体制に再編し、モスクワから直接統治することをプーチンは望んでいるというのだ。しかし、偉大なソ連時代を懐古したとしても、ソ連がすでに歴史になったことも理解していると、プーチンの支持者の多くは言う。プーチン支持派のロシア下院議員で、旧ソ連の外相だったヴャチェスラフ・モロトフの孫にあたるヴャチェスラフ・ニコノフは、2014年に残念そうに私にこう言ったのである。「ソ連はガラスのようなものだった。一度砕けたら、もう元には戻せない」[*14]

プーチンはソ連を再建するという幻想は抱いていなかっただろうが、ロシアを世界の第一級の大国に戻すことは決意していた。プーチンと親交のある学者フョードル・ルキヤノフは、2019年に私にこう語った。「プーチンが政権を握ったとき、彼は数世紀ぶりにロシアが世界の大国の地位を失い、永久に取り戻せない現実的なリスクがあると考えていた」[*15]。1945年以降、イギリスの権力者たちは、自分たちの仕事は帝国の終焉後の「衰退の管理」であるという考えに多かれ少なかれ順応していたが、プーチンはロシアの大国としての地位を再構築しようと決意していたのである。

このような決意と、アメリカに侮辱され裏切られたという憤りから、プーチンは西側諸国との衝突の道を歩むことになったのである。2007年に行われた、西側諸国の軍事・外交エリートが集うミュンヘン安全保障会議での演説は、転換点となる出来事だった。会議には、ドイツのメルケル首相、アメリカのロバート・ゲーツ国防長官、翌年のアメリカ大統領選で共和党候補となるジョン・マケイン上院議員らが出席していた。

プーチンが行った演説は、西側諸国への直接的な挑戦であり、冷静を装ってはいたが激高していた。プーチンは、アメリカが「国際関係において、ほとんど無制限の過剰な実力行使、軍事力の行使」をしており、「世界を紛争の地獄にたたき落とす」と非難した。2000年にはロシアが近代的な民主主義国家に変貌したことに誇りを示していたプーチンは、西側諸国が語る自由と民主主義はパワー・ポリティクスのための偽善的な隠れ蓑だと非難する人物へと変わっていた。政治学者のイワン・クラステフとスティーヴン・ホームズが著作で述べている。「冷戦が終わり、ロシア国民と西側民主主義諸国はともに共産主義に対して勝利を収めたという祝勝の筋書きをロシアが受け入れるふりをしなくなったのは、ミュンヘンにおいてである」[*16]

プーチンのミュンヘン演説は、過去に対する怒りの非難にとどまらない。未来への道筋も示していた。プーチンは、アメリカ主導の世界秩序に反撃する意志を西側に示したのだ。この演説のなかには、今後起こるであろうことが暗示されていた。2008年のジョージアへの軍事介入（南オセチア紛争）、2014年のクリミア併合、2015年のシリア派兵、2016年のアメリカ大統領選挙への介入などである。これらにより、プーチンはナショナリスト、強い指導者としての評判を高めた。また、西側の主導的地位と「リベラルな国際秩序」を拒否する世界中の強権的指導者たちの象徴となった。よって、プーチンの行動の原因を理解するのは重要である。

ロシアとその同盟国は、プーチンがミュンヘンや、それに続く多くの演説で述べたことは、偽りではなく十分な根拠があると主張している。モスクワで語られるストーリーはこうだ。西側諸国は初めからロシアの国力を損なおうと決めていた。そして、西側の指導者たちはロシア側に繰り返し嘘をつき、偽善的に規則や法律を引用しては、自分たちでそれを破ってきた。

ロシア内外のプーチンに批判的な専門家は、この主張はご都合主義的で無意味なものだとする。プーチニズムは決して、西側の搾取からロシアを守るためのものではなかった。むしろ、プーチンとロシアのエリートが私腹を肥やすための利権システムなのだ。プーチンは政治に関与しないオリガルヒを守り、その見返りにオリガルヒはプーチンを援護し、彼の周辺に資金を供給するのである。

このように考えると、プーチンが口にするナショナリズムは、上層部の腐敗や犯罪から目をそらさせるためのシニカルな手段に過ぎないことになる。あるロシアのリベラル派はこう述べた。「ロシア政治は冷蔵庫とテレビが競争しているようなものだ。人々が冷蔵庫を覗き込むと、食料は空っぽだ。だがテレビをつけると、ロシアのために立ち上がるプーチンが映る。人々はそれを誇りに思う」

では、どちらの話が本当なのだろうか。プーチンは怒れるナショナリストなのか、それともシニカルに人を操るマニピュレーターなのか。この2つの物語は、一見すると正反対のように聞こえるが、どちらも真実を含んでいる。

プーチン周辺が推し進める西側へのナショナリスト的な非難の起源は、1990年代にさかのぼる。北大西洋条約機構（NATO）が旧ソ連諸国（ポーランドやバルト諸国を含む）を取り込んで拡大したのは、冷戦終結後の約束に真っ向から反すると、モスクワでは繰り返し主張されている。1998〜1999年のコソボ紛争へのNATO介入は、彼らの不満の種の1つだ。クレムリンの目にこの介入は、NATOが侵略者であり、主権と国境を尊重するという西側の話が偽善以外の何物でもないことを証明するものとして映っている。ロシア人は、NATOはセルビアによる民族浄化と人権侵害に対応して行動したという西側の反論に納得しない。実際、あるリベラルなロシア人政治家は、私に率直にこう言った。「われわれはチェチェンで人権侵害を行った。人権侵害でNATOがベオグラードを爆撃できるのなら、なぜモスクワを爆撃しないのか？」[*17]

さらにロシアの反論は、9・11テロをきっかけにアメリカと有志連合が始めた2003年のイラク戦争にもおよぶ。プーチンにとって、サダム・フセイン後のイラクで起きた大規模な流血は、西側が自称する「民主主義と自由」の追求が、不安定と苦痛をもたらすだけだという証明なのである。モスクワでチェチェンやシリアでのロシア軍の残虐な行動に言及すると、必ずイラク戦争のことで公然と反撃される。

プーチンにとって、西側諸国の民主化推進は、自らの政治生命と個人的な生き残りを脅かす直接的脅威であったことは重要である。2003年から2005年にかけて、ウクライナ、ジョージア、キルギスなど旧ソ連諸国の多くで民主化を求める「カラー革命」が起きた。キーウ（キエフ）の独立広場のデモ隊がウクライナの独裁政権を倒せたとしたら、赤の広場で同じことが起きないようにするにはどうしたらいいのだろう。ロシアでは、自然発生的な抗議運動というのは「おとぎ話」だと考える人が多かった。ＫＧＢの諜報員としてのキャリアを通じて「秘密工作」の遂行にあたっていたプーチンは、ことさらＣＩＡがカラー革命の裏で糸を引いていると見ていた。ＣＩＡの狙いは親欧米の傀儡政権の樹立だと、クレムリンは考えていた。次はロシアかもしれない。

イラク戦争とカラー革命の衝撃が、２００７年のプーチンのミュンヘン演説の原因であった。クレムリンは、この西側の悪行のパターンが継続していると見ていた。２０１１年にプーチンはこう主張した。西側諸国はリビアの独裁者ムアンマル・カダフィを打倒するためにリビア内戦に介入したが、ロシア側にはリビアにそのようなことはしないと約束をして二枚舌を使った。リビア内戦への介入は、プーチンが2期目の大統領任期を終えた後、侍者であるドミートリー・メドベージェフに代わって首相を務めた２００８年から２０１２年までの4年間に起きたため、とくにプーチンにとって不愉快だった。プーチンの支持者によれば、世間知らずのメドベージェフは西側に騙されて、限定的な介入を認める国連安保理決議を支持し（訳註：飛行禁止区域を設定する安保理決議１９７３にロシアは拒否権を行使せず、棄権した）、西側勢力は予想通り負託された権限を超えて、カダフィ政権を転覆し、彼を殺害した。リビア内戦への介入は確かに人権上の理由から行われたが、リビアの反乱が勢いを増し、事態が独り歩きしたのだという西側の説明に、ロシアはまったく耳を貸さない。

しかし、「騙されやすい」とされるメドベージェフの存在は、プーチンにとって有益だった。プーチンは、ロシアに絶対不可欠な指導者であるという見方を確立できたからだ。たとえプーチン自身が選んだ後任であっても、狡猾で冷酷な西側諸国に対してロシアが脆弱になってしまう。プーチンは大統領任期を2期12年までとする憲法改正をした後、２０１１年にはメドベージェフに代わって大統領選に出馬する意向を表明した。この発表は、モスクワなどでの異例の市民デモを誘発し、プーチンの権力を弱体化させようとする西側の陰謀に対するプーチンの恐怖心をふたたび煽ることになった。私は２０１２年1月にモスクワに滞在し、デモ行進や横断幕を目の当たりにしたが、なかにはカダフィの運命を鋭く指摘したものもあった。プーチンが警戒するのも無理はなかった。アメリカのヒラリー・クリントン国務長官（当時）がデモ隊を支持したことにプーチンはひどく憤慨した。２０１６年のヒラリーの大統領選挙運動をロシアが攻撃した際には、プーチンの頭のなかには正当な理由としてこのヒラリーの支持があったことだろう。

プーチンは大統領復帰を果たしたが、ロシアにとって西側が脅威であり続けるという意識は、２０１４年のウクライナでの出来事でさらに高まった。ウクライナがＥＵと「連合協定」を結ぶという見通しは、かつてソ連の重要な一部でありロシアの最も重要な隣人を西側の影響圏に引き込むという意味で、クレムリンでは深刻な脅威とみなされた。モスクワからの圧力により、ウクライナのビクトル・ヤヌコビッチ政権は、ＥＵとの「連合協定」締結方針を転換した。しかし、これがキーウでふたたび反政府デモを引き起こし、ヤヌコビッチはロシアへの事実上の亡命を余儀なくされた。キーウで従順な協力者を失ったことは、クレムリンにとって地政学的に大きな後退となった。そこでプーチンは軍事力の行使に踏み切り、関与の度合いを深めた。

２０１４年３月、ロシアはクリミア半島に侵攻し、併合した。クリミアはウクライナの一部であったが、１９５４年までの一時期はロシア領であり、ロシア語話者が多く住んでいた。また、ウクライナとの協定により、ロシアの黒海艦隊の本拠地にもなっていた。西側諸国では、クリミア併合とウクライナ東部へのロシアの軍事介入は、重大な国際法違反であり、さらなるロシアの侵略行為の前兆になりかねないものとみなされていた。しかしロシア国内では、クリミア併合はロシア国民が待ち望んだ反撃であり、偉業だと広く受け止められている。独立した調査機関による世論調査で、プーチンの支持率は80％以上に上昇した。その余韻のなかで、プーチンは強権的指導者の究極目標である「国家と指導者の完全な一体化」の達成に近づいた。ロシア下院のウォロジン議長は勝ち誇ってこう言った。「プーチンがいてロシアがある。プーチンなしのロシアはない」[*18]

プーチンの悪行に対する西側の対応は、ロシアへの経済制裁であった。２０１４年７月、ロシアの支援を受けた民兵がウクライナ上空を飛行中のマレーシア航空17便を撃墜し、乗客乗員２９８人全員が死亡した後、さらに制裁は強化された。また２０１８年にロシアの工作員がイギリスのソールズベリーで元ロシア連邦軍参謀本部情報総局（ＧＲＵ）諜報員のセルゲイ・スクリパリの暗殺を試みた後、ロシア外交官が欧米諸国から追放され、またも制裁が強化された。

クレムリンにとって、西側の制裁は、偽善的で権力欲の強い西側がロシアを「手に入れようと」躍起になっているという元来の信念をさらに裏づけるものである。しかし、プーチンに批判的なロシア内外の人々にとっては、この長い悲劇の物語は、プーチンが批判をそらすために作り出したものである。彼らにとって本当のストーリーは、西側の偽善に立ち向かう勇敢なロシアの指導者の話ではなく、冷酷な準独裁者が国際法を繰り返し破り、自身の権力と取り巻きの地位を守るために暴力を行使している話なのだ。

プーチンの物語が大きな嘘であるという主張が強いのは、周りにちりばめられた小さな嘘を指摘できるからだ。マレーシア航空17便の撃墜については、オランダ主導で行われた詳細な調査によって説得力のある証拠が示されたにもかかわらず、ロシア政府は関与を否定し続けている。スクリパリ暗殺未遂事件や、２００６年にイギリスで起きた別の元ロシア工作員アレクサンドル・リトビネンコ毒殺事件についても、ロシアは関与を否定している。クリミアにおけるロシア民兵と扇動者（いわゆる「リトル・グリーンメン」）の存在も、当初は西側のプロパガンダとして否定したが、後にクリミア併合が既成事実化された時点でプーチンがロシアの役割を認めた。一方、国内では選挙の不正が日常的に行われている。支持者が多い政敵は、最終的には死んでしまう。２０１５年にクレムリン近くの橋の上で射殺されたボリス・ネムツォフもその1人である。

また、濡れ衣を着せられて投獄される者もいる。1990年代のロシアで最も裕福なオリガルヒで、独立系メディアや野党に資金を提供していたミハイル・ホドルコフスキーは、2003年10月にシベリアの自家用ジェット機内で逮捕され、その後裁判にかけられ10年間収監された。近年、プーチンの最も著名で大胆な政敵であったアレクセイ・ナワリヌイは、さまざまなでっち上げの罪で13回逮捕され、投獄された。[*19] そして、2020年夏にはシベリア発の飛行機内で毒を盛られて昏睡状態に陥った。ドイツの病院で療養した後、ロシアに帰国したが、空港ですぐに逮捕され、裁判にかけられ、ふたたび投獄された。

プーチン率いる与党「統一ロシア」に「ペテン師と泥棒の党」という人目を引くあだ名を付けたのはナワリヌイである。ネット上での活動やユーチューブの動画を通じて、「プーチンのロシア」のトップの腐敗を暴露し、多くの視聴者を集めた。プーチンが最も脅威を感じたのは、こうした拝金主義と汚職の告発である。いわゆる「パナマ文書」(2016年にオフショア金融業者から流出した文書)によれば、プーチンとその側近たちが海外に20億ドルを流出させたと見られる。[*20] 2021年にナワリヌイが逮捕されるためにロシアに帰国した際に公開した、黒海に面した「プーチン宮殿」の暴露ビデオは、ソーシャルメディアで拡散され、数日間で非常に多く視聴された。普段は如才ないクレムリンのメディア操作も、しばらくは言葉を失った。やがて、プーチンの幼なじみで大富豪のアルカディ・ローテンベルクが、宮殿は自分のものだと名乗り出た。[*21]

プーチンは「世界一の金持ち」だと言われることがある。[*22] その真偽や意味するところはともかくとして、プーチンの側近や協力者の多くが超大金持ちになっていることは間違いない。サッカークラブ「チェルシー」のオーナーのロマン・アブラモビッチや、ロシア・アルミニウムの社長で「アルミ王」と呼ばれるオレグ・デリパスカなどの億万長者だけではない。ロシア大統領府報道官のドミトリー・ペスコフは、2015年に行われた自身の結婚式で62万ドルの腕時計をしているところを写真に撮られている。

プーチンが生粋のナショナリストであり、しかも堕落した政権のフロントマンであるとすれば、この2つをつなぐのはプーチンの政治と人生への姿勢を貫く、深く腐敗したシニシズムである（彼の支持者はそれを「リアリズム」と表現する）。プーチン陣営は、西側諸国はロシアを支配し、屈辱を与えたがっており、西側が言う民主主義や人権は偽善であり嘘であると、心から信じている。プーチン陣営にとっては、西側より弱いロシアが嘘とごまかしで対抗することを正当化する理由となる。その意味で、世界情勢に関するロシアの公式な政策は、徹底的にシニカルであると同時に、徹底的に誠実でもある。ロシア政府は、自国の行動とより広い世界について嘘を広めることを仕事にしている。だが同時に、これらの嘘は西洋の不正直さと侵略に対するより大がかりな活動の一環として正当化されると、心から信じているのである。

シニシズムと誠実さが混在しているのは、政権の幹部たちの個人的な行動についても同じである。プーチンとその側近に対する１つの見方は、彼らの動機は完全に腐敗しているというものだ。あるロシア人の友人はこう言う。「彼らを本当に動揺させるのは、彼らとＡＴＭの間に誰かが割って入るときだけだ」。だが、ロシアに腐敗が蔓延しているとはいえ、プーチンとその側近たちは、自分たちが国内外においてロシアを強化していると信じている生粋のナショナリストでもあるのだ。彼らは、ロシアの資産を管理することによって、それらが外国の手に渡るのを防いでいると主張する。そして、もし彼らが個人的にその報酬を得ているとしても、それが世の理《ことわり》であるという。

汚職や制裁、原油価格の乱高下などの問題はあるものの、現在のロシアが１９９０年代よりも豊かで安定した場所になっていることは事実だ。２０１８年のワールドカップは、プーチンがロシアを世界に見せびらかす機会となった。ジャーナリストとしてではなく、観光客として初めてロシアを訪れた私は、モスクワやサンクトペテルブルクの中心部、さらにはカザン市といった辺境の地方都市の繁栄と効率性に心から驚かされた。もちろん、ロシアをできるだけ印象よく見せようとする多くの努力がなされた。だがこれは外国人がポチョムキン村（訳註：見せかけだけの偽物の村）に騙されたという話ではない。モスクワとサンクトペテルブルクを結ぶ高速列車も、清潔で経営状態の良い格安ホテルも、モスクワの賑やかなカフェも、１年後にロシアを訪れたときにはまだ残っていた。ロシアの国家行政も、一部は十分に機能しているのだ。税務署はリアルタイムで取引データを収集し、国際的な評価を得ている。[*23] 中央銀行は、制裁への対応やルーブルの管理で広く称賛されている。

ワールドカップはプーチンを主役にした。開幕戦のロシア対サウジアラビア戦では、サウジアラビアの指導者であるムハンマド・ビン・サルマン皇太子の隣に座った。これは興味深い取り合わせだった。ＭＢＳは新世代の強権的指導者の代表であり、明らかにプーチンをモデルとして、またインスピレーションを与える存在として見ているからである。ＭＢＳの顧問を務めるあるイギリス人は、ＭＢＳがプーチンに畏敬の念を抱いていると指摘している。「彼はプーチンに魅了されていた。プーチンを称賛し、その行動を気に入っていた」[*24]。プーチンがクレムリンに長く君臨するにつれて、彼を称賛する外国人の数も増えている。フィリピンのドゥテルテ大統領は、「私のお気に入りのヒーローはプーチンだ」と述べている。トランプの側近で弁護士のルディ・ジュリアーニは、プーチンのクリミア併合を称賛し、「彼は決断し、それを素早く実行に移す。そして、みんなが反応する。これぞリーダーというものだ」と述べた[*25]。イギリス独立党（ＵＫＩＰ）とブレグジット党の元党首でトランプの友人であるナイジェル・ファラージは、かつて最も尊敬する世界のリーダーとしてプーチンを挙げ、「シリア問題での彼のやり方は見事だ。政治的に彼を認めているわけではない」と付け加えた[*26]。イタリアの右派ポピュリスト「同盟」党首のマッテオ・サルビーニは、赤の広場や欧州議会でプーチンのＴシャツを着た姿を報道写真に撮らせて、ロシアの指導者への敬意を誇示している。２０１７年には、同党はプーチンの「統一ロシア」と協力協定を締結したほどだ[*27]。

ファラージやサルビーニの称賛が示すように、西側の一部のプーチンへの賛美はスタイルの問題だけでなく、確実にイデオロギー的な側面もある。文化的保守主義者から過激な人種差別主義者まで、右派・ナショナリストの政治家にとって、プーチンはある種のアイコンとなっている。移民や同性愛者の権利、フェミニズム、多文化主義を推奨する、ヒラリーやメルケルに代表される西側のリベラルな権力者層《エスタブリッシュメント》に対する反抗のシンボルが、プーチンなのである。ジャーナリストのアン・アプルボームが指摘するように、理想化された「プーチンのロシア」は、「自国社会にきわめて批判的な右派知識人」のインスピレーションになっており、彼らは「アメリカ嫌いの右派の独裁者たちに肩入れし始めた」[*28]。

翻って、これらの西側の反動主義者が「グローバリズム」や「リベラリズム」を糾弾すると、彼らの思想はロシアのナショナリストたちに拾われて、増幅される。2019年に私はモスクワで、コンスタンチン・マロフェーエフに会った。ひげもじゃの億万長者で、投資銀行で財を成した後、クレムリンと欧米の極右勢力の使者となっている。グローバリズムを非難し、国家と伝統的な性別役割分担を擁護する彼の言葉は、サルビーニやファラージ、スティーブ・バノンの口からも簡単に出てくる類のものだろう。そして実際、マロフェーエフはフランスの国民戦線の創設者ジャン・マリー・ルペンに200万ユーロの融資を手配し、フランス、イタリア、オーストリア、ロシアの極右の有力者を集めた会議を主催していた[*29]。

マロフェーエフは、ロシアに王政復古を求める運動もしており、彼のお気に入りの皇帝で、非常に反動主義的なアレクサンドル3世の肖像画を誇らしげに私に見せてくれた。数カ月後、プーチンの任期をリセットして、あと2期12年を認める内容の改憲案が発表されると、彼は大いに喜んだ。そうなれば最長で2036年、84歳までプーチンはクレムリンに留まることができるようになる。ロシアのトップとしての在任期間はスターリンを優に超える。

2000年にプーチン大統領が誕生したとき、彼が35年後にまだロシアを統治しているかもしれないなんて、ばかげた話だと思われただろう。プーチンはロシアに必要な強権的指導者であるというイメージは、当初、国内向けに作られたものだった。しかし、世界中で反リベラル、ナショナリストの潮流が強まるにつれ、プーチンはこれまでとは異なるスタイルのリーダーシップの模範となったのである。ロシア大統領府報道官であるドミトリー・ペスコフは、2018年に次のように発言したが、単にプロパガンダを垂れ流しただけとはいえなかった。「世界には、特別な、傑出したリーダーたち、一般的な枠組みに当てはまらない決断力のあるリーダーたちが求められている。プーチンのロシアはその出発点だった」[*30]

ペスコフが引き合いに出せるリーダーの例は、2018年までに非常に多くなった。ハンガリーのオルバン、フィリピンのドゥテルテ、アメリカのトランプである。プーチンを称賛する者たちに言わせるなら、プーチンはソ連崩壊によって屈辱を受けた国を受け継ぎ、強さと狡猾さによって、ロシアの地位と世界的な力を回復し、ソ連解体で失われた領土の一部さえも取り戻した。そして、ヒラリーやオバマのような独善的なアメリカのリベラル派にうまく対抗し、世界中のナショナリスト、反米主義者、ポピュリストを喜ばせたのである。

しかし、プーチンの強権な指導が成功を収めたとする考えには大いに疑問がある。隣国への侵攻や海外での暗殺など、プーチンのロシアは無謀な法違反を繰り返し、国際的な制裁を受け、ロシアは国際社会の除け者同然の存在になっている。ロシア国内の反体制派を投獄・殺害するのは、プーチンの支配が、国民的同意や統治の成功によって継続されているのではなく、力と抑圧に依存していることを明確に示している。そして、ロシアの長期的な未来は、多くの点で暗澹たるものとなっている。ロシアは人口が減少し、高齢化が進んでいる。ロシアの領土は広大だが、その経済規模はイタリアとほぼ同じである。脱炭素化が進む世界にあって、ロシアの国富は石油とガスに危険なほど依存している。

オバマは2014年、ロシアを「地域大国」以上の存在ではないと断じ、モスクワで怒りと憤りを引き起こした。[*31] しかし、この発言の一部は真実であり、急所を突いていた。プーチンは、中国がユーラシア大陸で影響力を拡大し、モスクワが守り抜きたい勢力圏に入り込んでいるにもかかわらず、東の強権的指導者である習近平との対決を注意深く避けてきた。その代わりに、プーチンは中東で軍事力を行使することによって、大国ロシアをふたたび確立しようとしている。だがそのためにプーチンは、自国の帝国時代の栄光を再建しようとするまた別の強権的指導者と対立する可能性が出てきた。トルコのレジェップ・タイイップ・エルドアンである。

第2章

エルドアン

リベラルな改革者から権威主義的な強権的指導者へ（2003年）

トルコの首都アンカラの西にそびえ立つ、レジェップ・タイイップ・エルドアン大統領のために建設された大統領公邸。自然保護地域の丘の上に建てられたこの「宮殿」は、アートギャラリー、コンベンションセンター、核シェルター、1000室以上の部屋がある巨大建造物である。「宮殿」の総面積は、クレムリンやベルサイユ宮殿よりも広い。2014年10月にエルドアン大統領が新公邸に引っ越したとき、彼の権力欲の高まりが明白になった。控えめで気取らない指導者であるという彼の主張は、権力の座に10年以上にわたり居続けることで霧消した。彼はいまやオスマン帝国のスルタンに近い存在になりたいという野望を明かしている。

プーチンとエルドアンの経歴の類似性は際立っている。両者とも20世紀から21世紀の前後数年に政権を握った。エルドアンは２００３年に初めて首相に就任した。† 両者とも当初は民主主義の制約のなかで統治を行う改革者と西側からみなされていたが、その後、国家と社会への支配力を強め、国際舞台における自国の力を回復している。また、両者とも西側に対抗する立場とリベラリズムへの批判を率直に表明している。プーチンとエルドアンは、国内外において似たような戦略を取っている。

トルコで強権的指導者が台頭してきたことは、ある意味、驚くべきことでもない。オスマン帝国を倒してトルコ共和国を建国したケマル・アタテュルクはカリスマ的指導者であり、アタテュルクが１９３８年に亡くなった後も個人崇拝が続いていることはよく知られている。エルドアン以前のトルコ近代史にはクーデターと軍政がたびたび入り混じっているが、それでもトルコは「強権的指導者の時代」を語るうえで重要な役割を担っている。９・11テロ後、アメリカとEUは中東とイスラム世界の政治問題にますます追われるようになった。西側のオピニオンリーダーたちは、イスラムと民主主義や西側を調和させることができる「穏健な」ムスリム指導者を求めていた。エルドアンは、ぴったり当てはまる人物に見えた。

トルコはNATO加盟国であり、エルドアンはこれまで世俗的だったトルコの指導者たちよ

† 当時のトルコは議院内閣制で、首相が行政の長だった。その後、２０１７年に大統領職の権限を強化し、行政の長とする改憲がエルドアンによって行われた。

りも敬虔なムスリムであったが、資本主義を受け入れ、民主的な政治のなかで地位を高めてきた。また、トルコの人口は8000万人以上で、国土面積と経済規模も十分に大きく、他のイスラム諸国にとって信頼できるモデルとなり得る存在である。アメリカの著名ジャーナリスト、ロバート・カプランは、2004年に「イスラム教穏健派・改革派であるエルドアンは、いまやムスリムと21世紀の社会的・政治的現実とを融和させるための唯一最善の希望である」と主張し、当時のムードをとらえている。[*1]

私が初めてエルドアンの姿を見たのは、2004年、ブリュッセルで行われたEU加盟申請の記者会見であった。欧州議会の奥の部屋で、トルコの「欧州加盟」への適性について外国人記者からの質問に辛抱強く答える姿は、この指導者が民主政治における活発な議論に慣れていることを裏づけるかのようであった。トルコの加盟申請へのEU加盟国からの反対を心配しているのかと尋ねると、彼はリベラルな感覚によく合った答えをした。「EUが価値観を共有するクラブではなく、キリスト教クラブになることを決めたのなら、いますぐそう言うべきだ」[*2]。トルコのEU加盟申請を担当した欧州委員会のオッリ・レーン委員は、エルドアン大統領とサッカー好きという共通の話題で意気投合したという。これ以上にヨーロッパ人らしいことはないだろう。

当時の地政学的な背景から、トルコのEU加盟申請はきわめて重要視されていた。トルコがEUに加盟すれば、トルコにおけるイスラム主義と軍事クーデターという2つの脅威は過去のものになると広く信じられていた。ドイツのオットー・シリー内相はトルコがＥＵに加盟すれば、「ムスリムと西側が啓蒙主義の価値観に基づいて共存可能であることを世界に示せる」と述べた。[*3] 一時期、この希望を体現したのがエルドアンだった。

トルコの指導者に絶大な信頼を寄せていたのは、ヨーロッパの政治家やワシントンのジャーナリストだけではなかった。オバマはアンカラのトルコ議会で外交政策に関する重要な演説を行い、1期目を通じて他のどの外国指導者よりも頻繁にエルドアンと会談した。[*4] イラク戦争終結後、オバマの外交政策の主な目標は、アメリカとイスラム世界の間に新たな関係を築くことであり、エルドアンはそのキー・パーソンに見えたのである。

エルドアンの政治家としての歩みと首相就任後の数年間は、彼がイスラム教と民主主義と近代性とを融和するモデルを提供するのではないかという魅力的な期待を抱かせた。１９５４年にイスタンブールの貧しい地域でフェリーの船長の息子として生まれたエルドアンは、10代頃にイスラム主義政党の国民救済党（ＭＳＰ）に入党している。セミプロのサッカー選手や工場労働者を経て、専従の党員となり、イスタンブール党支部代表にまで上り詰めた。そのカリスマ性と一般市民を組織化する手腕で、１９９４年にはイスタンブール市長に当選した。しかし、１９９８年、トルコの裁判所はエルドアンの所属政党、福祉党（ＲＰ）がイスラム主義的だとして非合法化した（訳註：福祉党は国民救済党が非合法化された後に受け皿として設立された政党）。同年、エルドアン自身も、判事が「宗教的憎悪を煽る」と断じた詩を朗読した罪で投獄され、イスタンブール市長の座も追われた。その詩には「モスクはわれわれの兵舎、ドームはわれわれのヘルメット、ミナレットはわれわれの銃剣、そして信者はわれわれの兵士」という一節があった。

1999年3月から4カ月半の獄中生活は、彼の政治的キャリアを終わらせるというトルコの世俗主義的な体制の意図とは正反対に、むしろ彼を国政の舞台に飛躍させるのに役立った。[*5] 多くの敬虔なムスリムは、国家が黙らせることができなかった英雄として彼を評価するようになった。釈放後、彼はイスラム主義の新党「公正発展党」(AKP)を結成して党首に就任し、2002年のトルコ総選挙で勝利した。エルドアンは被選挙権が回復されると、補欠選挙で国会議員に当選し、2003年に首相に就任した。

この段階では、トルコの民主主義者の多くもエルドアンを支持した。エルドアンは民主主義を弱体化させる努力に勝ったかのように見えたからだ。リベラル派は、彼が軍の政治支配に反対し、民主主義と多元主義を公言していることに勇気づけられた。エルドアンは「自己中心的な政治の時代は終わった」と宣言し、強権政治の概念そのものに反対しているかのように見えた。[*6] 就任早々の行動も、彼が民主主義者で改革者だろうという期待を正当化するものだった。トルコのEU加盟を推進するとともに、少数民族の権利と司法の独立を強化する法案を可決し、死刑を廃止した。[*7] 就任後数年間は、トルコのEU加盟への期待感から、投資や建設主導の好景気が続いていたことも後押しとなった。経済活性化は、トルコの有権者や外国人投資家のエルドアンに対する信頼性を高めた。

懐疑的な人たちは、エルドアンの過去の行いには、彼がリベラル派ではないことを示す証拠がたくさんあると指摘していた。1970年代、若い活動家だったエルドアンは、「フリーメーソン＝共産主義者＝ユダヤ人」という陰謀劇で、主役、共同監督、脚本家チームの一員を務めていた。[*8] 1996年、イスタンブール市長のときには、「民主主義とは、目的地に着くまで乗っている路面電車のようなものだ。目的地に着いたら、降りるのだ」[*9]と述べた。その目的地とは、アタテュルクがトルコ憲法に書き入れた世俗主義を覆し、イスラム教がふたたび中心的な役割を果たすトルコにすることだと推測されている。エルドアン政権初期の自由化政策の多くが、イスラム主義者の社会的地位の強化に貢献したことは注目に値する。西側のリベラル派は、エルドアンが大学で女性がスカーフを被ることを認める改憲を行ったことを、自由と女性の権利の向上として歓迎した。[*10] だが、イスラム主義者は、信心深さが高まるとして歓迎した。

就任から年月が経つにつれ、エルドアンの権力支配が強まり、トルコ軍との対立が続いた。その過程で、彼の独裁的な本能が前面に現れていった。2007年にはトルコ警察がクーデター計画の証拠を発見したとし、多数の将官が逮捕され、裁判にかけられた。リベラル派のなかには、トルコ軍を同国の民主主義の歴史的な敵と考えている者もいて、この摘発に賛成する声も上がった。しかし、証拠の多くがでっち上げではないかという懸念もあった。

エルドアンの反民主主義的な傾向の強さが、西側にも徐々に明らかになってきていた。2011年にトルコを訪れた際の友人や知人との会話から、私はエルドアンの暗黒面はもはや無視できないと確信した。[†]「エルドアンの欠点に目をつぶるな」という（明らかに気弱な）見出しの記事で、私は、トルコの指導者は間違いなく人気者でカリスマ性がある、これまでに彼は3回の総選挙を連勝し、野党ですら得票に不正はないと考えていると書いた。だが「トルコの刑務所に入っているジャーナリストの数は、いまや中国よりかなり多い」とも指摘した。エルドアンの姿勢も独裁的になってきていた。２０１１年に彼がニューヨークの国連本部を訪問した際には、首相の護衛の一部が国連の警備員と喧嘩をした。不気味なのは、エルドアンは大統領権限を強化する改憲を実行し、首相から大統領に転じると発表していたことだ。明らかに今後10年単位で権力の座に安住するためだ。それによってエルドアン自身が「プーチンへのトルコ流の答え」になると記事で言及した。[*11]

平和的であれ暴力的であれ、国内の反対運動はエルドアンのパラノイアを強め、あらゆる異論を封じ込める決意を固めるだけのように思われた。２０１３年、トルコのリベラル派と世俗主義者の多くがゲジ公園デモに参加した。きっかけとなったのは、エルドアンがイスタンブール中心部にある数少ない公園の1つを取り壊し、かつてイスラム主義者の士官の蜂起拠点となったオスマン帝国時代の兵舎を再建するというニュースだった。エルドアンはまた、ゲジ公園の隣に位置する、イスタンブールの中心地の象徴でもあるタクシム広場に、モスクを新築することを計画していた。

ソーシャルメディアの力で、公園取り壊し反対という環境保護問題は大規模な反政府運動へと発展し、最盛期には100万人もの人々がイスタンブールの街頭に押し寄せた。私が見たタクシム広場に集まったデモ（複数回行われたデモの1つ）の参加者は、ニューヨークやロンドンにいてもまったく違和感のない都会に住むリベラル派に見えた。公正発展党の幹部党員の妻たちとは違い、デモ隊のなかにスカーフを被った女性はほとんどいなかった。これはトルコの「文化戦争」だった。パラノイアと敵意に満ちたエルドアンは激怒した。彼はデモ隊を外国勢力とユダヤ人投資家ジョージ・ソロスの手先だと非難した。

だが、パラノイアのエルドアンの本当の敵は別にいた。ゲジ公園の抗議デモは結局は収まったが、2016年7月にはトルコ軍内部の反エルドアン派が動き出した。部隊がエルドアンを逮捕あるいは暗殺するために休暇先のホテルを急襲したが、内通者がエルドアンに密告し、彼は1時間前にホテルを出発していた。戦闘機がトルコの国会を爆撃するなか、エルドアンはアップルの「フェイスタイム」を通じてテレビに出演し、トルコ国民に街頭に出てクーデターを阻止するよう訴えた。24時間後、エルドアンは事態を収拾した。だが250人が犠牲となり、エルドアン自身もひどく動揺した。[*12]

クーデター失敗後、エルドアンは非常事態宣言を発令し、市民の自由に対する大規模な弾圧を開始した。大統領は、このクーデター未遂を、かつての支持母体であったアメリカ在住の宗

† 私のトルコの知人や友人のなかには、投獄されたり、裁判にかけられたり、亡命したりした人もいるため、あえて名前は載せない。

教家フェトフッラー・ギュレンの支持者集団のせいだと非難した。確かに、ギュレンの支持者がクーデター計画に深く関わっていたことを示す証拠がある。[13] その直後、「ギュレン運動」の関係者とされる数万人の公務員が逮捕され、５万人分のパスポートが無効化され、４０００人の判事と検察官が罷免され、１００社以上の新聞社やテレビ局などのメディアが閉鎖を命じられた。[14] 粛清はギュレン運動の関係者にとどまらず、エルドアン政権に対するリベラル派の批判の声や、無党派層の声も一掃した。

この弾圧の対象となった最も重要な人物の１人が、クルド系の政治家で議会野党の中心人物であるセラハッティン・デミルタシュであった。デミルタシュは２０１５年の総選挙でクルド系政党である国民民主主義党（ＨＤＰ）を率いて大成功を収めた。エルドアン政権成立以来初めて、公正発展党を過半数割れに追い込んだのだ。国民民主主義党はトルコ議会で議席を獲得した初のクルド系政党となった。またデミルタシュは雄弁で、明確な信念を持ち、エルドアン大統領に対抗できる人物であると、多くの国民から支持を集めることになった。

クーデターの直後、デミルタシュはテロ行為、とくにクルド人武装組織であるクルド労働者党（ＰＫＫ）を支援した廉《かど》で逮捕された。彼は故郷から遠く離れた刑務所に収容され、さまざまなテロ関連の罪に問われ、懲役１４２年に処された。海外の法律専門家たちはこれに納得しなかった。２０２０年、欧州人権裁判所（ＥＣＨＲ）はデミルタシュの即時釈放を要求し、トルコの行為は「裏にある政治的目的をごまかしているに過ぎない」という厳しい判決を下した。[15]

だがこの判決は無視された。エルドアンは、強権的指導者が好んで用いる手段の1つである、「危険な政敵の投獄」を使ったのだ。プーチンがナワリヌイやホドルコフスキーに用いた戦術であり、習近平が黄之鋒（ジョシュア・ウォン）、周庭（アグネス・チョウ）、黎智英（ジミー・ライ）といった香港の民主化運動の指導者に採用した戦術でもある。

クーデター未遂が起きた翌年の２０１７年、私はふたたびトルコを訪れた。旧知の学者やジャーナリストたちの間には、恐怖の空気が流れていた。それぞれの周囲には、職を失った人、逮捕された人、国外に逃亡した人がいた。まだ自由の身である人々の多くも、生活や自由が脅かされていた。国際的に著名な学者が、私にこう言った。「かつて想像もできないと思っていたことが、いまでは日常的に起きている」

これはトルコの国境を越えて響きわたる印象的な言葉だ。デリー、北京、ブダペストといった都市で、リベラル派知識人から同じような嘆きを聞いてきた。２０１７年になると、ワシントンＤＣやニューヨークでも、同じような民主主義の未来に対する信じられないという思いや恐怖を耳にするようになっていた。トランプ大統領の誕生は、皮肉な現象である。かつてアメリカの専門家がエルドアンへ抱いていた期待は裏切られ、今度は自国政治の行方が問われる番になった。ロバート・カプランが自信たっぷりに語った通り、２００4年当時、エルドアンがトルコを自由民主主義と「21世紀の社会的・政治的現実」に向かわせると思われていた。いまでは、トランプがアメリカをトルコに向かわせようとしているようだ。

２０１７年5月、イスタンブールから見たとき、トランプとエルドアンには特筆すべき類似性があるように映った。トランプもエルドアンも、自国をふたたび尊敬され、恐れられる国にすることを約束したナショナリストだった。どちらも政府をファミリービジネス化し、婿を登用していた。トルコでジャレッド・クシュナーに相当するのがベラト・アルバイラクで、エルドアンはまずエネルギー相に、次いで財務相に任命した。両大統領とも、小規模な町や農村部の有権者から支持を集めていた。両者とも、自国の官僚が自分たちを陥れる陰謀を企んでいると非難している。実際、トランプがアメリカで広めた、敵対的で利己的な「ディープ・ステート」という概念は、トルコが発祥である。*16

また、両首脳は自国社会のひどい分裂状態を、自身への政治的支持を高める手段として利用した。トルコでは、敬虔なムスリムと公正発展党の一般党員は、エルドアンが独裁へと落ちていくことを受け入れる腹づもりがあるようだ。彼が世俗主義的なエスタブリッシュメントという敵から信仰と国家を守ると見ているからだ。同じように、トランプの最も忠実な支持基盤は白人の福音派プロテスタントであり、トランプのことを、リベラルなアメリカに対抗し、自分たちを擁護する人物として捉えていた。国がひどい分裂状態にあれば、国内の敵に対する政治的勝利のためなら市民的自由が損なわれても仕方ないと、支持者たちを説得しやすくなる。

メディアや裁判所に対するトランプとエルドアンのアプローチの類似性は、身も凍るようなものである。２０１７年までに、エルドアンは複数のジャーナリストを逮捕し、判事を罷免してきた。トランプのほうは「フェイクニュース・メディア」や「いわゆる判事《ソー・コールド・ジャッジ》」という言葉での糾弾に制約されていた。両大統領のやりとりを見て、トランプの側近のなかには、自分たちのボスはむしろエルドアンの刑事免責を羨んでいるのではないか、という結論に達した者もいた。[*17]

トランプが羨むであろうエルドアン時代の1つの側面は、その在任期間の長さだ。2018年3月、首相と大統領を合わせた在任日数が5500日となり、トルコ共和国建国の父であるアタテュルクを抜いて、トルコ共和国史上最長の在任期間となった。だが、エルドアンは単にアタテュルクより長く政権を維持しようと考えているわけではなかった。重要な点は、エルドアンがアタテュルクの政治的遺産と世俗主義を重視する姿勢を破壊しようとしたことである。国家とイスラム教をふたたび結びつけることで、エルドアンは本質的にトルコ共和国を建国し直そうとしていた。それは「ケマル主義」（訳註：世俗主義、共和主義などを骨子としたトルコの重要な政治思想で、軍部はその擁護者を自任してきた）の国家というより、エルドアンのイメージに沿った国家となる。

その象徴的な瞬間が、2020年に起きた。エルドアン政権がアヤソフィアをモスクに戻したのだ。現在のアヤソフィアは537年にユスティニアヌス帝によってキリスト教正教会の大聖堂として建てられ、1453年のオスマン帝国によるコンスタンティノープルの陥落後、イスラム教のモスクとなった。アタテュルクは1935年にモスクから博物館に変えて、2020年にはイスタンブールで最も観光客の多い場所となっていた。トルコのイスラム主義者にとって、アヤソフィアをふたたびモスクに戻すことは長年の目標であった。そして在任17年を経て、エルドアンはついにそれを実現した。２０２０年7月24日、モスクに戻してから初めてとなるアヤソフィアでの金曜礼拝に参加したエルドアンは、「これはわれわれの若者の最大の夢であり、いま、それが達成された」と宣言した。エルドアンにとって、これは世界的な意義を持つ瞬間であった。「アヤソフィアの復活」は、「世界中のムスリムの意思」だと彼は主張した。*18

新世代の強権的指導者は、一般的に、信仰を擁護する人物であるという主張をする。プーチンは、欧州委員会のジョゼ・マヌエル・バローゾ委員長に対し、自らを世界中のキリスト教徒の擁護者であると言ったという。*19 インドでは、モディは誇り高きヒンズー至上主義者である。実際、エルドアンがアヤソフィアをモスクに改修したわずか1週間後に、モディはウッタルプラデシュ州アヨディヤの聖地に新しいヒンズー教寺院の礎石を据えた。アヨディヤにはモスクがあったが、１９９２年にヒンズー教の暴徒が破壊していた。エルドアンと同様に、これは数十年にわたる夢の実現であった。エルドアンはイスラム教の擁護者、モディはヒンズー至上主義者で、「文明の衝突」のライバルであるとしても、彼らはきわめて類似した文化的、政治的プロジェクトを追求している。国民と国家の中心にふたたび宗教を置き、世俗主義的なリベラリズムに対抗するのである。

信仰を活性化するのは、経済的に厳しい時代にはとくに有効な策略である。アヤソフィアでのエルドアンの勝利の瞬間は、長年の経済失政が新型コロナウイルスによるパンデミックによってさらに悪化した深い危機の真っ只中で演出された。エルドアンの経済への理解はきわめてあやふやである。たとえば、金利を上げるとインフレになる、としばしば主張している。新型コロナウイルスによる危機が起こる前から、トルコは債務危機の瀬戸際にあった。トルコ経済が泥沼にはまるにつれ、エルドアンは自分の娘婿と対立し、アルバイラクは２０２０年11月に財務相を辞任せざるを得なくなった。

「文化戦争」を利用した目眩ましは、国内の経済問題に直面している強権的指導者の戦術の１つだが、もう１つの戦術は、国内の愛国心をかきたてるために、ナショナリズムと外国への軍事的冒険を利用することである。プーチンは２０１４年のクリミア併合でこの戦術を実行し、成功した。トルコではクーデター未遂後の弾圧の余波と、トルコ経済が困窮するなかで、エルドアンの外交政策がますます攻撃的になった。

エルドアンの在任中にはトルコのＥＵ加盟が実現できそうになくなったことも、エルドアンが国内外で強権的指導者の手法をとりやすくする理由になっている。エルドアンはトルコのＥＵ加盟申請を正式撤回していないし、ＥＵも加盟候補国から外していない。だがエルドアン政権が長年続くなかで、ＥＵ側とトルコ側の双方が互いに幻滅していった。トルコが独裁的になるにつれて、加盟希望国に対してＥＵが要求する民主的統治の基準からどんどん遠ざかっていったのである。また、エルドアンは現在、オランダやドイツといった一部のＥＵ加盟国から深い疑惑の目で見られている。それはエルドアンが両国に住むトルコ人移民に直接訴えかけて、両国の国内政治に介入しているのではないかという疑惑である。2017年にエルドアン政権の閣僚が、オランダ国内でトルコ人移民の集会に出席しようとして入国を阻止された（同国には40万人のトルコ人移民が住む）。集会は、トルコ憲法改正に対する国民投票で賛成の投票を促すため、トルコ政府が開催したものだった。入国拒否に対してエルドアンは、オランダ人を「ナチスのファシスト」と呼んだ。[*20] エルドアンは、ギリシャ、フランス、キプロス、ドイツに対しても、時に乱暴な暴言を吐いている。EU加盟国に対する暴言は、EUに対する彼の憤りの高まりと、国内の大衆受けを熱心に狙う気持ちが反映されている。一方、ブリュッセル、パリ、ベルリンでは、エルドアンはもはやトルコをEU加盟国という未来に導くことができる人物とはみなされていない。それどころか、独裁的で予測不可能な、潜在的に危険な人物と考えられている。

　トルコがまだ将来のEU加盟国として真剣に語られていた政権初期の頃、そしてワシントンがエルドアンを改革派リベラルとみなしていた頃、エルドアンの外交アプローチは融和的であった。トルコのきわめて活動的な外相であるアフメット・ダブトグルが掲げたスローガンは、「隣国との問題をゼロにする」であった。しかし、2020年になるとダブトグルの姿は消え、トルコ人の間にこんなジョークが流れた——新政策は「問題のない隣国はゼロ」。エルドアンがトルコの国益と考えるものを守るために、彼はますますリスクを冒し、武力行使を厭わなくなった。プーチンと同様、彼は国境を越えて自国の力を再強化しようとし、一定の成功を収めている。その結果、国内での威信が高まった。

隣国シリアの分断が進み、アメリカが現地のクルド人武装勢力に肩入れしたことで、トルコではクルド人の分離主義に対する警戒が強まった。２０１６年、エルドアンはトルコ軍をシリアに投入し、同国の一部を事実上占拠して緩衝地帯を作った。トルコはまた、国連が承認するリビア暫定政府に後方支援とトルコ軍派遣で介入し、フランス、ロシア、湾岸諸国が支援する反政府勢力の攻勢を押し戻した。さらに、トルコが領有権を主張する海域でのギリシャによるガス探査に抗議して、トルコ海軍が東地中海で軍事プレゼンスを強化している。２０２０年には、アゼルバイジャンとアルメニアのナゴルノ・カラバフ紛争にトルコが決定的な介入を行った。トルコの軍事用ドローンは、長く続いたこの紛争をアゼルバイジャン側に有利にするのに重要な役割を果たした。２０２０年12月、エルドアンはアゼルバイジャンの首都バクーで行われた戦勝記念パレードに主賓として登壇した。トルコ国旗とアゼルバイジャン国旗に囲まれた彼は、「今日はわれわれ全員にとって勝利と誇りの日だ。全チュルク世界の日だ」[*21]（訳註：チュルクは、トルコ、アゼルバイジャン、ウズベキスタン、トルクメニスタン、キルギス、カザフスタンなどのチュルク諸語を使用する民族）。プーチン、習近平、モディといった他の強権的指導者たちと同様、エルドアンも自国を単なる一国家ではなく、文明と文化の代表とみなしている。

このような軍事的冒険主義は、必然的にエルドアンが近隣の他の多くの強権的指導者と複雑で危険な関係を持つことを意味する。シリアのバシャル・アサド大統領やイスラエルのネタニヤフ首相とは、長い間ひどく不仲である。サウジアラビアはエルドアンを宿敵であるムスリム同胞団の支持者とみなしているため、エルドアンは同国からも深い疑念を抱かれている。お互いに毛嫌いしているため、2018年にサウジアラビアのジャーナリスト、ジャマル・カショギがイスタンブールのサウジアラビア総領事館内で殺害された際には、トルコは情報機関による盗聴テープを喜んでリークした。*22 エルドアンは、リビア、イスラム教、東地中海をめぐってフランスのマクロン大統領と何度も衝突している。マクロンを精神的に不安定だと言ったこともある。

エルドアンとプーチンとの関係はとくに複雑だ。トルコの強権的指導者とロシアの強権的指導者は、時に非常に親密に見えることがある。2016年のクーデター未遂の際にプーチンが即座に支援を申し入れたことに、エルドアンは謝意を示している。アンカラで流れる噂によれば、クーデターの夜にプーチンがエルドアンに電話し、軍事支援を申し出たという。また、プーチンはエルドアンにロシア製地対空ミサイルシステムを購入させた。これにはNATO加盟国から反発が起きた。一方、トルコとロシアの利害は、シリア、リビア、ナゴルノ・カラバフなど、この地域のいたるところで対立してきた。旧ソ連領のナゴルノ・カラバフは、ロシアの裏庭だとモスクワはみなしていたため、トルコの介入は衝撃的だった。この紛争にもまた、トルコの支援を受けたイスラム教のアゼルバイジャン人と、ロシアに近いアルメニア正教会のアルメニア人の対立という、イスラム教的・文化的側面があった。

2015年にトルコ軍がシリアとトルコの国境でロシアの戦闘機を撃墜した際、エルドアンは最終的に謝罪した（後にエルドアンは、トルコ人パイロットは裏切り者でギュレン運動の関係者だったと主張した）。２０２０年にはシリア空軍がシリア北西部を空爆し、トルコ軍兵士34名が死亡した。シリア空軍には、ロシア空軍が参加していたと考えられる。だが、このときもプーチンとエルドアンは事態が全面衝突に発展しないように注意した。

国際紛争は、強権的な支配者にとっては常にリスクを伴う。素早く勝利し、軍事パレードを行い、感動的な演説をすることが理想的である。しかし、軍事的冒険は失敗することもある。１９８２年のフォークランド紛争は、アルゼンチンのレオポルド・ガルチェリ大統領によるプロパガンダを後押しすることを狙ったものだったが、軍事的敗北とガルチェリの失脚という結果に終わった。長引く紛争は、支持率を下げる。トルコ軍がシリアに侵攻してから２０２０年で5年目になる。何百人もの死傷者を出したものの、出口ははっきりしていない。

国内での弾圧も外国への関与も、国内におけるエルドアンの政治的地位を完全に安泰にするものではない。エルドアンは多くの政敵を監禁したり、攻撃したりでき、裁判所とメディアと経済界に対する影響力を増しているが、選挙による民主主義を消滅させたわけではない。

それが劇的に明らかになったのは、２０１９年、大統領の地盤であるイスタンブールの市長選挙で、与党の公正発展党の候補が敗北したときだ。1年後のトランプと同様、エルドアンは敗北を受け入れられなかった。彼はイスタンブールの選挙を不正選挙と糾弾した。トランプと違ったのは、エルドアンは再選挙を強要できたことだ。しかし、公正発展党はふたたび敗北し、野党候補のエクレム・イマモールが2回目はさらに大差で勝利した。トルコの野党は当然ながら歓喜した。2018年に編集長や記者の多くがテロ容疑で投獄されたクムフリエット紙（訳註：反政府派で世俗主義）は、「ワンマン支配を打ち負かす」と称賛した。[*23] 2019年のイスタンブール市長選は、エルドアンの潜在的な脆弱性と、トルコが依然として民主主義と権威主義の間を行き来する、興味をそそるが、不安も覚えるハイブリッドであるという事実を思い起こさせる。

だが本書でこれから見ていくように、フィリピンからハンガリーまで、世界中の多くの国々が同じような状況にある。実際、トランプ時代のアメリカでさえ、民主主義の安全装置を失う瀬戸際にあった。2020年6月、ワシントン在住のトルコ系アメリカ人の政治学者ソネル・カガプタイが「エルドアンの権力への10ステップ」を列挙した。そのリストは多くのアメリカ人にとってなじみがあるものだった。①「極悪なエリート」を攻撃する、②繁栄をもたらす、③「トルコをふたたび偉大にする」と宣言する、④フェイクニュースを流す、⑤政敵が嘘つきだと言う、⑥メディアと裁判所を悪者扱いする、⑦反対する者をテロリストと決めつける、⑧自由を抑圧する、⑨憲法を批判し、改正する。[*24] そして、カガプタイが列挙したステップの10番目は、王冠の絵文字だった。

エルドアンは、脆弱な民主主義を強権的な権威主義に移行させる雛形を提供している。トルコという国の大きさとその重要性は、エルドアンの在任期間の長さと率直なレトリックと相まって、彼を世界的な重要人物に変貌させた。彼は、イスラム教とリベラリズムの融和という安直な期待を打ち砕いた。そして、ヨーロッパと中東の政治において、トルコをますます重要な存在にした。

トルコはG20の重要なメンバーではあるが、超大国ではないし、これからもそうなることはないだろう。だから強権政治が世界を変える潮流になるには、モスクワやイスタンブールを超えて主要新興国の1つに根づく必要があった。それが2012年に北京で起きた。

第3章 習近平

個人崇拝の復活（2012年）

「強国になって覇権を求める道は決して歩まない」と習近平は言い切った。その口調は毅然としていて、異論を寄せつけそうになかった。習近平が中国の指導者に就任してちょうど1年目の2013年11月、私は北京の人民大会堂に招かれた少数の外国人グループの1人として、習近平に会っていた。

習近平は、われわれ一行を部屋で数分間待たせた後、大股で部屋に入ってきて、数人と握手をし、集合写真に収まった。座り心地のよさそうな肘掛け椅子に腰を下ろすと、「みなさんの率直さに深く感動した」と言い、会談を始めた。数年前にダボスで見たイライラしたプーチンの威圧的態度とは対照的な、過剰とも言える社交辞令である。習近平は、メモを見ることなく、じっくりと言葉を選びながら話をした。彼の落ち着いた威厳ある態度は、周囲の壮麗な雰囲気にも助けられていた。背後には万里の長城の巨大な壁画があった。人民大会堂の外には、北京の式典の中心地である天安門広場が広がる。習近平の前に整然と座って熱心に耳を傾けているのは、イギリスのゴードン・ブラウンやオーストラリアのケビン・ラッドといった元首相や、グーグルのエリック・シュミット会長といったビジネス界のリーダーたち、少数の学者やジャーナリストなどだった。

短いスピーチの後、質疑応答が行われ、習近平は、貧困を撲滅し、中国を「小康社会」（訳註：ややゆとりのある社会）にする計画を説明した。中国経済は都市化の進展などにより、今後も年率７％成長を続けると自信たっぷりに語った。これは、力で世界を脅すようなことを決してしないという約束とバランスが取れていた。この言葉は、テクノクラート的で合理的な響きがあった。機械的にメモを読み上げることが多かった前任の胡錦濤に比べると、習近平は自発的に質問に答えているように見えた。

この会合を企画したドイツの実業家、ニコラス・ベルクグリューンは、終了後、一行が受けた印象を総括した。ベルクグリューンの結論は、習近平は１９７８年以降の鄧小平《トンシャオピン》の改革開放の教えを受け継いでいる、というものだった。ネイサン・ガーデルスとの共著の論評のなかで、「現在は鄧小平の頃と比べて」より穏やかで厳しさが薄れた時代ではあるが、習近平は鄧小平の真の弟子である」と述べている。[*1]

さらに楽観的な見方をする西側のコメンテーターもいた。２０１３年夏、ＢＢＣのベテラン記者ジョン・シンプソンは習近平の就任をソ連の指導者ミハイル・ゴルバチョフの就任と比較したうえで、中国の一部では「今後5年から7年ですべてが変わる」ことへの期待が膨らみ、直接選挙で選ばれた議会が出現する、との観測まで浮上していると記した。[*2]

うっとりするような見方だ。しかし、いまにして思えば、西側のコメンテーターは習近平をゴルバチョフや鄧小平ではなく、毛沢東と比較すべきだったのだ。歴史学者フランク・ディケーターの毛沢東に関する記述を後で読んだとき、私は習近平の第一印象を思い出した。「彼は歩くときも話すときもゆっくりで、常に非常に重々しさがあった。よく慈悲深い微笑みを浮かべた[*3]」。残念ながら、習近平と毛沢東の類似点は、その個人的な振る舞い以上に大きかった。習近平が権力の座に就くと、「偉大な舵手」（訳註：文革初期、毛沢東は「偉大な指導者、偉大な領袖、偉大な統帥者、偉大な舵手」と讃えられていた）に対する彼の敬愛が深く、本物であることが明らかになった。毛沢東と同様に、習近平は自分を中心に権力を固め、個人崇拝を確立し、中国の発展のあらゆる側面で共産党支配をふたたび明確化しようとした。２０１７年に習近平は文革時代のスローガンを使い、「党政軍民学の各方面、東西南北中の一切を党が領導する」と宣言した。[*4] そして、共産党の指導者は、他ならぬ習近平である。

この発言は、２０１７年10月の中国共産党第19回全国代表大会で習近平が行ったものだ。私は当時、ある会議のために上海に滞在していたので、習近平への個人崇拝の激しさと、それがもたらす恐怖を知ることができた。党大会では、新たな指導理念である「習近平思想による中国の特色ある社会主義」が党規約に書き込まれた。この結果、習近平は生存中に自らの名を冠した行動指針を党規約に盛り込むことになった。これは毛沢東以来のことである。
習近平の演説の長さは、彼の権力欲を示すもう1つの手がかりとなった。習近平の演説は3時間23分にも及び、幼稚園児を含む全国民が座ってテレビで見ることを勧奨された。私の友人の研究者によると、中国のある有名大学では、全学部の学部長が学内の一室に集められ、演説を見るように指示されたそうだ。欠席者は党幹部から呼び出され、理由を問いただされた。演説を見る姿を自撮りして送らされた例もある。演説の内容は、中国の強大化に自らを重ね合わせようとする習近平の決意を反映したものだった。習近平は聴衆に向かって、「中華民族が立ち上がり、豊かになり、強くなり、中華民族の偉大なる復興という明るい前途が開けている……中国が世界の舞台の中心に近づく時代になる」と述べた。[*5]
その数カ月後、習近平は自らの権力をさらに強固なものにした。2018年3月、中国は国家主席の「2期10年」という任期制限を撤廃した。習近平が終身国家主席になる道を開くものだ。この決定は、現実的にも象徴的にも大きなインパクトがあった。国家主席の任期制限は、毛沢東の個人独裁と権力集中からの脱却を意図した試みであり、1982年に鄧小平が導入したものであった。習近平は、意図的に時計の針を戻したのである。
年々、習近平への個人崇拝の勢いが増しているように感じられる。2020年初頭、中国を訪れた私は友人から、中国で1億台以上の携帯電話にインストールされている「習近平思想」

を学ぶためのアプリ「学習強国」のデモ画面を見せられ、愕然としつつ見入ったものだ。全党員、全学生、国営企業の全社員は、習近平思想を毎日学習するように言われ、アプリ上の学習時間やクイズへの回答の成績を監視された。北京のある著名学者が私に訴えたように「われわれはますます全体主義国家に生きている」[†]。個人崇拝の兆候は、急速に増えていた。市街地の道には至るところに習近平思想からの引用文が書かれた横断幕が掲げられていた。上海では、習近平に後光がさしているポスターが貼られた。

中国のリベラル派や知識人は、この変化の速さに呆れ、失望し、どこで間違ったのか考えようとしていた。ある著名な経済学者は、2013年1月、習近平が総書記就任直後に行った重要講話から、何が進行しているのかを理解するようになったと語っている。それは、毛沢東時代と鄧小平時代以降を区別して考えるのは誤りであるという趣旨を述べたものだった。習近平は、鄧小平時代は毛沢東の遺産のうえに築かれたと主張したのである。

事実のうえでも個人的なレベルでも、これは奇妙な主張だ。1978年末、鄧小平が最高指導者に就任したときの中国は、毛沢東によって疲弊していた。毛沢東の政治的・経済的実験である大躍進政策（1958〜1961年）と文化大革命（1966〜1976年）の結果、中国は極貧国になり、何千万人もの犠牲者が出ていた。鄧小平は『毛沢東語録』にすべての英知があるとする考えを否定し、その代わりに「実事求是」（訳注：事実に基づき真理を求めること）を約束した。彼のプラグマティズムによって、中国は外資を受け入れ、国内の起業家精神を解き放った。その経済効果には目を見張るものがあり、人類史上、比類のないものであったことは間違いない。２０１２年に習近平が引き継いだ中国は、１９７８年に鄧小平が引き継いだときの50倍以上も豊かになっていた。この期間に、ＧＤＰはわずか１５００億ドルから８兆２７７０億ドルに成長したと推定される。[*6]

個人レベルでは、習近平には毛沢東の遺産を深く警戒する理由が実際にはたくさんある。習近平は中華人民共和国建国から４年後の１９５３年生まれ。父・習仲勲《シージョンシュン》は１９３０年代から毛沢東の同志として活躍し、西北局の最高責任者を務め、１９５２年に党中央宣伝部長となった。若き日の習近平は党高級幹部の子どもとして、「指導者のゆりかご」と呼ばれる旧離宮そばにある北京市八一学校で教育を受けた。[*7] １９５９年に習仲勲は副総理にまで昇進していた。

当時としては典型的だが、父は不明瞭な争いをきっかけに失脚してしまう。習仲勲は軟禁され、15年以上にわたって権力を奪われ、長期間拘留され、その後、洛陽のある工場の副工場長に降格された。習近平は父親を糾弾することを余儀なくされた。姉の１人は自殺した。１９６８年に学校が閉鎖されると、習近平は陝西省に下放された。下放は文革期の中国のエリート層の共通体験であり、青年時代の習近平も他の多くの人と同じように学業を放棄させられて、農業や建設作業に従事せざるを得なくなった。

† 本章では中国の友人を報復から守るために、出所を明かさない引用が多くなっている。

しかし、１９７５年に習近平の下放は終わりを告げた。未来の国家主席は中国のトップ大学である清華大学に「工農兵学員」の推薦入学制度で入学できたのだ。他の多くの共産党指導者と同様、習近平は化学を学んだ。[8]

習近平の公式伝記では、下放されている間に農村の窰洞《ヤオトン》（訳註：横穴式の居室）で暮らしたとされることも含めて、彼が農村の生活苦を熟知していると描かれている。習近平自身も、農村にいたことを人格形成に役立つ肯定的なものとして語っている。２００２年に書かれた長文（党の出世街道に乗っている自分のイメージを高めることを目的としたもの）で説明している。「私は15歳のときにこの黄土にたどり着いた。当時は迷いもためらいもあった。22歳でここを離れたとき、私には明確な人生の目標があり、自信に満ちていた。陝西省北部の黄土高原は、公僕としての私のルーツだ[9]」

習近平に対して批判的な中国のリベラル派のなかには、下放期間のせいで習近平が教育を10年間受けられず、その結果、統治姿勢が粗野で不見識であることを示唆する者もいる。習近平自身には、自分の学習歴を誇示する傾向がある。フランスを訪れた際には、ディドロ、ヴォルテール、サルトルなどフランス人著者19人の著作を読んだと強調した。[10] ロシア訪問時には、トルストイやドストエフスキーだけでなく、プーシキンやゴーゴリなど、ロシア人作家の作品を多数読んだと述べた。

習近平の少年時代は神話化されているが、父の失脚が痛ましい体験であったことは疑いようがない。しかし、毛沢東体制が彼に与えた苦難に対する習近平の反応は示唆に富む。若き習近平は共産党を拒否するどころか、必死に入党を何度も申請し、1974年、7回目の申請でようやく入党にこぎ着けた。

共産党の職員としての長いキャリアは、1979年から副総理兼党中央軍事委員会常務委員である耿飇《ゴンビャオ》の秘書を4年間務めたことから始まった。この仕事を通じて習近平は軍事に精通した。この知識は、数十年後に習近平が急速な軍備増強と南シナ海の紛争地域を含む新軍事基地建設を指揮した際に、新たな意味を持つことになる。1982年、習近平は党中央と軍の仕事を離れ、地方で党幹部として生活することになった。地方で働くことは、北京で大きな仕事を目指す共産党幹部にとって伝統的なルートだが厳しい試練でもある。1985年から2002年にかけて、習近平は福建省で働いた。福建省は、中国の急速な経済発展の最前線にあり、急成長する資本主義の台湾と密接な貿易関係を結んでいた。中国研究者のケリー・ブラウンが述べるように、1985年からの福建省時代において「中央指導部以前のキャリアの骨格が形成された」[*11]。習近平は福建省長を終えた後、同じく急成長する沿海地方の浙江省で党委員会書記となり、2007年に上海市党委員会書記に就任した。同年、7人しかいない党中央政治局常務委員の1人になった。党中央政治局常務委員は、中国政治の頂点を占める存在である。はっきりと将来の国家主席候補となったわけだが、その印象は2008年の北京オリンピック準備の責任者に任命されたことでさらに強まった。

中国で前途有望な政治家は、一般的にあまり自分のことを明かさない。また明かすと、厄介な結末になることが多い。だが習近平がトップの座に就き、党宣伝部が指導者神話を作り上げる前から、彼の経歴には単なる政治局員以上の何かがあった。とりわけ目立つのが、有名歌手と結婚していることだった。習近平は福建省で彭麗媛《ポンリーユアン》と再婚した。彭は元人民解放軍少将で、中国のテレビスターでもあった。いまでも軍服姿で愛国歌を歌う彼女の動画を、ユーチューブや中国のＳＮＳで見ることができる。１９９２年に生まれた娘の習明沢は、中国の学校でフランス語を学び、偽名でアメリカのハーバード大学に留学し、２０１４年に卒業した。ある中国の反体制派は、習近平のことを肯定的に受け止めることができたのは彼の娘に会ったときだけだと言った。習近平の娘は想像していたような甘やかされて育った傲慢な子ではなく、知的で、外の世界に対してオープンな印象だったという。北京で習一家と会食した欧州のある国家元首も、習主席の娘に感銘を受けたと語っている。

習近平が一人っ子である娘を進んでアメリカに留学させたことは、彼には一定程度、新しいアイデアを考慮できるだけの心構え（オープンマインド）があることを示している。だがその他に垣間見える個人的一面からは、強烈なナショナリストの顔がのぞく。２００９年にメキシコを訪問した習近平は、現地華僑との会見で「満腹の外国人が中国を非難している」と苦言を呈した。この発言からは、冷静で高潔な政治家という見た目（中国の指導者が外部に向かって見せることを好む態度）の陰で、彼の世界観では怒りが限界にまで達していることが明らかになった。

２０１２年、中国が新しい指導部を選ぶこの年、党中央政治局常務委員の候補の１人として話題になったのが、巨大都市・重慶市のカリスマ的で野心に満ちたトップ、薄熙来《ボーシーライ》だった。彼の「唱紅打黒」（訳註：革命歌を歌って毛沢東時代の共産党革命を賛美し、犯罪を撲滅しよう）という運動への傾倒と、ナショナリズムに対して、中国のリベラル派から憂慮する声が上がっていた。だがその年、薄熙来は劇的な展開で逮捕され、後の裁判で職権濫用などに問われて無期懲役となった。薄熙来の指導部入りを阻止したことで、中国は独裁政治の脅威から救われたかに見えた。そして、２０１２年11月、習近平が中国で最も重要な指導的立場である党総書記に任命され、２０１３年３月の全国人民代表大会で国家主席に選出された。賛成２９５２票、反対１票、棄権３票だった。

習近平が指導者として最初に打ち出した特徴的な取り組みである「反腐敗闘争」は、彼がポピュリストの面と冷酷さを併せ持つことを明らかにした。反腐敗闘争によって、多数の党幹部を含む、中国で力を持つ人物がなぎ倒されていった。推計では、党幹部の14％が反腐敗闘争の一環として逮捕され、投獄された。習近平の腹心の部下で、反腐敗闘争の責任者となった王岐《ワンチー》山《シャン》は、自分が刑務所に送った人数を自慢して、外国人を震え上がらせるのが好きなようだ。王岐山の事務所を訪れたある人が教えてくれたところによると、王は開口一番、「私は何十万人も投獄したと言われているが、実際はそれ以上だ。１００万人以上だ」と語ったという。これは大げさな発言ではない。中国研究者のリチャード・マクレガーは２０１９年にこう述べている。

「2012年末以降、当局は270万人以上の役人を調査し、150万人以上を処罰した。このなかには、7人のトップレベル（政治局や内閣）と高位将官が24名以上含まれている」[*12]

このような規模の逮捕や投獄は、不安や恐怖を広める。うわべでは習近平を忠実に支持する人たちが、時折、不安や恐怖を私に吐露することがあった。2015年の中国株の大暴落で金融規制当局関係者の逮捕が相次ぎ、こういったことに対処するのに慣れた銀行員にもパニックが広がった。[*13] ある西側の一流銀行のマネジャーは、出張を控える行員が出てきたことに気がついたという。彼らは空港で逮捕されるのを恐れていたのだ。数年後、ある有名実業家がショックを受けた様子で、彼の親友の話をしてくれた。その親友は重慶市党委副書記で政界の新星だったが、党の会合で汚職の疑いをかけられ、北京のホテルの屋上から身を投げたという。「残りの人生すべてを刑務所で過ごすということが、受け入れられなかったのだろう」。彼は、この親友・任学鋒《レンシュエフェン》の自殺の本当の原因は、習近平とのイデオロギー対立による政治的粛清ではないか、と考えているのだ[*14]（訳註：公式発表は病死）。国際的に知名度の高い中国政府高官でさえ、突然失脚する。2016年に国際刑事警察機構（ICPO）総裁に中国人として初めて就任した孟宏偉《メンホンウェイ》は、2018年に中国に一時帰国した際に拘束され、行方不明となった。数カ月後、孟宏偉が汚職を認めたという報道が中国のマスコミに出たが、家族は「改革派だから狙われた」と主張した。[*15]

以前なら、党幹部や体制擁護派は、官僚の汚職話を大げさに扱いすぎだと一蹴していたことだろう。だがすぐに彼らも、習近平時代の新しい路線——中国は腐敗による末期的な脅威に直面しており、習近平は断固として対処している——を採り入れることになった。習一族が謎の富を蓄積しているというブルームバーグの記事は、冷酷な扱いを受けた。この記事を配信した途端、中国は同社を「防火長城《グレートファイアウォール》」の外に置き、国内から閲覧できないようにした。[*16]

習近平の反腐敗闘争は政治的復讐であり、権力闘争であると解釈する人が多いのは当然である。確かにその通りかもしれない。だが習近平は、汚職によって共産党の独裁体制が崩れることを心から恐れているようだ。一党支配の終焉は、習近平の掲げる「中華民族の偉大なる復興」にとって致命的だと考えているのだ。

習近平を悩ませ続けるのは、ソ連崩壊の記憶だ。権力掌握から丸1年となる2013年、中国全土の共産党員にソ連崩壊のドキュメンタリー映画を視聴させている。映画はソ連崩壊を悲劇として描き、悪役はソ連最後の書記長ミハイル・ゴルバチョフだ。情報公開（グラスノスチ）や再建（ペレストロイカ）といったゴルバチョフの改革主義的政策は、単に間違っていただけでなく、非道徳的で愛国心のないものだったとしている。2013年の共産党中央委員会での演説で、習近平はこう問いかけた。「なぜソ連は崩壊したのか？　なぜソ連共産党は政権を追われたのか？……ソ連とソ連共産党の歴史が完全に否定され、レーニンもスターリンも否定された。イデオロギーの混乱があちこちで起きた……軍隊が党の指導から外れた。ついに、ソ連共産党はスズメの群れのように解散させられ、あれほど大きかった社会主義国であったソ連は崩壊した。これが、われわれが過去の誤りから学ぶべき教訓である」[*17]

習近平は、ソ連崩壊が単に指導者の過ちによるものだとは思っていない。西側諸国が国家を転覆させるリベラルな思想を推進し、意図的にソ連崩壊へと追いやったと考えており、中国において同様の動きが出ることを阻止しようと決意している。習政権は発足早々に「現在のイデオロギー領域の状況に関する通達」を党幹部に配布し、習近平の考え方を明確化した。後にリークされたこの通達は、より簡潔に「９号文件」と呼ばれており、中国が警戒すべき西側の敵対勢力を概説している。列挙されているなかには、「普遍的価値」「公民社会（訳注：市民社会）概念」「西側のジャーナリズム観」といった事項が含まれている。*18

習近平と側近たちは、これらの概念は中国に適さない危険な輸入品だとみなす一方で、中国の多くの知識人や台頭する中流層の一部にとっては魅力的に映ることも知っている。習政権誕生前の数年間、リベラル派知識人は中国の論壇において重要な役割を担っていた。なかでも国際的に有名なのは芸術家の艾未未《アイウェイウェイ》とノーベル平和賞受賞者の劉暁波《リウシャオボー》だが、彼らの背後には、中国が徐々に、司法の独立が保障され、言論の自由が拡大した、より民主的な国へと発展することを願う学者、弁護士、ジャーナリストの一団が存在していたのである。

このような考えを主張する勇敢な中国国民は、当然、迫害された。劉暁波は２００８年末に逮捕・投獄され２０１７年に獄中で亡くなった。艾未未は２０１１年に逮捕・拘留され、２０１５年にドイツへ亡命した。21世紀初頭の中国のリベラル派は、物事が徐々に自分たちの望む方向に進むかもしれないという大胆な希望を持っていた。共産党を含む社会のすべてが法の支配に服することを求める「立憲主義」の考え方は、学術誌や『南方週末』などの一部の勇敢な新聞で公然と議論された。しかし、習近平時代になると、この種の議論はできなくなった。2015年には大量の人権派弁護士が逮捕された。異論を封殺されたのはリベラル派だけではなかった。習近平がマルクスを「近代最大の思想家」と称賛していたことを考えると、最高の皮肉と言えるが、北京大学のマルクス主義研究会に所属する学生も逮捕された。彼らの罪は、マルクスの説く階級闘争を真に受けすぎて、低賃金労働者の労働組合を組織しようとしたことにあるようだ。[*19]

私は中国を定期的に訪問しているだけに、議論が封殺されていく様子が顕著に見て取れた。習政権が発足する数年前に北京のレストランで夕食を一緒にしたときには、保守派とリベラル派の学者が、中国を民主化すべきかどうかについて議論を交わすことができた。いまでは公の場でそのような議論をすることは考えられない。実際、中国は自由な学術的探究を促す素振りすらしなくなっている。2019年末、上海で最も権威ある復旦大学は、大学憲章から「思想の自由」を削除した。その数週間後、私は復旦大学中国研究院の理事で、習近平派の著名知識人である李世默（エリック・リー）にインタビューした。李は、復旦大学の憲章改定について悪びれていない様子だった。それどころか、中国におけるリベラリズム思想の必然的敗北の1つであると称賛した。「数十年にわたり、中国国民はどのような社会と政府を望むのかを議論してきた……リベラル派は中国がリベラルな国になることを望んでいる。だが、その議論は終わったと思う」[20]

ところが、上海で李が私のインタビューに答えている間にも、中国の言論の自由と習近平型の権威主義的強権支配をめぐる議論が急出現しようとしていた。私は李とのランチミーティングのために上海へ向かう途上、武漢で発生した謎の新型ウイルス感染症に関する記事を読んでいた。当時は話題にするような重要な話だと思っていなかった。だが、2週間もしないうちにウイルスが蔓延し、最初は数百人、すぐに数千人が死亡し、中国全土で大規模な検疫やロックダウンが行われるようになると、私の無関心な態度は消し飛んだ。

中国政府は発生当初から新型コロナウイルスを、中央政府や習主席には何の責任もない自然災害と位置づけようと必死だった。だが武漢の李文亮《リーウェンリャン》医師がウイルスで死亡したことをきっかけに、この主張には大きな無理が生じるようになった。李医師は感染拡大の初期段階で病気の原因を調べ、SNSのチャットグループで警告を発した。その結果、警察に呼び出されて「デマの流布」をやめることを約束させられ、自白調書に署名させられた。自身も新型コロナウイルスに感染した李医師は、死の床で「健全な社会は、1つの意見だけではいけない」と言い残し、後にこの発言は急激に広まった。習近平の強権的手法を非難していると簡単に読める。

国内の習近平批判のなかには、さらに直截的なものもあった。2020年3月、共産党員で不動産王の任志強《レンジチャン》は、党の無能さを非難し、習近平を「服を剥ぎ取られても皇帝を演じる道化師」とネット上で非難した。[21] 習近平を批判した他の者と同様に、任も沈黙させられた。2020

年9月、汚職の罪で懲役18年が言い渡された。

李医師の死後、SNS上で市民の感情が爆発したことは、今回の新型コロナウイルスによる危機のなかで習近平にとっての最大の危機だったと思われる。しかし、その後の数週間で、中国政府はふたたびストーリーを管理できるようになった。公式ストーリーは、危機の初期段階での大失敗とは程遠いもので、習近平は国民を元気づけ、感染症を封じ込めるために断固とした行動をとった――中国だけでなく世界の全人類は、ウイルスに備える時間を習主席が与えてくれたことに感謝しなければならないし、西側がその時間をうまく使えなかったとしたら、それは中国の制度が優れていることのさらなる証明に他ならない、というものだった。世界保健機関(WHO)のテドロス・アダノム事務局長は、2020年1月28日に北京で習近平に会い、中国が「感染症対策の新基準を設定した」と称賛し、中国政府の「情報共有に対する開放性」を褒めちぎった。[*22]

中国が感染拡大を抑え込み、西側諸国が新型コロナウイルスでよろめくなか、この習近平寄りのストーリーは2020年を通して牽引力のあるものだった。新型コロナウイルスによるアメリカでの最初の死者は2020年2月末に記録されたが、中国での感染者はその時点ですでにピークに達し、減少していた。1年後、アメリカでは新型コロナウイルスで50万人以上の死者が出た。一方、中国の公式発表では、中国での死者は5000人を下回っている。[*23]

新型コロナウイルスは習近平にとって大惨事になる可能性もあったが、それを広報の勝利に変えたのである。習近平は新型コロナウイルス対策に貢献した一般市民の表彰式で、「このパンデミックは、中国の特色ある社会主義体制の優位性をふたたび証明した」と宣言した。[*24] 武漢がロックダウンでパニックに陥ってから1年後、地元政府は新型コロナウイルスとの戦いに勝ったことをアピールする展示会を開催した。ＢＢＣはこう報じている。「防護服を着た医療従事者のマネキンがあり、さらにどこを見ても習近平の巨大な肖像画がある」。同時に、中国政府は「新型コロナウイルスの発生源は中国ではない」という説を展開し始めた。武漢の展示会のパネルには「新型コロナウイルスは世界の複数の場所で同時に発生した」と書かれていた。[*25]

中国国内では新型コロナウイルスをめぐるストーリーを管理できたが、海外では習近平のイメージが悪化していた。２０２０年夏に行われた米ピュー・リサーチ・センターの世論調査では、中国の指導者に対する否定的な見方がヨーロッパと北米で急増していることが明らかになった。ドイツでは、「習近平は世界情勢に関して正しいことをする」という質問に対して回答者の78％がＮＯと答えた。1年間で17ポイントもＮＯと答える人が増えている。習近平に対する不信感は米英でも同程度であり、日本や韓国ではさらに高い。[*26] しかし、習近平の対外的イメージを悪化させているのは、新型コロナウイルスの大流行だけではない。香港と新疆ウイグル自治区における弾圧は、習近平の支配の厳しさと不寛容さを露呈したのである。

２０１９年夏、香港では、逃亡犯条例の改正によって香港市民を中国本土に送還できるようになるとの懸念から、抗議デモが発生した。この抗議運動はすぐに、司法の独立や報道の自由といった香港の高度な自治を北京から守るという、幅広い懸念へと対象が広がっていった。抗議運動の最盛期には、人口740万人の香港で200万人以上のデモ参加者が路上に現れた。デモは数カ月間続き、しばしば警察とデモ参加者の間で大規模な衝突が起きた。1997年の香港返還は、中国政府からは1842年の香港割譲に始まる「百年国恥」の植民地時代に終わりを告げる「偉大なる復興」の重要な瞬間とみなされている。だが習近平は当初、中国の一部である香港の半無政府状態を押さえることができなかったし、香港を訪れようともしなかった。自分が弱く見えるかもしれないからだ。

新型コロナウイルスのときと同様、党宣伝部は、習近平と香港の問題との間に距離を置こうとした。そもそも抗議デモのきっかけとなった逃亡犯条例の改定は中央政府の指示によるものではなく、香港政府主導で行われたとした。だが私が実際に香港を訪れたところ、習近平の強権的手法が、香港の反乱を招いた重要な背景であることは明らかであるように見えた。香港の究極的な統治権は中国本土が持つため、中国政治が非リベラル化し、異議を唱えることが難しくなっていることに、多くの香港人は怯えていた。香港の親中派でさえ、もっと柔軟なアプローチをとるよう習近平を説得できないことに苛立っていた。自分たちの助言が習近平に届いているのだろうかといぶかった。習近平自身が、香港のデモは敵対する外国勢力の扇動によるものだという中央政府のプロパガンダを信じているのではないか、と多くの人が危惧していた。

2020年夏、世界がパンデミックとアメリカ大統領選挙に気をとられているなか、習近平は香港の民主化運動鎮圧に断固とした姿勢で臨んだ。中国本土で立案された新しい香港国家安全維持法（国安法）が香港で施行され、取り締まりの責任を負う国家安全維持委員会が設置され、北京から党幹部が派遣された。数カ月もしないうちに、香港の民主化運動の著名活動家は逮捕され、長い禁固刑に処せられた。香港の抗議行動は、共産党が最も神経をとがらせる問題、すなわち民主主義と国家統一に触れたため、誰が指導者だとしても問題となったことだろう。しかし、習近平の強硬な対応は、中国国内のあらゆる異論に対する彼の反応を象徴している。

中国が北西部の新疆ウイグル自治区で行っているムスリムへの弾圧は、香港のデモ参加者との会話でよく話題になった。ウイグル族100万人以上を再教育キャンプに収容するという中国政府の決定は、習近平の国民統合のビジョンを、どんな犠牲を払ってでも中国の全国民に強制的に押し付けるという断固たる決意を冷淡に裏づけるものだと、香港のデモ参加者は考えている。

振り返れば、2013年11月の北京で習近平と会った1週間は、新疆ウイグル自治区を語るうえで、決定的な瞬間でもあったのかもしれない。その5日前、天安門広場付近でウイグル分離主義者が車で歩行者の群れに突っ込み、5人が死亡する自爆事件が起きていた。[*27] 中国の中心部でのテロは、習近平にとって決して看過できない挑戦であったし、中国各地で暴力行為が起きていた。翌年、中国は徹底的な暴力的テロ行為取り締まりキャンペーン「厳打高圧（厳厲打撃暴力恐怖活動専項行動）」を開始した。まもなく、これが単なる犯罪撲滅キャンペーンでないことが明らかになった。むしろ、少数派のウイグル族全体を多数派の漢民族の文化に同化させ、共産党の命令を受け入れさせようとするものだったのだ。

習近平が注視するなかで新疆ウイグル自治区に収容所網が構築され、大規模な収容作戦が開始された。国連の人種差別撤廃委員会では、２０１８年までに１００万人以上、つまりウイグル族の人口のおよそ10%が拘束されたという推計が報告されている。[*28] 中国政府は当初、収容所の存在を否定し、その後、過激思想とウイグル人の就職支援を目的とした「職業技能教育訓練センター」であると説明していた。しかし、亡命者や難民の証言は、それとは異なる恐ろしい光景を描き出している。何十万人もの子どもが親から強制的に引き離され、拷問や性的虐待を受けたり、集団洗脳プログラムの一環として習近平思想の学習が強制されたりしているとのことだ。また、強制的な不妊手術や人工妊娠中絶の話もある。中国政府の統計によると、新疆ウイグル自治区では出生率が60%低下していることから、現地では残忍な抑圧行為を超えた、民族文化の抹殺が起きていると疑われている。[*29]

トランプ政権が新疆ウイグル自治区における中国の行為をジェノサイド（民族大量虐殺）に認定したことに対し、中国政府は、いいかげんな政府が空回りしている、と一蹴した。しかし、２０２１年にはバイデン政権もジェノサイド認定を支持し、カナダ議会でも動議が採択された。イギリスの「ウイグル法廷」（訳註：弁護士や人権専門家による独立した民衆法廷で法的拘束力はない）は報告書を発表し、国際法上のジェノサイド罪で有罪であるのが「妥当」とし、「習近平氏は国家政策の全体的方向性を管理し、ウイグル族への苛酷な扱いを奨励するさまざまな演説をしている」と指摘した。つまり、習近平は大量殺戮に個人的に責任があるということである。[*30]

中国のナショナリストたちは、西側諸国が新疆ウイグル自治区にますます注目するのは、中国の欠点を見つけ出し、中国の興隆を阻止しようとする偽善的な努力だとみなしている。だが、国内では権威主義を、海外では自己主張を強めるという習近平の手法では、中国に対する国際的な監視の目が厳しくなるのは必然である。中国が21世紀の超大国である以上、「内政問題」は外国には関係ないと指導部が主張することは難しくなっている。

また、習近平体制下で、中国政府は自国の統治モデルを海外に普及させ始めている。これまでの中国政府は、西側からの人権問題に対する圧力をかわすために、すべての国は自国発展の道を独自に追求することを認められるべきだ、と言ってきた。西側は中国に教えを垂れるな、その代わり中国も世界に伝道したりはしないということである。しかし、習近平時代になると、中国は国家発展の「中国モデル」を、西側の民主主義に代わる、より発展途上国に適したモデルとして世界に提示するようになった。

２０１８年には習近平自身も「新しいタイプの政党政治体制は世界各国のモデルになる」と演説し、国営メディアはこれを積極的に取り上げた。[*31] ＥＵはブレグジットの打撃を受け、アメリカはトランプ政権で国内の分極化が進むなか、政治的安定、経済力、強い対外的な自己主張、という習近平モデルは、アフリカや中南米のみならず、ヨーロッパからも賛同者を集めている。

また、中国は、習近平が提唱する「一帯一路」構想を通じて国際的な影響力を増大している。この構想の下で、アジア、ヨーロッパ、アフリカのインフラプロジェクトを支援するために中国から数百億ドル規模の投融資が行われている。中国の投資と影響力は、かつてアメリカの裏庭とみなされていた中南米にまで拡大している。２０２１年、コロンビアのイバン・ドゥケ大統領にインタビューしたとき、彼はアメリカに対する友好を強く主張した。しかし、高架式のボゴタメトロ１号線の建設は、最も好条件を提示した中国企業が引き続き行うと述べた。[*32] 中国からの投資を受け入れるのはコロンビアだけではない。むしろコロンビアは中南米のなかで対応が比較的遅れている国であった。

中国の国際的影響力の拡大には、友好国を投融資によって獲得することが重要である。しかし、習近平政権は国際的な問題に対して武力を行使し、恫喝する姿勢を強めているため、友好国の獲得が難しくなっている。たとえば新型コロナウイルスをめぐって軽く反論しただけでも、中国政府は激しい反応を示す。オーストラリア政府が新型コロナウイルスの発生源に関する国際的な独立調査を提案すると、中国はオーストラリアからの輸入品に報復関税を課した。

一方、中国はさまざまな領土問題で圧力を強めている。台湾に対する威嚇は著しく強化された。ワシントンでは、中国が人口２３００万人の繁栄する民主主義国家（中国では自国の一部で、台湾省とされている）を侵略できる力があると感じているのではないかという懸念が高まっている。台湾をめぐる議論は、中華人民共和国の建国の起源にまでさかのぼる。１９４９年に毛沢東に敗れた国民党軍は台湾島に逃げ込み、中華民国政府を台北に移転させた。それ以来、中国政府は、必要とあれば武力で台湾を大陸に「統一」することを公言してきた。プラグマティストの鄧小平は、台湾問題の解決は後世に委ねればよいと述べていた。しかし、習近平は路線を変更し、台湾の指導者たちに、この問題はもはや世代から世代へと受け継ぐことはできないと指摘したのである。台湾海峡での軍事演習も活発化させている。

台湾に対する攻撃的な政策は、世界のパワーバランスの変化を反映している。過去1世代にわたり、中国政府は軍備増強に資金を注ぎ込んできた。中国海軍の保有艦艇数はアメリカ海軍を凌ぐ。習近平が指導部における地位に明らかに固執していること考えると、台湾は魅力的なターゲットとなる。毛沢東が中華人民共和国を建国した英雄であり、鄧小平が国を繁栄へと導いた指導者であるとすれば、習近平は次の課題として、台湾問題でアメリカを屈服させ、中国がいまや世界一の強国であることを示すことを挙げるかもしれない。もし、習近平が台湾を征服し「祖国統一」を成し遂げたとしたら、指導部における彼の地位は揺るぎないものになるだろう。

実際に台湾に侵攻するのは、非常にリスクが高い。激しい抵抗にあうだろうし、１００万人規模の軍隊を必要とするかもしれない。また、台湾を攻撃すれば、米中戦争に発展する可能性も十分にある。それにもかかわらず、中国のナショナリストの間では、台湾の征服を公然と妄想することが一般的になっている。２０２０年10月、強硬派の論客である『環球時報』の胡西錦編集長は、そのような妄想の典型とも言える記事を書いた。「大陸が戦争の準備を完全に整え、台湾分離主義勢力にいつでも決定的な打撃を与えることが、唯一の前へ進む道である。台湾分離勢力の傲慢さが増すにつれ、歴史的な転換点が近づいている」[*33]。このような過熱した言葉遣いは、中国の指導者の考えを反映したものではないかもしれない。しかし、習近平が作り上げた厳重なメディア環境では、少なくとも台湾に対する血も凍るような脅しは容認されている。習近平は強権を自任しているだけに、国内でのナショナリストの感情を沸かさなければならないと、プレッシャーを感じている可能性がある。

近年、西側では、中国の侵略の可能性について、台湾や南シナ海を中心に議論されてきた。しかし2020年、ヒマラヤ山脈の高地で、最も驚くべき出来事が起こった。インド軍と中国軍が係争地をめぐって衝突し、約20人のインド兵が死亡し、人数は不明だが中国軍も犠牲者を出した。

この流血の事態は、21世紀の2つの新興超大国である中国とインドの対立が深刻化する可能性を示している。インドや西側では、この紛争は巨大な権威主義国家と世界最大の民主主義国家の衝突として描かれてもいた。確かにその通りだが、実態はそれ以上に複雑だ。というのも、まったく異なる出発点から、民主主義国であるインドも強権的指導者モデルへと向かっていったからだ。

第4章 モディ

世界最大の民主主義国家における強権政治（2014年）

「ラッチェンス・デリー」は、インドの権力の中枢である。イギリス人建築家エドウィン・ラッチェンス卿が設計した広々とした地区で、丁寧に手入れされた芝生、威厳ある建物、噴水が、街の他の部分の喧騒とは一線を画していることから、この名が付けられた。この地区には、首相官邸をはじめ、国防省、財務省、外務省など、インドで最も重要な政府機関が置かれている。黄砂岩の窓枠をよじ登るサルの一団を見るのも、重要省庁を訪問する楽しみの1つである。

インドのトップレベルの政治家や官僚は、これらの建物から人口14億人のインドを治めている。しかし、2014年にナレンドラ・モディがインドの首相に選ばれて以来、インドの最もパワフルな人々のなかには、統治する側にいるエリートというよりも、ポピュリストの反政府派のような印象を与える者もいる。ラッチェンス・デリーの中心にオフィスを構えるある大臣は、2018年に私をもてなしながら、「ラッチェンス・エリート」を軽蔑的に非難した。このグループは伝統的に独立後のインドを牛耳ってきたが、当然ながらいまはモディによって一掃されていると彼は言った。旧来のエリートは「本当のインド」から遊離していた、と。ワシントンではトランプ政権の高官から、ロンドンでは勝ち誇ったブレグジット派から聞いたレクチャーのインド版のような気がした。

インドでは、元マッキンゼーのコンサルタントでハーバード・ビジネス・スクールのMBAを持つジャヤント・シンハ民間航空担当国務相のような、非の打ち所のない「グローバリスト」の資格を持つ政治家が、ポピュリストの教義を伝えることもある。シンハは、私に「あなたとダボス会議を1日中やってもいい」と、からかい半分で言った。[*1] スティーブ・バノンと同じく、シンハは「ダボス会議」を、彼が拒絶すると主張する「根無し草的グローバリズム」の代名詞として使っていた。野党のインド国民会議派とは異なり、モディはインドの信仰と精神性への理解があるとシンハは主張した。モディに課せられたのは、ジャワハルラール・ネルーをはじめとする近代インド建国の父たちが西洋思想を普遍的なものと信じ、間違って受け入れてしまった誤りを正すことだ。西洋思想ではなくインドの独自文化に基づいて、モディは統治している。「われわれの考えでは、伝統は国家に優先する。人々は自分たちの伝統が包囲攻撃されていると感じている。合理的・科学的な見方に対して、われわれは信仰に基づいた世界観を持っている」

とシンハは明言した。

インドでも他の国と同様、ポピュリズムの台頭は強権的なリーダーシップ・スタイルと密接な関係がある。習近平やプーチン、トランプ、エルドアンのように、モディは自らを民衆と直接的な結びつきを持つ人間としてアピールしている。社会上層部の腐敗したエリートに立ち向かい、庶民にも正義と繁栄をもたらすことを約束する。権力者を屈服させるためには、指導者は道徳的にも肉体的にもタフでなければならない。２０１４年の選挙運動では、64歳のモディが文字通りの強い男《ストロングマン》として描かれ、「胸囲56インチ」（訳註：約１４０センチ）が強調された。

モディの勝利は、「強権的指導者の時代」の決定的瞬間であった。その2年前には、中国で習近平が政権を握った。そしていま、モディがインドに強権的指導者のスタイルを持ち込んだ。中国とインドはそれぞれ約14億人の人口を抱え、合わせて世界人口のおよそ40%を占めており、「アジアの世紀」の2つの新興超大国である。[†] 2年の間に、両国は強権的なリーダーシップ・スタイルに屈したのだ。

モディのような民主的に選ばれた指導者を、一党独裁国家のトップである習近平や、あるいはプーチンと一緒にくくることが正当なのか、賢明なのか、という疑問もあるだろう。このように異なる政治状況や文化のなかで活動する指導者を網羅すると、「強権的指導者」という考え方自体が無意味になるのではないか、と問うこともできるだろう。習近平やプーチンは改憲によって終身支配を可能にしたが、モディは5年ごとに選挙民と向き合わなければならない。また、インドの知識人や一部のメディアは、モディを痛烈に批判する番組を放送している。中国では考えられないし、ロシアでは次第に難しくなっている。

しかし、強権的指導者には、民主主義国と独裁主義国の両方に共通する特徴があり、モディ政権下のインドにはそれが非常に顕著に現れている。第一に、最も明白なのは、個人崇拝の奨励である。カリスマ的な弁舌の才があるモディは、大群衆を前にした演説で本領を発揮する。台本にない質問に応じることはほとんどない。モディのメディア担当者は、インドの敵に直面したときのモディの強さを強調するだけでなく、モディは宗教的で禁欲的な人物であり、その唯一の関心事は人々の利益であるというイメージを、慎重に磨き上げてきた。

民主主義国家の現職指導者としては珍しく、モディは在任中に自身の名を冠した記念碑建立を許可している。2021年にはインド最大のクリケット競技場が「ナレンドラ・モディ・スタジアム」と改称された。モディのソーシャルメディア・チームは、勝ち誇った様子でツイートした。「世界最大のスタジアムは、世界最大の人格者に捧げられた[*2]」。数日後、モディの顔が刻まれたインドの人工衛星が打ち上げられた。インド人民党所属議員によるモディへの称賛は、熱狂的なまでの追従であることが多い。マディヤ・プラデシュ州のシヴラジ・シン・チョウハ

† 実質GDPで見ると、中国は世界第2位で、世界第6位のインドの5倍強の経済規模である。購買力平価GDPで見ると、中国は世界最大の経済規模であり、インドは世界第3位である。

ン州首相はモディを「インドへの神の贈り物」と呼んだ。モディの生涯を描いた人気映画も制作され、首相は聖人のような指導者として描かれている。鉄道相などを務めたスレッシュ・プラブは、少年時代のモディを描いた短編映画『Chalo Jeete Hain（さあ生きよう）』を「やる気と感動を与えてくれる」と評した。[*3]

モディは、世界の他の強権的指導者も訴求するような、ポピュリズム的、ナショナリズム的テーマを強調する。やり方こそ違うものの、強権的指導者はすべて、国家が偉大だった時代を取り戻すと約束する。そしてインドの独自性は、モディが「ヒンドゥトヴァ」、すなわちヒンズー至上主義のイデオロギーを擁護していることにある。彼が約束するのは、単に「インドをふたたび偉大にする」ことではなく、「ヒンズー教徒をふたたび偉大にする」ことである。インド人の約80％はヒンズー教徒である。しかし、モディと彼の信奉者の多くは、ヒンズー教徒が歴史的に虐げられてきた集団として描かれるインド史を採用する。総選挙に勝利した直後の２０１４年６月、首相就任後初の議会演説で、モディはインド人が「１２００年にわたる奴隷根性」に苦しんでいると言及した。[*4] これは、18世紀半ばから約２００年間続いたイギリスの支配下だけで、インド人が「奴隷」にされたわけではないという考え方である。抑圧の歴史をもっと延ばし、最高位の支配者が仏教徒であった時代やムスリムであった時代、つまり１０００年前の時代を含めることとし、そのうえで仏教徒とムスリムを侵入者として描いている。

１９４７年のインド独立でさえ、ヒンズー教徒の従属的立場は終わらせなかった、とモディの信奉者の多くは考えている。独立後のほとんどの期間、インドはインド国民会議派が政権党だった。モディと彼の率いるインド人民党（バラティヤ・ジャナタ党）は、インド国民会議派がムスリムの「票田」に依存しており、その見返りとして、インドの約2億人のムスリムは特権を与えられてきたと非難している。[†] インド人民党所属のインド上院議員スブラマニアン・スワミは、こうしたヒンズー教徒の怒りを利用し、「われわれは人口の80％だが、10％のように扱われている」と訴えた。[*5] 国土が広大なインドでは雇用と教育の機会と資源をめぐる競争が激しく、少数派に不当な特権が与えられているという指摘は政治的に強力である。インド人民党がヒンズー教の政党であることは、2014年の総選挙で、下院議員（下院の多数派が首相を選出する）に当選した282人のインド人民党議員のなかにムスリムが1人もいなかったという厳然たる事実が明確に示している。

モディ自身の人生とキャリアは、ヒンズー至上主義運動と深く関わっている。1950年、グジャラート州の小さな町ワタナガルに生まれたモディは、8歳のときに「民族義勇団（RSS）」というヒンズー至上主義団体に入り、以来ずっとこの団体に属している。1925年に設立されたRSSは、「インドは本質的にヒンズー教の国である」という考えを掲げている。創設者の

† この非難は、トランプが人種マイノリティに対する「アファーマティブ・アクション」に対して、アメリカ白人の反感を動員した方法を髣髴させる。

K・B・ヘードゲーワールは、イタリアのベニート・ムッソリーニなどヨーロッパのファシストに憧れ、それを真似て制服や準軍事訓練を導入した。

インド独立直後の1948年にマハトマ・ガンジーを暗殺したのは、元RSS活動家でヒンズー至上主義者のナトラム・ゴドセであった。国父ガンジーは、イギリスの植民地支配からの解放を目指し、非暴力運動を展開した。だがガンジーが「ヒンズー教徒はムスリムと争ってはいけない」と融和を説いたため、多くのRSSの信奉者はガンジーを嫌悪した。独立に伴いイギリス領インド帝国はインドとパキスタンという2つの国家に分離し、パキスタンはムスリムが多数を占める国家になった。分離独立の過程では強制的な人口移動と両教徒間の衝突によって200万人もの死者が出た。そのなかでムスリムとの平和的共存を主張したガンジーは、RSSから「宥和的」と糾弾され、暗殺事件の背景となる騒動となった。[*6] RSSの軍国主義的な思想は、ガンジーの平和主義的な思想とはまったくの正反対だった。

今日、モディとRSSは、ガンジーが国民的英雄であり国父であるという、従来からの見解を公に支持している。しかし、インド人民党の国会議員のなかには、ガンジーの暗殺者こそ国民的英雄であり、ヒンズー至上主義者であるモディこそインド国家の真の創設者とみなされるべきだという、根本的に異なる考えを公に発言する用意がある者もいる。[*7] モディがRSSと個人的・政治的関係を持ち続けていることは、いまだに多くの憶測を呼んでいる。だが、RSSの一員であったことが、低い階級の地方出身者であるモディが、国家指導者になるための足掛かりになったことは間違いないだろう。

彼はその他後進諸階級（ＯＢＣ）に生まれ、10代の頃はワタナガルの駅近くで父親が経営するチャイ（ミルクティー）の店を手伝っていた。低い階級出身でチャイ売りだったことは、いまやモディの重要なイメージであり、いまだにインド国民会議派を支配し、ジャワハルラール・ネルー、インディラ・ガンジー、ラジブ・ガンジーの首相３人を輩出した名門ガンジー家とは強い対比をなしている。† モディは13歳のときに見合い結婚したが、すぐに結婚生活は破綻した（訳註：報道によると離婚はしていないが長年にわたり別居している）。代わりにモディはＲＳＳを自分の家族とし、急速に出世していった。モディは宗教的な禁欲主義者である、と言われている。*8 政治家が身内を贔屓していると日常的に非難され、しかも実際に政治家親族の不正蓄財が多いインドにおいて、モディに家族がいないことは重要な政治的資産となっている。モディの熱烈な信奉者に話を聞くと、モディは無私で禁欲的な人物であり、一般人の幸福のために人生を捧げてきたと言われることが多い。

１９８７年にモディはＲＳＳと密接な関係にあるインド人民党に入党した。いいタイミングだった。当時、インド人民党の国会議員数はわずか２名だったが、１９９６年総選挙では下院

† 第５代（１９６６〜１９７７年）と第８代（１９８０〜１９８４年）の首相を務めたインディラ・ガンジーは、インド初代首相ネルーの娘であり、第９代首相ラジブの母である。インディラは首相在任中の１９８４年に暗殺された。マハトマ・ガンジーとの血縁関係はない。

第一党となった。アヨディヤのモスクがヒンズー教の聖地に建てられたと主張し、ヒンズー教徒によるモスク破壊を擁護したことが、党勢の拡大に拍車をかけたのである。1992年、アヨディヤのモスク破壊を発端にした暴動は、インド全土でヒンズー教徒とムスリムの衝突を引き起こし、インド人民党に支持が集まった。当時、モディは無名の党員であった。しかし、その行動力とカリスマ性で出世の階段を駆け上がり、1998年には幹事長に昇進した。2001年には、現職が体調不良で退任した後、故郷グジャラート州の首相に任命された。

グジャラート州は、インドの西海岸に位置し、人口は6000万人以上である。モディが州首相を務めていた期間の経済成長は、インドの全国平均をはるかに上回り、プラグマティックで経済主導の政治家としての評判を確固たるものにした。グジャラート州経済の成功は、モディが国政に進出するうえできわめて重要であった。ヒンズー至上主義者というより、経済の改革者とみなされるようになったのである。

実際、他の強権的指導者と共通する特徴の1つは、モディが当初、西側メディアからインドが必要とする精力的な改革者として歓迎されたことである。私自身も、モディ寄りの記事を書いたことがある。2013年に訪問した際、インドには悲観主義とシニシズムが驚くほど蔓延していた。当時の首相はマンモハン・シン。私は1990年代に会ったことがあるが、勇敢で信念を持った改革者だと評価していた。[*9] だが2013年になると、学者肌で内向的なシンは活力を失い、インド国民会議派がガンジー家の支配下にあることが明らかになった。経済は減速し、インドのビジネスマンは不満を抱き、デリーや他のインドの都市では大規模な反汚職デモが行われていた。変革を求める人々の多くは、「グジャラートの奇跡」をインド全体にもたらすと約束したナレンドラ・モディを新しい指導者として支持していた。

しかし、モディには恐ろしい評判もあった。２００２年、彼が州首相を務めている間にグジャラート州で反ムスリム暴動が発生し、約１０００人が死亡した。それ以来、モディは反ムスリム暴動を暗にけしかけたと非難されてきた。２０１２年、インドの裁判所は、モディの関与を証拠不十分と判断した。だがモディの評判は地に落ち、アメリカにも入国禁止になり、２０１４年の総選挙直前まで入国ビザ発給を拒否されていた。

それでも私は、２０１４年の総選挙直前に書いた記事で「インドは衝撃を必要としており、モディは取るに値するリスクだ」と主張した。[*10] インドの田舎町で低い階級に生まれたモディは、父・祖母・曾祖父がインド首相という支配者一家に生まれたインド国民会議派総裁ラフル・ガンジーとは好対照である。「モディの台頭は、貧困や階級、カーストによって多くの人々がチャンスを奪われているこの国を活性化させるメッセージを送ることになる……「グジャラート州での虐殺は」10年以上前に起きたことだ。それ以降の州首相としての在任中は、宗教集団《コミュナル》からの抗議よりも経済改革に重点を置いてきた」と私は書いた。[*11]

いま私はこの記事を恥じている。だが当時、私よりももっと著名な人物も、モディについて同じような判断を下していた。２０１５年にオバマは『タイム』誌に寄稿し、インドの新首相が「インドの台頭のダイナミズムと潜在性」を反映していると称賛した。[*12] インドの著名なリベラル派や知識人の多くも、「疑わしきは被告の有利に」の精神で、新首相を見ていた。インド準備銀行（中銀）総裁に就任するよう請われ、2013年にシカゴ大学教授から転身した著名経済学者ラグラム・ラジャンは、熟慮の末にモディ政権下でも留まることを決意した。

モディに公正を期すために記せば、就任初期の数年間は、批判的な人たちが懸念したような最悪の事態は起きなかったし、宗教集団間の暴力も少なかった。1984年のシーク教徒虐殺など、宗教集団間の暴力の最悪の事例はすべてモディ以前の時代に起きたものだ。

しかし2018年5月にインドを再訪した私は、与党インド人民党の一般党員に、言動の粗暴化や暴力と憎悪の文化が存在する証拠をたくさん見つけた。当時デリーで話題になっていたのは、インド北部で8歳のムスリムの少女が集団レイプされ、殺害された事件だった。地元のインド人民党の指導者たちは、ヒンズー教徒である犯人たちを支持する集会やデモ行進に参加していたが、首相はこの事件について、なかなか発言しなかった。これに対して49人の元上級公務員がモディに公開書簡を送り、「憎悪、恐怖、敵意という恐ろしい風潮」を助長させたと非難し、「独立後のインドにおいて、いまは最も暗い時だ」と書き添えた。[*13]

こうしたデリーのリベラル派の絶望は、インド人民党の支持者や親モディ派の知識人の間では、軽蔑や気晴らしのネタでさえあったようである。ワシントンのトランプ支持者のように、自分たちは激しい搾取をする首都在住のリベラル派エリートではなく、勤勉な一般庶民の気持ちを代弁していると主張する傾向があるのだ。S・ジャイシャンカル外相（父親がインドの核兵器開発計画の立案者というエリート階級の生まれ）は、私にこう言った。モディを批判する国内外の評論家は、デリー以外のインドとモディとの関係の深さを理解する必要がある、と。[*14]

もっと無遠慮で大げさな言い方で、西洋のリベラルな価値観を否定する人もいる。ハーバード大学で経済学博士号を取得したスブラマニアン・スワミは「祖先がヒンズー教徒である」と認めないかぎりインドの全ムスリムの選挙権を無くすよう求めた（これはインド人民党では一般的な議論で、彼らはインドのムスリムの大半はもともとヒンズー教徒であり、ムガル帝国時代に強制改宗させられたと主張する）。スワミの考えでは「ムスリムの人口が多いところでは必ずトラブルが起こる」ことを国際政治の現状が証明している、という。[*15] モディ自身はこのように直截的な言い方をすることはほとんどないが、党幹部や下っ端にこのような言葉遣いを自由気ままにさせていた。あるデリーのジャーナリストは、私にこう説明した。「モディは自分では最悪のことは言わない。そういうことを言う人と一緒に自撮り写真のポーズをとるだけだ」

モディは最悪の事態を引き起こすだろうか。２０１８年のデリー訪問を終えたとき、その答えはまだ出ていなかった。彼は明らかに人気があった。高い経済成長を実現し、必需品であるトイレがない何億もの家庭にトイレを提供することを提唱するなど、重要な社会改革を唱えていた。しかし、モディの経済改革のなかには、専断的だったり、人目を引いたりする対応を好む傾向も見受けられた。２０１６年には突然、１０００ルピー札と５００ルピー札という、流通額で80%を占める紙幣を廃止した。それが効果的な汚職防止策になるという政府の主張は、不正に得た現金の山が家の周りに転がっている腐敗した金持ちの一般的イメージを利用していた。だが実際に現金に頼っていたのは貧困層であり、超富裕層は海外の銀行口座を好んで使っていた。デマネタイゼーション（廃貨）は典型的ポピュリズム的政策で、経済に打撃を与えたものの、モディの人気に長期的なダメージはなかった。

残念ながら、強権的指導者は、在任期間が長くなればなるほど、独裁的で専断的になる傾向がある。[*16] プーチンもエルドアンも、2期目、3期目になると、より急進的になった。モディの2期目も同じようなパターンになった。

２０１９年の総選挙は、インド国民会議派と数多《あまた》ある地域政党からの追い上げで、モディは苦戦すると考えられていた。だが選挙戦はパキスタンとの軍事衝突によって、モディ有利に変化した。２０１９年2月14日、カシミール地方でパキスタンのイスラム武装勢力による自爆テロが発生し、インド人警官40人が死亡した。２００８年にパキスタンで訓練されたテロリストがインド最大の都市ムンバイの複数箇所で１６６人を殺害する同時テロ事件を起こしたことがあったが、当時のマンモハン・シン政権は、核保有国であるパキスタンへの報復を見送っていた。しかし、モディ政権はより積極的で大胆な政策をとり、2月26日にパキスタン北東部バラコットのテロリスト拠点とされる場所を空爆した。インド政府は、そこはイスラム過激組織「ジャイシュ・ムハンマド（ＪｅＭ）」の訓練拠点であり、数百人のテロリストを殺害したと主張したが、パキスタン側はこれに取り合わなかった。

実際に何が起こったにせよ、インド・メディアの反応は熱狂的なものがほとんどだった。空爆はインド総選挙の投票日の2カ月前に行われたため、強権的指導者としてのモディを磨き上げるのには絶好のタイミングであった。選挙戦の締めくくりの集会の1つで、首相は自慢げに語った。「ハスの花［インド人民党のシンボル］に投票するとき、あなたは電子投票機のボタンを押すのではなく、テロリストの胸を撃つ引き金を引くのだ……この姿勢は良いか？ 満足か？ 堂々とした気持ちか？ 誇らしいか？」[*17]。このメッセージは非常に効果的だった。4月11日から始まった投票でインド人民党は獲得議席を大きく伸ばし、37％の得票率で55％の議席を獲得した（改選前は31％）。バラコット空爆はインド政治の転換点となったのだ。

インドで反パキスタン感情が高まると、インドの少数派であるムスリムへの敵意に飛び火しがちである。少数派であるムスリムは、熱烈なヒンズー至上主義者によってしばしば「第五列」（訳註：スペイン内戦から使われた言葉で、利敵行為をする集団のこと）とされる。そして実際、再選を果たした数カ月の間に、インド人民党のヒンズー至上主義的なアジェンダはより明確に、より過激になった。2019年8月、モディ政権はムスリムが多数派を占める国内唯一の州であるジャム・カシミール州に自治権を認める憲法上の規定を削除し、2つに分割して連邦直轄領にした。さらにその後、裁判なしにカシミールの指導的政治家を拘束するなど、市民の自由に対する幅広い弾圧を行った。デリー駐在の外国メディア特派員や野党政治家は、カシミール地方へ行くことを禁じられた。インド政府は私を特別な「実情調査」ツアーに招待したが、ＦＴのデリー特派員のカシミール行きは禁じられていたため、私はその招待を断った。モディ政権の招待を受け、政府主催のカシミール・ツアーに出かけたのは、30人近い欧州議会の議員で、その多くはフランス、ポーランド、イギリスの極右政党の所属議員だった。[*18]

モディ政権は、カシミール地方に与えられてきた特別な自治権の剝奪を、憲法上の異常事態の是正であると弁明した（訳註：自治権のもとでは防衛、外交、財政、通信を除き、インド政府はあらゆる法律の適用に州政府の同意が必要で、他州のインド人はジャム・カシミール州の土地・資産を購入できず定住もできなかった）。今後、すべてのインド人が平等に扱われるべきだという主張である。しかし、実際には、ムスリムが特殊扱いされ、さらにひどい扱いを受けているように見えた。ムスリムの多いバングラデシュと国境を接するアッサム州では国民登録簿が作成され、主にムスリムの住民約２００万人が、インドに住む権利のない不法移民とみなされたのだ。

モディ政権は国民登録簿の作成対象をインド全土に広げようと動きだした。何百万もの人々が、インドに居住する権利を証明する書類を提出しないかぎり、国籍を失う可能性がある。識字率が低く、記録管理が行き届かず、時代遅れの法制度を持つインドにとって、この脅威は恐るべきものだ。インド全土に収容所が建設されたことで、モディのインドは習近平の中国を真似て、何百万人ものムスリムを収監するのではないかという懸念も生まれた。２０１９年12月に可決されたインド市民権改正法（ＣＡＡ）は、海外での迫害から逃れてきたヒンズー教徒にインド国籍を与えるもので、同じ境遇にあるムスリムにはこの権利が与えられない（訳註：シーク教、仏教、ジャイナ教、パールシー教、キリスト教の各教徒には与えられる）。この改正法は、ムスリムが二級市民扱いされているという感情を強めた（インド人民党は、ヒンズー教徒が避難できる国は世界に1つしかないのに対し、ムスリムはムスリムが大多数を占める多くの国に避難することができる、と主張した）。

従来から民主主義国家では、司法の独立、報道の自由、活気ある非政府組織が市民の自由を守ってきた。しかし、モディ政権下のインドでは、これらの制度がますます脅かされている。メディアのオーナーや編集者に対する政府の圧力――広告出稿のボイコットや指名解雇、ソーシャルメディア上での嫌がらせなどによってさらに強化された――によって、政府批判の余地は狭まった。ノーベル経済学賞を受賞し、現在はアメリカに住む経済学者アマルティア・センは、インドの友人たちが電話口で政府を批判するのをためらっていると明かし、「人々は恐れている。こんなことは初めてだ」と述べた。[*19]

デリーやムンバイでインドの知識人と話していると、イスタンブールやモスクワの知識人との会話を思い起こさせられることが多くなった。勇敢で信念を持った人々には、強い言葉で政府を批判する心構えがまだある。だがそうした政府批判によって、キャリアだけではなく、個人の自由や安全さえも危険にさらすという認識が強まっている。著名な編集者やニュースキャスターが、インド人民党に反対する発言をしたために職を失った例もある。インドの著名学者で政府を辛口に批判するプラタップ・バーヌ・メータは「インドのすべての独立した機関の首にかけられた縄が締め上げられている」と２０１９年に記している。[*20]この言葉を証明するかのように、メータは同年、私立アショカ大学の副学長を突然辞任し、その後、2021年に大学を完全に辞めた。150人以上の学者が、彼の辞任につながった「政治圧力」に対して抗議する書簡に署名した。

アムネスティ・インターナショナルは、海外から不正に資金を受け取ったとして銀行口座を凍結され、2021年にインドでの活動を終了せざるを得なくなった。アムネスティは、自分たちがにらまれた本当の理由は、おそらくムスリムの扱いやカシミールに関する活動だと主張する。[*21] 非政府組織が外国の内政干渉の手先であるという理由で攻撃されることは、ロシアや中国でもよくあることである。

2014年には、モディの重要な側近の1人であるアミット・シャーに対する裁判（訳註：シャーがグジャラート州内相として関与したとされる殺人事件の裁判）を審理していたロヤ判事が謎の死を遂げた。判事の遺族は、戻ってきた遺体が血まみれだったと主張した。遺族は正式捜査を要求したが、却下された。新しい判事は、シャーへの訴えを速やかに棄却した。[*22] シャーは、暴力を躊躇せずに奨励する人物だ。2020年にインドの大学でモディの差別的なインド市民権改正法への反対デモが起こったとき、シャーは関わった学生たちに「教訓を与え、罰する」べきだと提案した。その後まもなく、デリー警察が傍観する横で、武装した1人の暴徒がジャワハルラール・ネルー大学の学生たちを殴打した。

このような雰囲気のなかで、符牒めいた文章を書くことを選んだ著名人もいた。インドで最も有名な元外交官の1人で、元外務次官・元国家安全保障顧問のシブシャンカール・メノンは、フランク・ディケーターの『*How To Be a Dictator*（独裁者になるには）』を書評で取り上げ、自身が強調したかったと思われる点について触れている。ディケーターが研究した20世紀の独裁者たちは、「指導者本人と国家とを融合させ、急進的ナショナリズムや外国人嫌悪を利用し……ユダヤ人やムスリムなど人種や民族を使って敵を認定し、指導者本人を質素で、質実剛健で、勤勉な人物として表現」した。その手口をメノンは披露した。メノンは特定人物の名前を挙げずに、書評の末尾にこう記した。「憎悪の政治、急進的ナショナリズムの政治、個人崇拝の政治という、いままさに起きていることと共鳴している……この本は、ここにいるわれわれ全員への警告である」[*23]

モディ政権は、トランプ政権と同様に、元官僚や大学教授からの批判を知的エリートの腐敗の証拠として扱った。インドの大学を疑わしい機関であり、「信用できない美徳」を発信するリベラル派の本拠地とみなした[*24]。ケンブリッジ大学の歴史学者、シュルティ・カピラが指摘するように、「権威主義的ポピュリズムのもとで民主主義が作り替えられるにつれ、「モディはいまや」従来のエリート、メディア、知識人に対する反感と怒りのグローバルな弧の中心にいる」[*25]。

インドの状況変化について、アメリカのNGO団体フリーダムハウスが発表した報告書「世界の自由」の2021年版は、インドを「自由国」から「部分的自由国」に格下げした。1997年以来のことである。フリーダムハウスは格下げの理由として、「複数年にわたってパターン化している」自由の侵食を指摘した。「悲惨なことにモディと彼の党はインドを権威主義に向かわせている」と嘆いた。世界人口の約20％を占めるインドが変化すれば、世界の民主主義と権威主義の分布バランスに大きな影響を与える。

トランプとモディの思想的・個人的な親近感、そして両首脳の支持母体となる運動の類似性は、2人がアメリカとインドで一緒に登壇したイベントではっきりした。２０１９年9月、モディはテキサス州ヒューストンで開かれた、海外在住のインド人を中心とした熱狂的な大規模集会に招かれ、演説した。このイベントにはすぐに「ハウディ・モディ」（訳註：「ハウディ」は「ハウ・ドゥ・ユー・ドゥ」を短縮したくだけた表現）というあだ名が付けられた。その数カ月後、トランプはインドを訪れ、モディの故郷であるグジャラート州で集まった12万５０００人もの前で演説を行った。どちらの政治家も「イスラム・テロリズム」との戦いを中心に据えて選挙を勝った。トランプが２０１６年の就任直後に出した大統領令の1つは「ムスリム追放」を意図したもので、いくつかのイスラム諸国の国民が入国できないようにした。モディが2期目に取り組んだ、ムスリムのインド国籍を制限する可能性がある法律は、同じような考えを反映したものである。イェール大学の政治哲学者であるジェイソン・スタンリーは、２０２０年のトランプのインド訪問を見て、エスノナショナリズムを強調する点で、モディとトランプはともにファシスト的な主題をもてあそんでいるという。スタンリーは、「ファシズムの核心は、単一の民族を優遇するために市民権法を変更することに体現されている……トランプがインドを勝ち誇ったように訪問したのは、エスノナショナリズムがいかにグローバルなものになったかを示している」と述べている。[*26]

だがリベラルなアカデミズムがトランプやモディに浴びせるファシズム批判は、必ずしも2人に歓迎されないものではなかった。両者とも、自身の国内政策によって生じた分極化した状況を利用していたからである。2020年2月にデリーで行われたトランプとモディの会談は、インド市民権改正法に対する抗議に端を発した、ヒンズー教徒とムスリムの死者を伴う衝突のなかで行われた。デリーでは警察が少数民族に対する暴力に加担しているという非難が起きていた。その少し後に、アメリカでも同様の非難が起きることになる。

だがトランプとは対照的に、2020年、国内政治におけるモディの立場は、ますます安泰になったように見えた。インド議会の選挙制度では、有権者の3分の1強の支持があれば政権の立場を強くすることが可能である。トランプとは異なり、モディは最も対立的なメッセージを代わりの人間に発信させて、政治的争いの前に立ちはだかる「無私の国民の味方」というイメージに磨きをかけた。また、インドのメディアと裁判所は、トランプが直面した勢力よりもはるかに政権側の言いなりになりやすかった。形式的にはインド最高裁は政府から独立しているが、不快になるほどモディに近い判事もいる。ある判事はモディを「高い先見性で国際的に高く評価されている」と表現し、別の判事は「最も人気と活力と先見性があり、愛される指導者」と呼んだ。[*27]

トランプは新型コロナウイルスへの対応を誤ってリーダーとしての力を損なったが、同じく対応を誤ったモディにはそれほど大きなダメージはなかった。インドのような貧しく人口密度の高い国では、ロックダウンやソーシャルディスタンスを守ることは、きわめて難しい。とはいえ、モディはインドの新型コロナウイルスへの対応を一度ならず二度までも失敗させた。2020年3月、わずか4時間前に通告して厳しいロックダウンを実行するという性急な決断は、職を失った肉体労働者がインドの大都市から農村部へ移動するという逆効果を招いた。そのため、国中に新型コロナウイルスがさらに急速に広まってしまった。ロックダウンが経済的にも社会的にも持続不可能であることが判明すると、新型コロナウイルスが世界最悪レベルに蔓延するがままになった。

モディの個人的な人気は、この大失敗の影響を受けていないようである。2020年、パンデミックが猛威を振るっていた6月中旬、モディの支持率は74%に達していた。アショカ大学の政治学者ジル・ベルニエは、「人々は首相が善意でやっていると信じている。首相が強く勇敢な決断を下すと信じ、結果責任を問わない」[*28]と述べた。

2021年2月、インド人民党は、モディ政権が新型コロナウイルス危機をうまく乗り切った、と得意満面だった。「有能で賢明かつ献身的で先見性のあるモディ首相のリーダーシップのもと、インドは新型コロナウイルスを打ち破ったと、誇りを持って言える……党は、新型コロナウイルスとの戦いにおいて堂々たる勝利を収めた国として、インドを世界に知らしめたリーダーシップを無条件に称賛する」という勝ち鬨《どき》のような動議を党内会議で通過させたのである。この勝利がモディ首相の勝利であることを強調するために、ワクチン接種証明書にはモディの肖像画が入れられた。[29]

だが不幸なことに、新型コロナウイルスに対する勝利宣言を出すには早すぎた。２０２１年春、インドは大規模な感染爆発の第2波に襲われた。モディ政権が西ベンガル州で首相自らが演説する大規模な選挙集会を許可したことが、この事態をさらに悪化させた。ヒンズー教の大祭「クンブ・メラ」（訳註：聖なる河で沐浴する祭で、２０２１年の開催地はハリドワール）も開催され、数百万人の巡礼者が1つの町に押し寄せることになった。第2波の襲来で、インド中の病院では病床と酸素が不足し、公園や駐車場が臨時の火葬場となった。悲惨なテレビ映像は世界中に流され、インドは新型コロナウイルス対応に失敗した国のシンボルとなった。それでも、モディの支持率はほとんど落ちなかった。第2波が猛威を振るった２０２１年夏の支持率は64％に達していた。モディはヒンズー教の禁欲的な修行僧が好むような長いひげを生やし、スタイルを変えた。ひねくれた見方をする人たちは、彼が日々の政治やパンデミック対策の争いから逃れ、自らを精神的指導者として位置づけようとしているのではないか、と推測した。[30]

国家の威信に訴えかけることは、精神的権威を主張するのと同じくらい、モディの政治力を維持するのに不可欠であった。それは、農民による大規模デモに直面したときに明らかになった。デモの引き金は２０２０年9月に可決された農業を自由化するための3つの法律だった。これらの法律は、原則として農民が固定価格で国に農産物を販売するしかなかった旧制度の廃止を意図したものだった。新法で、農民は自由に民間セクターに対して直接販売できるようになる。経済学者や世界銀行などのテクノクラートが気に入るような自由化改革だ。しかしこの改革は、「本当のインド」を理解していると自負するインド人民党指導部が予想もしなかった反発を引き起こした。

インド人労働者の約50%は農業で生計を立てており、政府の価格保証（最低支持価格）が廃止されるかもしれないという考えには多くの人が驚いた。約50万人のデモ隊がデリーに押し寄せ、郊外に野営した。政府側とデモ隊との協議が繰り返され、法律の施行延期が提案されたが、デモ隊側は納得しなかった。モディ政権は明らかに動揺し、デモは「反国家」あるいは外国勢力によって扇動されていると示唆した。22歳の気候変動活動家ディシャ・ラビは、抗議活動をする農民への支援方法を列挙した文書を活動家どうしで共有して逮捕され、スウェーデンの気候変動活動家グレタ・トゥンベリと共謀したとして告発された。インドの問題に干渉していると非難された外国人には、農民を心配する言葉をツイートしたポップスターのリアーナもいた。インド人民党支持者によるこの種の発言は、インド国外の人たちをしばしば当惑させ、冷笑を招く。だがインド国内では、ナショナリズムはモディへの支持回復と、批判者を恫喝するための非常に有効な手段となっている。

西側のインド批判には植民地主義が残っていると、たびたび非難される。しかし、西側はもはや、インドの安全保障にとっての脅威とは言えない。対して、２０２０年夏に起きたインド軍と中国軍の死傷者を伴う衝突は、デリーのエスタブリッシュメントとインド世論に衝撃を与えた。モディは野党指導者と緊急協議を行い、インド政治の過剰な党派性は一時的になくなった。インド政府は中国との経済関係の拡大を抑えようと、人気のある中国製アプリの一部を禁止した。また、インドの安全保障戦略の専門家は、アメリカ、日本、オーストラリアとの軍事・外交関係の強化にも動いた。

アメリカの中国に対する反発が強まり「第2次冷戦」論が活発化するにつれ、ワシントンは、中国の拡張主義に対抗し得る新興民主主義同盟の重要なメンバーとしてインドに注目するようになった。戦略としては理にかなっていた。だがモディとインド人民党のイデオロギー的傾向をよく知る者は、西側の政治家が「民主主義国のインドが権威主義国の中国に対するイデオロギー的な防波堤として機能する」という危険なほど単純化された世界観を受け入れる恐れがあると考えた。実際には「インドが非リベラルになったために、権威主義へ向かう世界的な傾向が強まった」という主張も、同じくらいきちんとできるのだ。

しかし、このような不都合なニュアンスは、西側諸国の政府から歓迎されなかった。アメリカは中国への対抗意識一辺倒になり、モディを絶対欠くことのできない同盟者と見た。イギリスはインドをふたたび「王冠の宝石」と見た。今度は大英帝国という王冠の宝石ではなく、ブレグジット後の新戦略である「グローバル・ブリテン」のそれだ。そして、EU加盟国のなかからも、モディと同じくイスラムに対する深い疑念から重大な動きが起きていた。ムスリムや移民への恐怖心は、EU加盟国のなかで強権政治の台頭に拍車をかけてもいるのだ。

第5章

オルバン、カチンスキ

非リベラルな欧州の台頭（2015年）

「こんにちは、独裁者《ハロー　ディクテーター》」。EU加盟国の首脳に対する挨拶としては異例だが、ジャン・クロード・ユンケル欧州委員会委員長が2015年5月のEU首脳会議でハンガリーのビクトル・オルバン首相に発した言葉である。

これは、非常に気まずい状況を和らげるための、エッジの効いたジョークだった。EUは自由民主主義国家の共同体として創設された。長年にわたりソ連圏の一員であることに耐えてきた中・東欧諸国に対して政治的自由を保障してきたと自負している。そしてハンガリーやポーランド、ルーマニアなどの新規参入国の側はEUへの加盟にあたり、民主主義を核とした政治的価値観を示す「コペンハーゲン基準」に合致することを求められてきた。

だが2015年夏までに明らかになったのは、オルバン政権下のハンガリーが、逆の方向に向かっていることだった。議会で議席の3分の2を押さえ、オルバンは裁判所、メディア、官公庁、大学、文化機関を与党「フィデス・ハンガリー市民連盟」の支配下に置き、国の独立した機関や制度を着実に侵食していた。オルバンの権威主義的なやり方に異を唱えるNGOの税率を引き上げたり、閉鎖したりもした。一方、首相の取り巻きは、さまざまな組織の最高位に就いたり、有利な公共契約によって潤った。

これらは強権的指導者の典型的な手口だ。だがそのうえオルバンは理論家でもあった。彼は、ブリュッセルのEU本部やワシントンのアメリカ政府から伝えられるリベラルな教訓に代わるイデオロギーを詳しく説明することに熱心だ。一連の演説や政治的介入において、彼は「非リベラル」な論拠を並べた。オルバンは、リベラリズムを、国境や文化を消去しようとする「グローバリスト」が好む、エリート主義的イデオロギーとして戯画化した。ユンケルの異例の挨拶の前年、オルバンは演説で「非リベラルかつナショナルな基盤に立脚する新しい国家をEU内に建設する」と公言し、EU本部内の警戒感が高まった。[*1]

ユンケルの辛辣な挨拶は、暗にオルバンに警告を発したかったのかもしれないが、そうであれば失敗であった。実際のところ、オルバンの計画は離陸寸前だった。ロケット燃料になったのは、2015年夏の欧州難民危機と、2015年を通して欧州を震撼させたイスラム過激派によるテロだ。

2015年1月に起きたフランスの風刺週刊新聞「シャルリー・エブド」襲撃事件は、オルバンがイスラム圏からの移民の問題に警鐘を鳴らし、欧州で最も声高に主張する人物の1人として定着する最初のきっかけを与えた。オルバンは他の多くの世界的指導者たちとともにパリで大行進に参加し、フランス人との連帯を示した。だが彼はさらに踏み込んで、「移民への非寛容《ゼロ・トレランス》」を宣言した。「自分たちの文化的背景と異なるマイノリティを、われわれのなかに見たくない。ハンガリーをハンガリー人のものにしておきたい」[*2]

オルバンが大きい声で移民に反対するのは、ある意味で奇妙とも言える。ハンガリーの人口のうち外国生まれの人は5%以下で、そのほとんどがルーマニアから移住してきたハンガリー系である（フランスやアメリカは人口の12%、イギリスは人口の14%が外国生まれ[*3]）。人口わずか1000万人のハンガリーは文化的に均質であるにもかかわらず、「自国文化は消滅の危機に瀕している」とオルバンが描くことを可能にした歴史がある。ハンガリーは第1次世界大戦に敗れ、領土の約3分の2を割譲した。戦後の国境を確定したこの1920年のトリアノン条約について、彼は政治家としてのキャリアを通じて、非道な対応だったとの見解を執拗に繰り返してきた。

オルバンにとって、ブリュッセル型リベラリズムの主要な欠点は、国民《ネーション》の重要性を受け入れていないことである。彼は、EUが訴える難民への国境の開放は、ハンガリーにトリアノン条約の再来を、別の形でもたらす恐れがあると主張した。「100年前のトリアノンでは一筆のサインを求められたが、いま彼ら［EU］は、われわれに対してこの国を自発的に向こう数十年間、他人に譲り渡すことを要請している……ほかの大陸から来た、われわれの言葉を話さない外国人たちに」*4

2015年の初めにハンガリー以外の文化圏からの移民に反対を表明したオルバンは、深刻化する欧州難民危機を政治的に利用するのに最適な立場にあった。4年にわたりシリアを荒廃させた内戦と、10年以上にわたるアフガニスタンとイラクでの紛争によって、ヨーロッパの国境に何百万人もの難民が押し寄せた。このうちシリア人難民のほとんどは、トルコ国内に留め置かれていた。しかし、2015年にトルコが国境管理を緩和すると、多くのシリア人、そしてアフガニスタンやイラクなどからの不幸な人々が、バルカン半島を越えて西ヨーロッパへの旅を始めた。

ハンガリーは、まさにその通り道であった。ハンガリーに定住する意思を示す難民はほとんどいなかったものの、オルバン政権は彼らに嫌がらせをした。ブダペスト駅付近の混乱した悲惨な光景のなかで、シリア人などの難民はほとんど同情されず、食料や避難所の提供もしばしば拒否された。また、ハンガリー政府はまずはセルビアとの国境沿いに175キロメートルの鉄条網を、次いでクロアチアとの国境沿いにも鉄条網を急いで設置した。

ドイツのメルケル首相が100万人以上の難民を受け入れることを決めた大きな要因は、オルバン政権下のハンガリー国内で起きていることへの恐怖であった。戦争から逃れ、満員の列車にぎゅうぎゅう詰めになった難民家族の姿は、多くのドイツ人にとってあまりにも痛々しく、ホロコーストを思い起こさせるもので、容認できなかった。

オルバンはリベラル派から「無慈悲な怪物」と目された一方で、新しいタイプの右派ポピュリストや、ＥＵが国境管理できなくなったことに危機感を抱く伝統的保守派からは英雄視されるようになった。２０１５年９月には、バイエルン州を地盤とするキリスト教社会同盟（ＣＳＵ）の党大会に講演者として招かれた。ＣＳＵは、メルケルのキリスト教民主同盟（ＣＤＵ）の姉妹政党であり、ドイツ連邦議会で統一会派を組んでいる。両党の党名にある「Ｃ」はキリスト教を意味するが、オルバンは集まったドイツの保守派に対してこう述べた。「この危機は、ハンガリーだけでなくヨーロッパ全体において、国民キリスト教イデオロギーがふたたび優位に立つ機会である……われわれが経験しているのは、すべてのリベラルなわめき声の終わりだ。１つの時代が終わりを迎えようとしている[*5]」

この年、ポーランドの政権交代によって、ヨーロッパの未来は本当にナショナリスト・ポピュリズムのものなのかもしれないという感が増した。２０１５年５月の大統領選挙で「法と正義」（Ｐ・ｉ・Ｓ）の候補者であったアンジェイ・ドゥダが勝利した。続いて同年10月には、この「法と正義」がヤロスワフ・カチンスキ党首のもと難民問題を背景に、ムスリム移民への恐怖につけ込んだ選挙運動を展開し、議会選挙に勝利。大統領と首相の両方を「法と正義」が握り、支配を固めた。「法と正義」は小さな町や田舎で支持を集める政党だ。ナショナリスト的で反動的なトーンを、「外国人に国を売り渡す腐敗したエリート」への不満に包み込んでいる。また、最も保守的なカトリック政党である。

保守的な社会的価値を強く促進することは、オルバンとカチンスキの計画を結びつける「西側リベラリズムの否定」の中心をなす。政治学者のイワン・クラステフとスティーヴン・ホームズが著書で述べているように、この2人の指導者は「主に地方出身者からなる反西側の反エリート」を代表しており「グローバル・ネットワークに組み込まれた大都市圏の外」から支持を集めていた。[*6] オルバンもカチンスキも、自らの政治を「反革命的」と表現し、反対を許さない新しい形の全体主義――リベラリズム――に反対して、伝統的価値観を支持していると主張してきた。

ヨーロッパで起こったこれらの出来事は、アメリカの右派ナショナリストがブライトバート・ニュースやドラッジ・レポートなどのウェブサイトで熱心に取り上げた。そして、ちょうどある型破りの候補者が、すべてのムスリムのアメリカ入国を「完全かつ完璧にシャットダウンする」という公約を掲げ、当選見込みの薄いアメリカ大統領選への出馬準備を進めている最中であった。[*7] ２０１６年の大統領選挙でトランプの選挙対策本部長を務めたスティーブ・バノンは、オルバンを「英雄」であり「いまいるなかで最も重要な人物」であると評した。[*8]

トランプ派には、慎重ながら移民を容認するメルケルは軽蔑の対象でしかなかった。彼らが共感したヨーロッパは、オルバンやカチンスキであった。カチンスキは、オルバンの非リベラルに加え、ナショナリズムや反動的な社会的価値観の多くを共有していた。ＥＵの６大国の１つであるポーランドの事実上の指導者である彼は、オルバンよりも大きな舞台を利用することができた。

カチンスキは、与党内の最重要人物である。ドゥダ大統領よりも重要だ。しかし、カチンスキは表舞台に立つことを好まない。英語も話せないし、世界を闊歩するよりも、自宅で猫と本と一緒にいる方が快適なのである。２００６年７月から２００７年11月までポーランド首相を短期間務めていた際には、母と一緒に暮らすことを選んで公邸には入らず、給与の20％を猫の慈善団体に寄付していた。[*9]

政権に復帰してからは、オルバンに教えを乞う人という位置づけに満足していた。２０１６年にカチンスキはオルバンにこう言っている。「ビクトル・オルバンは、ヨーロッパでは物事が可能であることを実証した。あなたは手本を示し、われわれはあなたの手本から学んでいるのです」[*10]。この控えめな言葉には、かなり不吉な現実が隠されていた。オルバンと同様、カチンスキも自身の最初の政権時代から教訓を引き出していた。本物の永続的な政治・文化の変化を実現するには、国家の機関、とくに裁判所、メディア、学校を支配する必要があると考えたのである。一方、皮肉屋で戦術家であるオルバンは、理解しがたいポーランドの盟友を一風変わった人物だと感じていた。２０１６年１月、ポーランドとスロバキアの国境で２人が丸１日会談

した後、オルバンは友人に「私は狂人と1日を過ごしたところだ」と言ったとされる。[†]

カチンスキがポーランド国外での注目度を上げることに無関心だったため、EU内での非リベラルな強権政治の顔としての役回りはオルバンに託された。2015年の欧州難民危機の際に固まったグローバルな世評は、時が経っても変わらなかった。4年後、彼はアメリカのエスタブリッシュメントがコーヒーテーブルに置いておく読み物『フォーリン・アフェアーズ』誌の表紙を飾った。特集の見出しは「現在の独裁政治」だった。プーチンや習近平、エルドアン、フィリピンのドゥテルテと並んで表紙を飾ったことは、人口わずか1000万人の国の指導者としては、驚くべき認知度であったと言える。

世界中の耳目を引き、西欧の豊かな人々に向かって政治の将来について説教を垂れるような経験は、オルバンを夢中にさせた。ベルリンの壁崩壊以降、旧ソ連圏諸国は、EUから経済体制や政治体制の再構築を指示される、生徒や助力を懇願する者のような立場に置かれていた。今度は自分たちが教訓を伝える番だ。2020年の新年の演説で、オルバンはこう宣言した。「かつてはヨーロッパがわれわれの未来だと考えていた。今日、われわれがヨーロッパの将来だとわかった」[*11]。しかし、オルバンが欧州を代表するポピュリストの独裁者として世界の注目を集めるようになったのは、1989年にハンガリーで共産党支配が終焉したことに始まる政治の旅

† この話はオルバンの友人から聞いたもので、友人の話以外の根拠はない。引用したのは、この言葉に笑ってしまったからだ。

の皮肉な終着点にいたからでもある。

1963年、首都ブダペストから50キロメートルほど離れた村で、オルバンは生まれた。生活は貧しく、家には水道が引かれていなかった。15歳で初めて現代的なバスルームに出会ったときのことを「忘れられない体験」と後に語っている。[12] オルバン家は代々農業に従事していたが、父親は大学を卒業しており、ビクトル・オルバン自身も優秀な生徒で、進学校に合格し、その後大学に入学した。政治家になってもオルバンは自身の故郷とのつながり、そして少年時代に熱中したサッカーへのつながりを持ち続けており、故郷のフェルチュートの大規模サッカースタジアム建設も差配した。ブダペストのエトベシュ・ロラーンド大学で法律を学び、その威圧的でカリスマ的な性格で目立つ存在だった。結束の強いリベラルな学生たちのグループの一員となり、ハンガリー系ユダヤ人慈善家ジョージ・ソロスが創設した奨学金、インターンシップ、助成金の恩恵を受けた。

オルバンの人生とキャリアの転機は、ソ連の中欧支配が弱まり始めた1989年の夏に訪れた。6月16日、ブダペストの英雄広場で開かれたイムレ・ナジ（訳註：反ソ暴動の指導者でソ連に処刑されたが1989年に再評価された）の再埋葬式典のために、20万人以上の人々が集まった。広場で行われた演説はテレビで生中継され、そのチャンスを26歳のひげを生やした若い活動家がつかんだ。最後に登壇したオルバンは、7分におよぶ演説でその名を轟かせた。「自分たちの力を信じれば、共産党の独裁に終止符を打つことができる。われわれに十分な勇気があれば、与党は自由選挙を認めざるを得なくなる」と彼は断言した。

時代を超えて反響を呼ぶ民主主義への訴えであり、歴史に残る演説だ。また、オルバンが共産主義後のハンガリーを代表する政治家としての地位を確立するきっかけにもなった。1991年の世論調査では、オルバンはすでにハンガリーで3番目に人気のある政治家になっていた。[*13] その2年後、彼はリベラル政党フィデスの党首となった。その若々しいリーダーシップと、形式張らず古くさくないスタイルは、かつての共産党政治局員とは強烈なコントラストをなしていた。


だが1994年の総選挙結果は、フィデスにとって残念なものだった。この選挙がオルバンの転機となった。彼は年齢層の高いブダペストの都市部リベラル派（その多くはユダヤ人）と決別し、より保守的でナショナリスト的な政策を採用し、小さな町や田舎で人気を博したのである。この新しい戦略はフィデスの運命を変えた。1998年の総選挙でフィデスは勝利を収め、オルバンは首相に就任し、4年間の任期を務めた。彼の右傾化は、ハンガリー国外では十分に認知されていなかった。2000年代初頭、EU加盟を目指すハンガリーを初めて訪れたとき、私はオルバンがまだ1989年に演説をしたリベラル派の英雄であると信じていた。しかし、現実はそうではないことがすぐにわかった。

オルバンが本当の大躍進を遂げたのは、2010年である。8年間政権から遠ざかっていたフィデスの運命は、社会党政権を崩壊させた汚職事件と、2008年の世界金融危機の余波によって、ふたたび大きく変わったのである。2010年の総選挙で圧勝して議席の3分の2を獲得したことで、政権に復帰しただけではなく、改憲を推し進めることも可能になった。

有権者から負託された政権が民主主義を侵食し、合法的な権力を利用して法の支配を後退させる――オルバンは、他の強権的指導者でもパターン化したおなじみの手法をとった。2011年、新憲法が議会を通過し、議会の多数派に憲法裁判所判事の任命権が与えられた。憲法裁判所は次第にオルバン派の判事で固められた。新憲法では憲法裁判所の違憲審査権限の一部が剝奪された。フィデスの側近幹部が国営メディアの責任者になり、オルバンの友人や親しい企業が残りの報道機関を買収し始めた。

すぐに、ハンガリーのメディアで働く私の友人たちから、デマが報じられ政府寄りのプロパガンダが露骨に宣伝されているという恐ろしい話が伝わってきた。なかには亡命した人もいた。ハンガリーで最も尊敬されている記者の1人であるアッティラ・モングは、自身の公共ラジオ番組で1分間の黙禱を捧げ、2010年に施行された新しいメディア法に対して抗議を行った。彼は解雇され、最終的には国外に移住した。

しかし、他の元リベラル派は、政権と折り合いをつけ、政権から利益を得ることを学んだ。オルバンが政権復帰した直後の2010年にブダペストを訪れた私は、冷戦時代、ロンドンに亡命していたジェルジ・シェプフリンと食事をした。冷戦時代はLSE（ロンドン・スクール・オブ・エコノミクス）の有名な教員だったシェプフリンは、BBCワールドサービスのスタジオの常連であり、ハンガリーの共産主義支配に断固反対していた。しかし、いまはフィデス所属の欧州議会議員として、ブダペストの高級レストランで食事をしながら、オルバンの政策をハンガリー国家の防衛のために必要なこととして淀みなく正当化していた。

オルバンが自分の国家構想や政治的立場を守るために作成した戦術は、在任期間が長くなり、自信を深めるにつれて、過激になっていった。欧州難民危機の直後、オルバンはかつての恩人であるジョージ・ソロスを悪者にすることを決意した。２０１８年の総選挙では、ハンガリーにムスリムを殺到させるという、いわゆる「ソロス計画」への非難が選挙活動の中心となった。ハンガリー中に貼られた選挙ポスターには、ニヤリと笑うソロスの姿が描かれていた。だが「ソロス計画」など存在しない。２０１５年、欧州難民危機が沸き上がっていた頃、ソロスはＥＵの亡命政策見直しと、最低でも年間１００万人の難民を受け入れ、ＥＵ全体での難民受け入れの分担を主張する小論を書いてはいる。[*14] 彼はまた、難民支援団体を惜しみなく支援してもいた。結局２０１８年の総選挙期間中、ソロスは立候補してもいないのに、ハンガリーにムスリムを殺到させようと計画しているとされる、影の国際的陰謀の顔役にされたのである。

「反ソロス」キャンペーンの邪悪性は、その年、オルバンがヨーロッパの「１８４８年革命」記念日の演説を行ったときに、さらに鮮明になった。オルバンはソロスに言及し、古典的な反ユダヤ主義の比喩を用いて、ハンガリーは「われわれとは異なる敵」と対峙していると断言した。「彼らの顔は見えず、視界から隠されている……彼らは愛国者ではなく、複数の国と関係を持つ。彼らは労働ではなく、投機する。彼らは祖国を持たず、全世界が自分たちのものだと感じている」[*15]

総選挙で勝利した後も、オルバンは「反ソロス」を続けた。自分の生まれ故郷に対するソロスの寛大さが最もよく現れているのは、1991年にブダペストに設立された中央ヨーロッパ大学（CEU）である。アイザイア・バーリンの伝記作家マイケル・イグナティエフや、ケンブリッジ大学の哲学部長を辞めてCEUに移ったティム・クレインなど、世界各地から優秀な学生や講師を集め、20年近くにわたってCEUは世界的な名声を築き上げた。しかし、世界中の思想に開かれた大学であり、ソロスとのつながりもあることから、オルバンの標的となり、ブダペストからウィーンへの移転を強いる法案が可決され、2019年にCEUは大部分の機能をウィーンに移した。

オルバン政権が長期化すればするほど、国家機関や制度、市民社会に対する支配力は強まっていった。ハンガリー生まれのジャーナリストであるパウル・レンドヴァイによれば、2019年までにハンガリーでは「あらゆるメディアが政権によってコントロールされている」と言える状態になったという。

よくあることだが、独立したメディアや司法を潰せば、汚職への扉が開く。オルバンの友人の多くは、ビジネス界で大金持ちになった。トランスペアレンシー・インターナショナルによれば、2018年までにハンガリーの公共契約の約40%が、1社入札で発注されていると推定されている。[*16] 2017年、EUの汚職監視機関である欧州不正対策局（OLAF）の調査は、オルバンの娘婿イシュトヴァーン・ティボルツの会社が、EUの補助金対象事業である街灯交換に関する事業の入札で数千万ユーロ規模の不正を行ったため、起訴するよう勧告している。当然のことながら、ハンガリーはこの勧告を無視した。OLAFは手も足も出なかった。[*17] ティボルツは現在、ハンガリーで最も裕福な100人のうちの1人である。2位はオルバンの少年時代の友人であるローリンツ・メサロシュと思われる。

オルバンの周りには腐敗の匂いが漂っていたが、哲人王（訳註：プラトンの著作に描かれた理想的統治者）の役割を果たす妨げにはならなかった。彼の大学の卒業論文は、イタリアのマルクス主義哲学者アントニオ・グラムシに関するものだった。グラムシは、政治権力はしばしば強力な文化機関の支配から生まれると主張した。首相として、彼はグラムシ的な社会変革のプログラムに乗り出した。彼の目標は「新しい文化の時代」を作ることだと断言した。ハンガリーでは幼稚園での教育内容さえ、「ナショナル・アイデンティティー、キリスト教的文化価値、愛国心」を促進する方向に再編成された。[*18]

オルバンは「非リベラル」な民主主義をハンガリー国外にも広め、プーチンなどの強権的指導者を称賛し続けた。また、2016年のアメリカ大統領選でトランプを大統領候補として支持表明した最初のEU指導者である。習近平を定期的に称賛し、イスラエルのベンヤミン・ネタニヤフ首相と緊密な関係を築いている。イスラエルのネタニヤフは、EU加盟国に貴重な協力者を得るのと引き換えに、オルバンが国内の政治キャンペーンで反ユダヤ主義を利用するのを見逃す用意があった。ＥＵ内では、オルバンは対ロシア制裁に反対し、「プーチンがふたたび自分の国を偉大にした」ことをＥＵは認識する必要があると主張した。[*19] プーチン、習近平、エルドアンのように、オルバンもすぐに権力から手を引くつもりはないようだ。２０１６年に彼は「今後、15年から20年にわたって政治に留まる」と述べている。[*20] ２０２１年12月、アンゲラ・メルケルがドイツ首相を退いた後、オルバンはＥＵ加盟27カ国で最も在任期間が長い国家指導者となった。

強権的指導者の出現は、ＥＵにとって大きな試練であった。ドイツ政府がオルバンを容認してきたのは、彼がドイツ政府にとって有用だったからだという恥ずべき公然の秘密があった。欧州議会におけるフィデスの票が、メルケルのキリスト教民主同盟（ＣＤＵ）が支配する欧州人民党（ＥＰＰ）が実質的な過半数を確保することに貢献した。その結果、ＣＤＵはオルバンとの対決を引き起こして欧州人民党の貴重な議会の過半数を失うことのないよう、ハンガリー国内の民主主義の侵食に極力目をつぶるようになった。欧州難民危機発生直後のブリュッセルでのイベントで、ＣＤＵの姉妹政党であるＣＳＵのマンフレート・ウェーバー欧州人民党代表に、なぜフィデスと協力し続けるのかと尋ねたところ、ウェーバーは少し不快な顔をしながら、オルバンはまだレッドラインを越えてはいない、と言った。

結局、転機は２０１９年に訪れた。オルバンがジャン・クロード・ユンケル欧州委員会委員長を攻撃したのだ。欧州委員会委員長が憎きソロスと手を組んで難民をハンガリーに押し付けようと企んでいると非難したのである。ユンケルは欧州議会で尊敬を集めている人物であり、これは明らかにレッドラインを越える行為だった。2021年、オルバンはフィデスが欧州人民党から追い出される寸前で、同党からの離脱を選んだ。[*21]

もっとも、オルバンとフィデスを保護する覆いは、欧州人民党というヨーロッパの主流派中道右派グループの一員であることだけではなかった。EUの民主主義諸国がハンガリーの強権的政治家に対して断固たる措置を取ることを難しくしている手続き上の理由もあった。EU法のもとでの制裁は、ハンガリーの議決権を停止するか、オルバンの仲間たちがむしゃぶりついた多数のおいしい契約を提供したEU補助金の供与を止めることである。事を難しくしているのは、EUの複雑な法的ルールのもとでは、この種の重大な決定はしばしば全会一致でなされなければならないことである。そして2016年、最近の選挙を経て、オルバンはポーランドの「法と正義」という重要な味方を手に入れた。EUのなかで非公式な枢軸が生まれたのだ――ポーランドはハンガリーを守り、ハンガリーはポーランドを守る。そして、欧州のリベラル派は脇に追いやられて怒るしかなくなったのである。

ポーランドでは、「法と正義」が、独立した機関を支配下に置くために迅速に行動していた。ハンガリーのオルバンの動きを模倣し、アメリカのトランプに先んじた動きで、新政権は憲法裁判所を標的にした。２０１５年の総選挙で勝利した後、「法と正義」は下野する「市民プラットフォーム」（ＰＯ）が指名した新しい判事の承認を拒否した。代わりに指名したのが政権寄りの５人の判事だった。また、憲法裁判所が政府判断を覆すことが難しくなるように法改正をした。カチンスキは、その動機を率直に語っている。このような変更がなければ、「われわれの行動すべてが問題として取り上げられかねない」。「法と正義」のコルネル・モラウィエツキ議員は、同党の議員からスタンディングオベーションを浴びた国会演説で、「国益は法律を超越する」と言い放った。[*22]「法と正義」の考える「国益」とは、ポーランドをより文化保守主義的ナショナリズムの方向に不可逆的に推し進めること、つまり同性愛者の権利と国際協力を強調するブリュッセルの世界主義《コスモポリタン》的なリベラリズムを否定することであった。

２０１５年の最後の数日で、新しい法案が議会を通過し、政府は上級公務員や国営メディアの従業員を解雇できるようになった。今回も「法と正義」の所属議員は、その動機を率直に語っている。同党のエルジビエタ・クルク議員は、「ジャーナリストたちはポーランドの国益のために盾となるメディアを作り上げるどころか、しばしばポーランドに対する否定的な意見に同調している」と主張した。[*23]国営メディアの報道倫理の悪化は、短期間で進み、実態は驚くべきものだった。２０１７年末に私がポーランドを訪れた際、ある著名な学者が、国営メディアは共産党がしっかりと主導権を握っていた１９７０年代よりも、さらに奴隷のように政府寄りになったとの見方を示してくれた。その厳しい判断には、１つだけ重要な留保があった。まだ独立系の新聞やその他のメディアが活動を続け、政府批判をしていることだ。しかし、大都市以外の政府の中心的な支持層は、主要テレビ局から直接ニュースを入手する傾向が強かった。

ポーランドは一党独裁国家から自由民主主義国家への移行に成功したモデルであると信じていた人々にとって、これらの事態は憂慮すべきものであった。しかし、振り返ってみると、警告のサインは以前から出ていた。私が初めてポーランド政治の水面下で不穏な動きが起きていることに気づいたのは、「法と正義」が大統領と議会の主導権を取り戻す2年前の2013年にクラクフを訪れたときのことである。

夕食の席で、私は「スモレンスク陰謀論」というものが流行していることを教えてもらった。「スモレンスクの悲劇」とも呼ばれる飛行機墜落事故が起きたのは、2010年のことだ。ヤロスワフ・カチンスキの双子の弟であるポーランド大統領レフ・カチンスキが乗った飛行機がロシア上空で墜落し、同大統領をはじめ、中央銀行総裁、軍部の要人、国会議員18人を含む多くの政府高官が死亡した。ポーランド政府が行ったものを含む一連の事故調査は、濃霧と操縦ミスによる悲劇的な事故であると結論づけた。

しかし、ヤロスワフ・カチンスキは、悲しみで目が曇っていたのか、政治的な利点を感じていたのか、その墜落が事故であったとは認めなかった。その代わりに、彼と側近たちは、ロシアがポーランドのエリートの多くを殺害しようと企み、ポーランド政府がその証拠を意図的に隠蔽したという説を広めたのである。時には、カチンスキは政敵が弟の死に直接責任があるとさえ示唆し、国会で野党席に向かって「お前たちが弟を終わらせたのだ、お前たちが殺したのだ」と怒鳴った。[*24]

ロシアがポーランドを侵略した長い歴史と、1940年に起きたソ連による「カティンの森の虐殺」の記憶を考えれば、ロシア国内の事故でポーランド政府の大部分が消滅したことを、多くのポーランド人が不審に思ったのも無理からぬことだった。しかし、その後の調査によって、ポーランド人がロシアと結託していたという説はおろか、犯罪行為の証拠も見つからなかった。しかし、2013年にクラクフで聞いたところでは、ポーランド人の約3分の1が「スモレンスク事件は集団暗殺であり、隠蔽されている」と考えており、この証拠なき陰謀論がポーランド政治に大きな影響を及ぼしていた。

当時は、このような世論調査結果の重要性を否定したい気持ちが強かった。これは未熟な民主主義が示す症状なのかもしれない——なんといってもポーランドは数十年にわたる一党独裁から1世代しか経っていないのだから。しかし、極右政党やでたらめな指導者の陰謀論に影響されやすいのは、ポーランドだけではなかった。「スモレンスク陰謀論」を唱えた「法と正義」がポーランドの総選挙に勝利したのと同じ頃、オバマはアメリカで生まれていないという「バーサー」陰謀論を唱えたトランプが大統領選挙に出馬していたのである。そして数年後、アメリカでは、トランプと共和党が、トランプに投票した有権者の70%——全投票者のおよそ3分の1——に、2020年の大統領選挙は「盗まれた」ものだと信じ込ませることができた。同じ年、ポーランドの世論調査では、国民の45％が「外国勢力が意図的に新型コロナウイルスの蔓延に加担している」と考えていることが示されている。[*25] トランプと同じく、カチンスキにとっても陰謀論は付随的で些末なものではなく、彼らの政治の絶対的な中核をなしていた。カチンスキの友人の1人は、「彼の政治思想には、事故などというものはない」と言う。「もし何かが起きれば、外部勢力による謀略だ。陰謀は、彼の好きな言葉だ」[*26]

トランプやオルバンと違って、カチンスキは陰に隠れ続けていた。2015年に大統領となり、2020年に再選されたアンジェイ・ドゥダは、「法と正義」の表看板の役目を続けている。愛想がよくて、少し温和な印象がある。2020年には、ダボス会議とエストニアのタリンの会議で、2度ほど彼と同じ壇上に立ったが、彼は必要最低限には友好的だった。ダボス会議では、彼は鏡に映る自分に微笑みながら、ネクタイを直している時間が長く、ほんの少ししか言葉を交わせなかった。エストニアでは、ポーランドへの投資を自信たっぷりに（しかも英語で）アピールし、その後の懇親会では、私の手を温かく握ってくれた（その数日後、ドゥダの新型コロナウイルス陽性が判明し、少々不安になったが、幸いにも私は感染していなかった）。

ドゥダは海外では型通りのポーズをとっていたが、国内では「法と正義」の党員とともに全面的な文化戦争を繰り広げ、徹底的な反動主義的政策を実行していた。「法と正義」はしばしば反ユダヤ主義をもてあそんでいると非難されてきたが、2020年の総選挙で標的に選ばれたのは同性愛者であった。選挙集会でドゥダは、ＬＧＢＴの権利の擁護を「共産主義よりも悪い」

イデオロギーと呼んだ。この党の路線は、国営メディアからの強力な支援を受けた。テレビ局は「ＬＧＢＴのイデオロギーが家族を破壊している」というキャプションを付けてニュースを放映した。[*27] ふたたびの勝利を確実にした「法と正義」は、中絶の権利をほぼ廃止する新法を強行した。これには何十万人もの人々がワルシャワの街で抗議の声を上げた。[*28]

ハンガリーやポーランドで起きたことの世界的な意義は、オルバンやカチンスキが躍進した２０１５年当時には見えていなかった。しかし、振り返ってみると、これらの出来事は他の西側民主主義国への警告であった。強権的指導者の政治手法は、もはやアジアや、ロシアやトルコといったヨーロッパの端にある国々にとどまるものではなくなったのだ。ＥＵのなかに侵入したのである。翌年には、世界で最も堅固な自由民主主義国家であると広く認められていたイギリスとアメリカで、ポピュリストの強権的指導者による政治が、衝撃的な形で突破口を開くことになる。

第6章 ジョンソン

ブレグジット後のイギリス（2016年）

私がボリス・ジョンソンに初めて会ったのは、2002年にイギリスの田園風景のなかで行われたある結婚式でだった。すでに彼は政界とメディア界のスターであり、危険とスキャンダルの匂いを身にまとっていた。その前年に国会議員に当選したジョンソンは、1999年以降、当時も『スペクテーター』誌の編集長を務めていた。この週刊誌は少部数だが、保守党内では重要な媒体だ。また彼は、1989年から1994年までデイリー・テレグラフ紙のブリュッセル特派員を務め、その頃から、右派のEU懐疑派に多くの熱狂的支持者を持つ人物であった。ユーモアとセンスとファンタジーを織り交ぜたジョンソンの記事は、古くからのイギリスの自由と独立を脅かす、ヨーロッパの超国家を作ろうとするEUの計画に対する保守派の怒りをかきたてるものであった。

２００2年当時、私もブリュッセルで『エコノミスト』誌の特派員として働いていたので、ジョンソンとの最初の会話は、ＥＵの本部があるブリュッセルにいる共通の友人についてだった。その数カ月前、私は『プロスペクト』誌に、イギリスが新たに発足した欧州単一通貨ユーロに参加するのは誤りであると主張する記事を書いていた。結婚式場となった大きなテントの下でシャンパンを片手に立っていたジョンソンは、その記事を読んでいて、私の意見に賛成だと言ってくれた。[*1] 私は礼を言って、「でも、ブリュッセルにいるあなたの友人の多くは、あなたが密かにＥＵに賛成していると考えている」と言うと、ジョンソンは少しショックを受けた表情で私を見返した。「もちろん、私はＥＵに賛成だ」と彼は大きな声で言った。「そうでないわけがない」

いまにして思えば、深い皮肉に満ちた発言であった。われわれの会話から約14年後の２０１６年、ジョンソンはＥＵ離脱運動を成功に導いた。ブレグジットは、１９５０年代のＥＵ創設以来の、最悪の打撃となった。

ジョンソンはブレグジット実現に中心的な役割を果たした。そのことで、彼の名はトランプの名前と、２０１６年にイギリスとアメリカを席巻した「ポピュリストの反乱」とに永遠に結びつけられて歴史に残るだろう。偶然にも、トランプはブレグジットの国民投票の開票日である6月24日、自身が所有するスコットランドのターンベリー・リゾートでゴルフをしていた。彼はすぐにこの結果に注目し、11月のアメリカ大統領選挙でアメリカの「ブレグジットの瞬間」が訪れると予言した。[*2] トランプの選挙対策本部長だったスティーブ・バノンは、後に、トランプが勝つと「わかった」瞬間は、イギリスがブレグジットに投票したときだと発言している。バノンが見たように、トランプの勝利とジョンソン率いる離脱運動の成功は、どちらも「グローバリズム」に対する「ポピュリストの反乱」の一環であった。

トランプ自身は、ジョンソンより何年も前にブレグジットを政策課題に据えたイギリス独立党（UKIP）のナイジェル・ファラージ党首と最も仲が良かった。ファラージは、トランプが信じがたい勝利を収めた後、外国の政治家として初めてトランプを訪問したほどだ。しかし、ジョンソンが首相として登場し、ブレグジットの旗手となると、トランプは彼を自分の仲間だと主張し、「イギリスのトランプ」というレッテルを貼ることさえした。アメリカの左派も同じように捉え、ジョンソンを当たり前のようにひとくくりに敵として扱った。ジョー・バイデンが指摘したように、2人の指導者の間には、ある種の身体的類似性さえあった。私生活も似ている。トランプの3番目の妻メラニアは24歳年下で、ジョンソンの3番目の妻キャリーは23歳年下である。

実際、近年私が訪問したデリー、北京、モスクワのどこでも、政治アナリストは「トランプとブレグジット」をひとくくりにして扱っていた。しかし、熱烈なジョンソン支持者の多くにとっては、自分たちの英雄をトランプと同じカテゴリーに入れるなど、ましてやプーチンや習近平と同列に扱うなど道義に反する行為である。彼らに言わせれば、ジョンソンを「強権的指導者」と呼ぶのは、敗北を受け入れたくないＥＵ残留派からの不当な侮辱なのだ。ジョンソンのファンにとっては、ジョンソンは徹頭徹尾、民主主義者であり、彼の離脱運動は、エリートの意思よりも民衆の意思を優先させるためのものである。

ジョンソンの手厳しい敵対者の多くも、彼が「強権的指導者」のリーダーであるという考えを否定するだろうが、その理由は異なる。彼は決断力がなく、省庁の要求と折り合いをつけることができない。この非難は、イギリスが新型コロナウイルス危機の初期段階でつまずいたときに強まった。ジョンソンは、パンデミックにおいて、強さと決断力を発揮するどころか、状況をコントロールするには弱すぎると批判されたのである。

ジョンソンが「強権的指導者」ではないとする意見には、いずれも一定の説得力がある。しかし、ジョンソンとトランプには、テーマも手法も、明らかな類似点がある。2人とも、エリートに対抗する護民官《トリビューン》（訳註：古代ローマ時代、平民の権利を保護するために平民によって選挙された役人）として立候補した。2人とも、エリート主義の政治家が、自国民よりも外国人を優先させていると主張した。トランプのスローガンは「アメリカ・ファースト」だった。離脱運動を行ったジョンソンはバスでイギリス中をめぐりながら、イギリスがＥＵに週３億５０００万ポンド（かなり議論のある数字）を支払うのをやめるよう求めた。「代わりにわれわれのＮＨＳ（訳註：国民医療制度）に資金を提供しよう」。外交政策では、両者とも自国の従前の同盟関係に狙いを定めた。ジョンソンの最重要政策は、イギリスをＥＵから脱退させることだった。トランプは、NATOへの負担がアメリカの得る国益に対して釣り合っていないとみなし、NATO脱退をちらつかせるなどした。米英の歴代の政治家が構築した「リベラルな国際秩序」は、「ブレグジットとトランプ」という2つの衝撃によって大きく崩れたのである。

また、トランプとジョンソンは、大量移民に対する敵意を利用した。これに関するジョンソンの主張には、ちょっとしたブレがある。2008年から2016年にかけてロンドン市長を務めた際には、住民の3分の1が外国生まれという多文化都市を率いることへの熱意をアピールしていた。2008年に私は市長候補だったジョンソンの選挙運動を追ったが、その際に彼は新しく国籍を取得した新イギリス人のための「市民権授与式」に出席した。式典後、彼は私にとても感動したと言った。移民推進派のFTの記者に対して、このようなことを言うのが正しいと思ったに違いない。彼は時折、人種に関する悪い冗談を言うことはあったが、私は彼に移民推進派の気持ちがあることは疑っていなかった。われわれ2人がいたロンドンのリベラルな界隈では、そういう考え方が普通だったのだ。

しかし、ジョンソンの離脱運動は、大量移民に対する敵意を意図的に利用したものであった。離脱運動のスローガンである「支配権を取り戻そう《テイク・バック・コントロール》」は、何よりもイギリスの国境管理を取り戻せという要求であると広く理解されていた。イギリスのEU加盟で最も議論を呼んだのは、EU加盟国間の人の自由移動であった。2004年にポーランドをはじめとする中欧の比較的貧しい国々がEUに加盟すると、200万人を優に超す移民がイギリスに押し寄せた。このため、イギリスは移民に「飲み込まれる」のではないかという心配と反発が起きた。

離脱運動を背後で操っていたのはドミニク・カミングスである。バノンのような選挙戦略責任者、冷徹に考え抜く理論家としての役割を担っていた彼は、イスラム教国であるトルコのEU加盟準備が整っていると主張し、こうした移民に対する恐怖心を意図的に煽った。離脱運動のポスターには、「トルコ（人口7600万人）がEUに加盟する」とはっきり書かれていた。「ボート・リーブ」（訳註：「離脱に投票を」と呼びかける超党派の団体）のある声明では、「トルコの出生率は非常に高いので、8年以内にトルコからだけでもイギリスの人口が100万人増えると予想される」と説明されていた。[*3] 実際には、トルコはEU加盟には程遠い状況だった。2004年に正式に加盟交渉が開始されたものの、交渉は中断されていた。しかし、国民投票に向けて最後の数週間、「ボート・リーブ」はトルコと移民というテーマをしつこく強調した。この前年に100万人のシリア難民がドイツに入国していたため、こうした脅し作戦はとくに効果的だった。

このような作戦は、ジョンソンの覚悟のほどを物語っている。彼は自分の祖先がトルコ人であることに誇りをもっていることも強調した。彼の曾祖父アリ・ケマルは、リベラルなトルコ人ジャーナリストで、一時はオスマン帝国の閣僚も務めた。離脱運動の内部情報によると、ジョンソンは密室で「トルコたたき」に良心の呵責を示し、「激しい怒りを爆発させた」ことさえあったという。[*4] しかし、彼は公の場では決して疑念を表明しなかった。勝つために必要なことは、たとえそれが嘘をつき、人種差別的な行為に手を染めることであったとしても、彼は喜んでやってのけたのだ。

移民に対する恐怖心を煽った「ボート・リーブ」の判断は抜け目ないものだった。残留派の運動は、EU加盟による経済的メリットにほぼ全面的に焦点を当てていたが、後の世論調査で、離脱に投票した人は経済を最重視項目に考えていなかったことが明らかになった。ロジャー・イートウェルとマシュー・グッドウィンが国民投票後の分析で論じたように、「残留派は経済的リスクについて延々と語り続け、離脱派は自分たちのアイデンティティーや国民集団に対する脅威と認識されるものを主に懸念していた」のである。離脱に投じた10人に6人が、イギリス経済への重大なダメージは「ブレグジット実現のための価値ある代償」であると答えた。[*5]

国民投票後、離脱票を投じた経済的に「取り残された」地域、とくに脱工業化によって大きな打撃を受けたイングランド北部に注目が集まった。だがアメリカのラストベルトにおけるトランプ票と同じく、イギリスの離脱票も経済的苦しみに対する不満票という単純なものではなく、もっと複雑だ。離脱運動は、移民や社会の変化に苦しめられている人をターゲットにすることに成功した。その多くは、移民を経済の衰退や不安定化と結びつけて考えていた。離脱に投票した人の64％が移民は経済に悪影響を与えていると考え、さらに高い割合の72％が移民はイギリス文化を弱体化させたと考えていた。離脱に投票した人の多くは総選挙では投票していなかったが、ブレグジットの国民投票は「システム」を変えるチャンスと捉えた。国民投票の投票率は72%で、この25年間のどの選挙よりも高かった。*6 残留派の計算を狂わせたのは、何よりもこの新しい有権者の動員であった。

ジョンソンはロンドン市長として、そのダイナミズムと多様性を称賛していた。ロンドンのイギリス人は残留に大きく票を投じた。彼は、大都市居住者以外のイギリス人の不満を動員して、離脱派を勝利に導いたのである。

ジョンソンは「取り残された」イギリスの擁護者に変身し、ブレグジットを通じて自分自身の過去を否定した。イギリスの政治家のトップ層ではおそらく珍しいことだが、彼自身の人生はブリュッセルやEUと結びついていた。ジョンソンの父スタンレーはEUで働いており、幼いボリスは2年間、ブリュッセルの郊外イクルにあるEU職員の子弟のための教育施設「ヨーロピアン・スクール」に通っていた。この学校で、後に2番目の妻となるマリーナと出会い、25年間結婚生活を送った。ジョンソンの家族のほとんどは、熱心なEUびいきである。弟のジョーはEUのエリート養成学校でブルージュにあるカレッジ・オブ・ヨーロッパに通い、後に兄のブレグジット政策に反発してジョンソン政権での職を辞した。妹のレイチェルはブレグジットに声高に反対し、イギリスで最もEU寄りの政党である自由民主党に入党した。

ブリュッセルはジョンソンの人生と経歴の一部ではあったが、彼の本格的な人格形成期はイギリスの最も伝統的なエリート教育機関で過ごした年月だった。中等教育を受けた学校は、ジョンソン以前に19人のイギリス首相を輩出したイートン校だ。同時代の人々は、ボリスを、イートン校の同級生であるデービッド・キャメロンよりもはるかに印象深い、社交的・知的スターとして記憶している。しかし、ジョンソンの教師のなかには、彼の欠点を垣間見た者もいた。イートン校の校長だったマーティン・ハモンドは、ジョンソンの両親に宛てた手紙のなかで次のように記している。「ボリスは、まったく責任を果たさず、その結果に直面したときは侮辱された様子だった。自分は他の人が束縛されている義務の網から逃れられる例外なのだと考え、みながら自分をそのように扱わないのは不作法だと心底信じていると思われる」[*7]

これは鋭い洞察だ。ジョンソンは、偉大な人物や有名人は、他の人と同じルールでプレーする必要はないと思っているようである。２００３年に『スペクテーター』誌に掲載された記事では、ジョンソンはイタリアのベルルスコーニ首相に同情を寄せている。ベルルスコーニは億万長者で、トランプに先んじて、ポピュリストの政治の素人として権力のトップに上り詰めた。ベルルスコーニは汚職と権力濫用で告発され、後に脱税で有罪判決を受けた。ジョンソンは彼を魅力的に感じ、ブリュッセルの「傲慢な」官僚と比較して、ベルルスコーニは「彼ら全員よりも優れている」と断言したのである。[*8]

イートン校卒業後、ジョンソンはオックスフォード大学ベリオール・カレッジで古典を学び、ヒース、アスキス、グラッドストンといった歴代の首相が通過儀礼としていたオックスフォード・ユニオン（訳註：同大学の学生弁論団体）の議長に就任した。オックスフォード大学で撮影されたジョンソンの有名な写真には、ブリンドン・クラブ（訳註：裕福な家柄の男子学生のみが入会できる学生クラブ）の仲間たちと白いネクタイと燕尾服姿で並んでポーズをとっているものがある。同じくイートン校出身で後に首相となるデービッド・キャメロンも写っている。ブリンドンは、上流階級の酔っ払いで乱暴者が集まるところとして有名だ。会員だったある人物が、ジョンソンが行った入会の儀式の様子を教えてくれた。「みんなが突然私の部屋に押し入ってきて、部屋をぶち壊した。そしてボリスが振り返って私の手を握って言ったんだ。『おめでとう、君は仲間だ』」

ジョンソンは、ジャーナリストとして、また政治家としてのキャリアが軌道に乗るにつれ、その魅力とユーモアのセンスで、上流階級の乱暴者から陽気な国民の味方へとイメージを一新していった。トランプと同様、ジョンソンも人気テレビ番組で知名度を上げた。彼の場合はＢＢＣのクイズ番組「Have I Got News for You」である。「アプレンティス」がトランプを断固とした決断力のある人物として描いたのに対し、ジョンソンは不器用で滑稽な人物像を作り上げた。人々を笑わせることで、巧みに表面を整えられた普通の政治家とはまったく異なる人物に見えた。くしゃくしゃのブロンドの髪が目印となり、世の中からファーストネームで認知されるという政治家にとっての至高の目標をすぐに手に入れた（実際にはボリスはセカンドネームであり、本当のファーストネームはアレクサンダーで、家族のなかにはいまでもアルと呼ぶ人もいる）。

反政治家というジョンソンのイメージのおかげで、他の政治家なら政治家生命が終わるような事件や困難のなかでも生き延びてこられた。人間的魅力に満ちた右派政治家だったレーガン大統領のように、ジョンソンは「テフロン」コーティングされているようだ。2004年には不倫報道について党首のマイケル・ハワードに嘘をつき、党の役職から解任された。2012年、ロンドン・オリンピックの期間中に行われたパーティでは、ワイヤーで吊されて上から登場しようとしたが途中で身動きが取れなくなり、救出されるまでの間、仕方なく両手に持ったユニオン・ジャックを振っていた。当時首相だったデービッド・キャメロンが好意と憤りをこめて指摘したように、他の政治家であれば、これは広報上の大失敗となったことだろう。しかし、ジョンソンは、これをなぜか大成功に変えてしまった。実際、この出来事はジョンソンの最も有名なイメージの1つとなり、愛国心の強い愛すべき面白い人、という彼のイメージを形成するのに役立ったのである。

2016年、キャメロン首相が国民投票の実施を呼びかけた。ジョンソンの人気と運動家としての手腕から、彼がどのような立場を取るかは、きわめて重要だった。しかし、投票日の数カ月前になっても、彼がどちらを支持するかはまだ不明だった。当時、ジョンソンとの共通の知人クリストファー・ロックウッド（私は彼の結婚式で最初にジョンソンに出会った）に、ジョンソンはEUについて本当はどう考えているのか、と尋ねた。デイリー・テレグラフ紙のブリュッセル支局でジョンソンの下で働いていたロックウッドは、肩をすくめて言った。「彼はこの問題について、純粋に矛盾を抱えていると思う」。その矛盾が、決断の時が近づくにつれて表に出た。ジョンソンは、どちらを支持するか決めかねて、デイリー・テレグラフ紙に2本のコラムを書いた。１つはブレグジットに賛成、もう１つは反対だ。ジョンソンはブレグジットに賛成するコラムのほうが好きだったと巷間言われており、その後の展開は歴史に残った通りである。

実際には、ジョンソンの決断にはもっと多くの計算があった。ジョンソンがどちらに飛び込むかの手掛かりは、彼が書いたウィンストン・チャーチルの伝記にあったかもしれない。ジョンソンはチャーチルを政界の英雄とみなしている。ジョンソンはこう書いている。「すべての政治家は、ある意味で、出来事に対するギャンブラーである。何が起きるかを予測し、出来事の正しい側に身を置こうとする」。ジョンソンは、チャーチルの反ナチズムですら、このかなりシニカルな見方から解釈した。１９３０年代初頭、チャーチルの運勢が最悪の状態にあったとき、チャーチルは「反ナチズムという馬に有り金全部を賭けた……そしてその賭けは見事に大当たりとなった」。２０１６年２月にジョンソンが離脱運動に参加すると聞いたとき、私はこの一節を思い出した。そしてこう記事に書いた。「ジョンソン氏はＥＵ懐疑主義という馬に賭けたのだ。明らかに、この賭けが見事に大当たりとなって、チャーチルのようにダウニング街10番地（訳註：首相官邸）まで自分を運んでくれることを期待しているのだ[*9]」

確かにジョンソンの離脱運動参加によって、「ボート・リーブ」には51・８９％対48・１１％という予想外の勝利がもたらされた。しかし、投票日の翌朝、ロンドンの自宅の外に現れたジョンソンは、喜びよりもむしろショックと狼狽の表情を浮かべていた。彼を出迎えたのは大声を上げて怒る残留派の若者たちだったという事実は、人気者になることに慣れていたジョンソンを明らかに動揺させた。彼はおそらく「ボート・リーブ」が僅差で敗れると予想し、おそらくそれを望んでいた。後にキャメロンは、ジョンソンが離脱運動に加わると発表する直前にメールを受け取っていたことを明かし、そのなかでジョンソンは「ブレグジットは鍬の下のヒキガエルのように潰されるだろう」と予想していた。キャメロンは、ジョンソンは純粋にブレグジットが負けると信じていたが、「情熱的で愛国的、ナショナリスティックな側に立つチャンスを手放したくなかった」と結論づけている。*10

離脱派の予想外の勝利は、キャメロンとジョンソンの両方に影響を与えた。開票日の朝、キャメロンは辞意を表明した。すぐにブックメーカーは、ジョンソンを後継者候補に加えた。ジョンソンは、子どもの頃に「世界の王」になることを公言して以来、ずっと狙っていたダウニング街10番地への道が大きく開かれたのである。

しかし、最後の最後に、その賞はさらわれた。ジョンソンとともに離脱運動を展開したマイケル・ゴーブは、ジョンソンを間近で見たことで、彼がこの国の最高権力者にふさわしくないと確信したと発表した。より良い候補者を探していたゴーブは、ちらりと鏡を見て、鏡のなかに最適な候補者を見たのである。親しい同志だったゴーブから挑戦を受けたジョンソンの反応は、「運命の人」や未来の強権的指導者に期待されるようなものではなかった。降参したのだ。苦しい立場で戦うよりも、不利になりつつある党首選の成り行きを素早く計算し、党首候補に立候補するのを止めたのである。しかし、ゴーブの驚くべき背信行為は何の役にも立たなかった。代わりに、残留に投じたテリーザ・メイという比較的特徴のない人物が保守党党首に選ばれ、次の首相になった。

メイは、保守党内の支持を維持するためには、ブレグジットを実現することと、党の離脱派に対して自分がその一員であることを納得させなければならないことをよく理解していた。そこでメイは、ジョンソンを外相に指名した。賢明な妥協案に見えたが、両者にとって決してうまくはいかなかった。ジョンソンは無能な外相、メイは不運な首相と広くみなされていた。当然ながら、メイはＥＵとの間に、離脱派の不可能な約束をかなえる離脱協定を締結することはできなかった。離脱派は、ＥＵ加盟という負担なしでも摩擦のない貿易（訳注：離脱派の主張では、モノの自由移動を可能にするため関税や規制を撤廃すること）ができるとしていた。保守党内では、この失敗を離脱派の非現実的な約束のせいとはされなかった。代わりに離脱派は、メイが自分たちの大義を決して信じていなかったために、イギリスの行政府に埋め込まれた「残留派エスタブリッシュメント」によって悲惨な妥協の道を歩むことになったと主張した。

メイへの不満の高まりは、ジョンソンに2度目のトップへのチャンスを与えた。２０１８年夏に外相を辞任し、ふたたび真のＥＵ懐疑派の代表として位置づけられるようになった。ジョンソンの主張は、メイはＥＵやイギリスの「残留派エスタブリッシュメント」に対してあまりにも弱腰だったというものだ。彼だけがブレグジットを実現する力を持っていたのだ。外相を辞める直前、ジョンソンは仲間の保守党議員にこう言った。「私はトランプにますます感心している……トランプがブレグジットをやるのを想像してみろ。彼は滅茶苦茶きつくやるだろう。あらゆる種類の断絶、あらゆる種類の混乱が起こるだろう。誰もが、彼はおかしくなったのかと思うだろう。しかし、実際にはいい線いくはずだ。すごく、すごく名案だ[*11]」

閣僚としての責任から解放されたジョンソンは、トランプ流の陰謀論に手を染め、ブレグジットが実現しなければ「国民は裏切られたと感じるだろう。国民投票の結果を覆すという大きな陰謀がイギリスのディープ・ステート、つまり国を本当に動かしている人々によって実行されたのだと思うだろう」と言った。また、ブレグジットを阻止しようとするのは「火遊び」であり、「自業自得」になると述べ、街頭での暴力をほのめかした[*12]。

２０１９年5月になると、保守党内のメイへの不満が高まり、彼女は首相辞任に追い込まれた。このときジョンソンは、党首選に向けた運動により多くの時間をかけて整えていた。周囲には野心的な人々が集まっていた。そしてついにジョンソンは目標を達成した。55歳にして保守党の党首に就任し、イギリス首相となった。

ダウニング街10番地に入り、ドミニク・カミングスとふたたびタッグを組んだジョンソンは、強力で断固としたリーダーになるという約束を実行に移し始めた。メイが離脱協定案を議会で通過させられなかったのは、保守党内にジョンソンと協調する「ハード・ブレグジット派」が多すぎたためであり、彼らが一貫して反対票を投じていた。彼らはメイの離脱協定案では、イギリスがＥＵと密接に結びついたままになっていると考えていた。いまジョンソンは、正反対の問題に直面していた。もしジョンソンが強硬すぎる合意なき離脱に踏み切ると脅せば、保守党内の残留派が離反し、議会で過半数を失うだろう。カミングスに促され、ジョンソンは強権的指導者の戦略から一手を打った。ブレグジットを妨害させないように、２０１９年８月末に議会を閉会させたのだ。保守党の有力議員数人がこれに異議を唱えると、ジョンソンは21人の議員を保守党から除名するという非情な決断を下した。犠牲となったのは、チャーチルの孫にあたるニコラス・ソームズ卿や、サッチャー政権で閣僚を務めたベテランで最長連続当選記録を持つケネス・クラークなどである。[*13]

憤慨した残留派は、ジョンソンの議会閉会決定の合法性に異議を唱え、イギリス最高裁で何とか覆すことができた。アメリカのペロシ下院議長がトランプの弾劾調査を開始すると発表したその日に最高裁判決が下されたことは、ジョンソンとトランプの類似性と、大西洋の両岸で法の支配の危機が進行していることを示唆するものであった。

カミングスは、通常の政府に適用される法的制約を公然と軽んじていた。２０１９年３月に書き込まれたカミングスのブログ――例によって大文字にした強調や、文学や科学への言及が散見される――では、離脱派に対してメイ政権とＥＵとの合意案を無視するように助言している。「真面目な政府――役人とそのでたらめな法的助言に屈服しない政府は……これらの合意とそれを強制する国内法の適用を免除するだろう」[*14]

法律無視のブレグジット強行は最高裁に否定され、ジョンソンはイギリスのリベラル派を激怒させていた。だが国民の気分とは一致していた。2019年初めに行われた世論調査では「イギリスには、ルールを破ることを厭わない強い支配者が必要だ」という意見に54%の人が同意し、同意しない人は23%に過ぎなかった。[*15] ある種の強権的指導者を国民が容認し、さらには切望すらしているというのは、イギリスのエリートが大切にしてきた寛容で遵法精神ある国家というイメージとは大幅に食い違うものだった。だが、世界的潮流とは合致していた。

その年の保守党大会は、最高裁がジョンソンに不利な判決を下した直後に開催されたが、首相は勇者として迎えられた。マンチェスターのコンベンションセンターの廊下で、保守党の地域組織の集会を終えたある議員が、唖然とした様子でいるのに遭遇した。「クソみたいなニュルンベルクの大会（訳註：ナチ党党大会のこと）のようだ」と彼は言った。ジョンソンが演説を始めると「ボリス、ボリス」の大合唱で中断されて、演説が2行分しか進まなかったと言った。強権的指導者の手法の重要な部分である「個人崇拝」が確立されていたのである。

表面上は、最高裁での敗北はジョンソンにとっての大きな敗北である。しかし、より大きな流れとしては、2016年に成功した「ボート・リーブ」の「民衆対エリート」戦略を再現できるような総選挙をイギリスで強行しようというカミングスの戦略にはまったということであった。議会と裁判所でブレグジットが通らないのは、民意を阻止しようとするエリート主義者の陰謀だと描くのが狙いだった。予想外に、そして彼らにとっては悲惨な結果になるのだが、野党の労働党と自由民主党はジョンソンの望みを叶えることにし、2019年12月に珍しい冬の総選挙を行うことに同意した。3単語のスローガンをつくる達人であるカミングスは、選挙運動のテーマとして「Get Brexit Done（ブレグジットをやり遂げる）」を思いついた。ジョンソンにとっては、ライバルの労働党が、党内の反ユダヤ主義的言動に対する非難に悩まされ続ける高齢の極左活動家、ジェレミー・コービンに率いられていたことも大いに助けになった。

12月12日に行われた総選挙は、ジョンソンにとって純粋な政治的勝利の瞬間であった。保守党は野党との議席差を80に拡大させ、単独過半数を獲得したのである。政権奪取までの政治的・精神的妥協も、挫折も、屈辱も、すべて払拭されたように思えた。勝利し、新たな信任を得た首相として、彼はイギリスを欧州単一市場とEUの関税同盟の両方から離脱させる新たな「ハード」ブレグジット協定を交渉した。

実際、「ジョンソン合意」では、北アイルランドに関しても大きな譲歩があった。北アイルランドとアイルランド共和国の間に国境検問が再設置され、ベルファスト合意が危うくなるのを避けるため、イギリスは、イギリスの他の地域から北アイルランドに入る商品の一部を税関検査の対象とすることに合意し、アイリッシュ海を横切るイギリス内の国境を事実上確立したのである。これでは、自国領土の支配力が低下するわけで、主権を重視するナショナリストにとっては、忌まわしい存在だ。実際、過去にメイは、イギリス首相がこのような協定に合意することはあり得ないと明言していた。しかし、ジョンソンは、北アイルランドとイギリスの他の地域を行き来する物品に税関検査が入ることを否定し、自分が署名したことの現実を認めようとしなかった。ジョンソンは、これまでの人生でよくあるように、少なくともしばらくの間は、それでやり過ごすことができた。議会の閉会と総選挙の興奮のなかで、この協定の不都合な詳細はほとんど無視された。

２０２０年1月末、イギリスはついにＥＵから離脱した。ジョンソンは「ブレグジットをやり遂げる」という選挙公約を実現したのである。議会の多数派とカミングスを味方につけたジョンソンは、次の選挙までの5年間政権を担当し、イギリスとこの国の世界における地位を作り直すのに、完璧な態勢を整えたと思われた。

しかし、ブレグジットがようやく実現した２０２０年1月31日は、イギリスが新型コロナウイルス感染者第1号を発表した日でもあった。ジョンソンの自由主義的レトリックは、反ＥＵ運動には非常に適していたが、新型コロナウイルスに対処する際には、危険なほど場違いなものだった。ヨーロッパやアジアの他の国々がロックダウンするなか、ジョンソンは対応が遅れ、経済的なダメージだけでなく、イギリス人にパブに行かないように頼むことの難しさについても悩んでいた。

新型コロナウイルスが世界的な問題となった後も、ジョンソンは2番目の妻との離婚手続きと3番目の妻になる女性の妊娠のことで頭がいっぱいで、国家の非常事態に対応する緊急治安閣僚会議（ＣＯＢＲＡ）を5回連続で欠席している。3月初旬、イタリアではすでにパンデミックが始まっていたが、ジョンソンは病院を訪れた際に「みんなと握手した」と自慢げに話していた。下院では議員が昔ながらの服装で、すし詰めに近い状態で議会が開かれていた。ジョンソンが国内をロックダウンせざるを得なくなったときにはすでに、イタリア、スペイン、フランス、ドイツは行動を起こしていた。

ジョンソン政権の対応の遅さは、イギリスの新型コロナウイルス死者数が西欧のなかで最も多いことの重要な要因となった。トランプやブラジルのボルソナロとは異なり、ジョンソンは一旦ロックダウンを行うと、科学的な助言に従うことを誇示した――内輪では時々、その助言に激怒していた。† だがジョンソンが感染拡大初期に無関心だったことで、国も彼自身も大きな代償を払うことになった。2020年4月上旬、ジョンソンは新型コロナウイルス感染症で入院した最初の世界的指導者となった。その直後、集中治療室に移され、数日間、生死の境をさまよった。ジョンソンの熱烈な支持者の反応は、通常のショックや同情にとどまらず、イギリスの一部が指導者崇拝に溺れていることを示すものであった。著名コラムニスト、アリソン・ピアソンはデイリー・テレグラフ紙にこう書いている。「ボリスは愛されている。本当に愛されている――都市部のマスコミ人の階級が決して理解しない方法で……間違いなく、ボリス・ジョ

† 顧問であったドミニク・カミングスは、後にジョンソンがロックダウンを拒否していたことを明らかにし、何千人もの不必要な死について彼を非難した。

ンソンの健康は、全国民の健康であり、ひいては国家の健康そのものである」[*16]

ジョンソンの退院後、彼の支持者（そして多くの国民）は、ジョンソンのトレードマークである楽観主義とエネルギーが新型コロナウイルスに対する戦いに注がれることを期待した。しかし、退院後の首相の姿は当初、不健康で、心もとなく、エネルギーと方向性に欠けるように感じられ、衰えたように映った。カミングスの義父であるサー・ハンフリー・ウェイクフィールドは、ジョンソンを予後不良の馬にたとえて、「馬を早く働かせすぎると、決して回復しない」と不用意な発言をしている。

結局、カミングスの政治生命は早すぎる終わりを告げた。2020年5月、彼が政府のロックダウンのルールを破っていたことが明らかになった。新型コロナウイルスに感染したカミングスは、妻と子どもを伴って北へ300キロメートル以上も車を走らせ、ダラム州にある両親の農場で療養することを選択したのである。カミングスはスキャンダルを乗り越えたが、同僚と何度も口論になり、2020年末についにダウニング街10番地からの退去を余儀なくされた。彼はすぐにジョンソンに対する辛口の批判者となり、ジョンソンに首相としての適性がまったくないとのレッテルを貼った。

ブレグジットが完了し、カミングスが去ったことで、ジョンソンに強権的指導者の手法を捨て、従来型の首相になるチャンスが訪れた。新型コロナウイルスの初期対応を誤った後、ジョンソンへの評価は、イギリスの新型コロナウイルスワクチンの予防接種キャンペーンが比較的成功したことを背景に回復した。ジョンソンはブレグジットを正当化する事後的な理由として、イギリスのワクチン接種スピードと、四苦八苦したＥＵのそれとを対比させたのである。

しかし、ジョンソンは強権的指導者の手法を捨てる心構えはできていなかった。問題は、「ジョンソン合意」に内在する矛盾やゆがみが、彼を悩ませることになったことである。彼の強がりとは裏腹に、ブレグジットはイギリスの輸出品に対するお役所仕事と非関税障壁を大幅に増加させるものだった。ＥＵとの新しい貿易協定が暫定発効された最初の月である２０２１年１月、イギリスの対ＥＵ輸出は41％減少した。このなかには、パンデミックの影響によるものもあった。しかし、落ち込みの多くはブレグジットそのものがもたらしていた。北アイルランドではさらに状況が悪化し、新たに必要になる通関手続きがスーパーへの物流を直撃していた。

ジョンソン政権の対応は、敵を探すこと、そして国際法を破ると脅すことだった。ジョンソン政権の対ＥＵ交渉責任者だったデービッド・フロスト卿は、問題の根源はＥＵがイギリスの離脱という民主的決定を受け入れなかったことだと主張した。イギリスはまた、北アイルランド議定書の一部を一方的に無効化しようとした――首相がつい最近に交渉した国際条約に違反することを意味する。

ジョンソンの個人的なスタイルは、愛想がよく、外見上は友好的であり続けた。プーチンのような冷たい脅しや、エルドアンのように被害妄想的に暴言を吐くのは避けた。しかし、イギリス人らしいやり方で、強権政治の重要な要素を自国に持ち込んだのである。ジョンソンは、国内法も国際法も破る意志を示した。反対派をエリート主義の民衆の敵として悪者扱いした。彼の政治的盟友は、同じ表現を裁判所にまで広げ、行政府やBBCといった他の重要な国家機関・全国組織の公平性にも繰り返し疑問を呈した。ジョンソンはEU離脱運動の過程で、白熱した政治的なつばぜりあいの域からはるかに外へ逸脱し、真実を曲げてしまった。そして、彼は自分の保守党のなかで指導者崇拝を確立し、国会議員が自分のキャリアを守るために主義主張を捨てざるを得なくした。

ある意味で、イギリスは強権政治にとくに弱い国である。イギリスは不文憲法の国であり、歴史家のピーター・ヘネシーが「いいやつ《グッド・チャップ》」モデルと呼ぶ統治方法に依存してきた。つまり、すべてのエスタブリッシュメントの政治家は「自制心」を持って行動し、昔からの慣習を尊重するという信頼である。ジョンソンは外見上、まさに「いいやつ」の典型のように見える。しかし、実際には、かつて彼のイートン校の校長が鋭く観察したように、彼は「自分は他の人が束縛されている義務の網」に縛られていないと思っている。

世界最古の民主主義国家の1つであるイギリスが、ルール破りのポピュリストを首相に選んだことは、欧州政治と世界政治に大きな転換点を示している。バイデン政権の国家安全保障会議（NSC）中国部長ラッシュ・ドーシは、習近平とその周辺がブレグジットの投票を重大に受け止め、それを「ブレグジット、トランプの当選、新型コロナウイルス大流行に対する西側の初期対応のまずさ」という、西側主導の世界秩序にダメージを与えた「3大イベント」の1

つと考えている、と論じている。[*17]

ジョンソンとその支持者は、イギリスのEU離脱の決断は、自由貿易や国民による民主主義の支持といった、リベラリズム的、民主主義的な動機に根ざしたものであると主張し続けている。そのため、ブレグジットはリベラルの中心的原則を表明したものとみなされるべきであると彼らは主張する。しかし、モスクワ、ワシントン、北京などイギリス外の政治アナリストにそのような見解を示すと、必ずといっていいほど理解されないか、冷笑される。イギリス以外では、ブレグジットは西側の力と一貫性、そして西側同盟が伝統的に守ってきた自由民主主義の価値観に対する深刻な打撃であると理解された。

しかし、イギリスは中堅の大国に過ぎない。ブレグジットだけでは国際情勢をひっくり返すことはできなかった。世界一の強国アメリカに強権的指導者が出現したことこそ、世界政治が真に変革された瞬間であった。

第７章 トランプ

アメリカの強権的指導者（２０１６年）

ドナルド・トランプが当選する1年前の２０１５年11月、私はワシントンＤＣを訪れた。来るべき大統領選の感触をつかむことが目的だ。しかし、私は戸惑いを感じながら街を後にした。世論調査では、２０１６年の大統領選の共和党候補として、トランプが明らかに最有力であることが示されていた。８年間も民主党がホワイトハウスにいたのだから、今度は共和党が大統領になる番だと考えるのが妥当だろう。だが、右派系シンクタンクでも、トランプの大統領当選はおろか、候補指名ですら獲得できると考えている人はいなかった。私の知り合いの共和党員は、誰1人としてトランプ陣営と契約していなかった。野心家の多いこの街では、それはトランプが見込みゼロとして見切られたことを物語っていた。トランプが勝つ可能性など考えもしないという一般的な傾向は、後に話題となったあるテレビ番組の一場面によく集約されている。ＡＢＣニュースで司会のジョージ・ステファノプロスとそのゲストが、トランプが勝つかもしれないという話を聞いて失笑するというものであった。[*1]

当時も、これほどまでに見下すのは軽率だと思った。その年の11月、西側で急進的な政治が台頭しているというコラムで、私はトランプ大統領の可能性を否定するのは楽観的すぎると指摘した。「多くの民主党議員は、共和党がトランプを候補指名するほどめちゃくちゃなら、大統領選挙でヒラリー・クリントンに惨敗するのは間違いないと声をたてて笑っている。だがそれは自明ではない。最新の全米世論調査ではトランプが5ポイント差で勝っているのだ」[*2]。トランプのような候補者の台頭を煽る要因を特定するのは難しいことではなかった。それは「従来の政治エリートに対する信頼の喪失」と「経済の不安定化、移民への反発、テロリズムの恐怖、従来のメディアの衰退」が組み合わさったものだ。[*3]

すべては、トランプが当選する1年前に十分明らかになっていた。なぜアメリカのエスタブリッシュメントは、目前にあった政治現象を認めようとしなかったのだろうか。それを振り返って考えるのは興味深いだろう。その答えは、アメリカ例外主義、つまりアメリカの政治と社会は、他の恵まれない国々を悩ませる政治的病理とは無縁であるという感覚にあると思われる。この考えは、独裁者の登場を描いた『*It Can't Happen Here*（ここではあり得ない）』という皮肉なタイトルの1935年に書かれた小説に集約されている。この小説は、トランプが勝った後に再出版され、多くの人が読んだ。

このような例外主義はアメリカに限ったことではなく、イギリスのエスタブリッシュメントも同じように楽観視していたことに気づいた。アメリカと同じくイギリスも、安定した民主主義の長い歴史に誇りを持っていた。政治的過激主義や独裁政治へのもろさは、大陸ヨーロッパ諸国の欠点であり、イギリスにはないものだと広く考えられていた。だが、自国の例外的な政治的美徳への確信が強すぎる国は、政治的欠点に対してより脆弱になる可能性がある。フランスは、マリーヌ・ルペンのような候補を見ると、ビシー政府の強い匂いを感じるかもしれない。ドイツは、ナチス風のものに対して、常に警戒している。しかし、多くのアメリカの識者は、トランプを見て、ただただ笑い転げた。この男はお笑い種で、芸能人だ。ここではあり得ないと。

しかし、世界の他の場所で強権政治の台頭を促した政治的・社会的な力の多くは、アメリカにも存在していた。トランプ大統領のNSCでロシア担当上級部長を務めたフィオナ・ヒル[†]は、退任後にロシアの選挙干渉に言及してこう述べている。「われわれはウクライナやモルドバに起こったことが、アメリカには起こらないと傲慢にも思っていた」[*4]。さらに彼女が主張するように、ロシアの経験は西側諸国にとってもより大きな教訓となった。ロシアの経済的混乱がもたらした痛みは「ロシアをふたたび偉大にする」ような強権的指導者への欲求をかきたてたのだ。

アメリカのエリートの多くが無視していたが、１９９０年代のロシアを髣髴させる「絶望死」が、２０１６年の大統領選の何年も前から増加していた。２０１５年11月、私がワシントンのシンクタンクを回っていた同じ月、経済学者のアンガス・ディートンとアン・ケースが、アメリカの白人労働者層の死亡率（訳註：人口10万人当たりの死者数、単位は人）の驚くべき上昇を報告した。1999年から2014年の間に、大学教育を受けていない白人の死亡率が22%も上昇したのだ。同じ期間に、高卒者が世帯主の世帯のインフレ調整後の所得は19%減少していた。[*5] 重要なのは、同様の低下が、大卒の白人の平均余命には見られなかったことである。ディートンとケースは、白人の労働者層における死亡率の上昇は、「自殺と、アルコール依存、肝臓病、ヘロインやオピオイドの過剰摂取といった薬物濫用に起因する心身の苦痛が蔓延していること」によってもたらされていると報告している。[*6]

ディートンとケースが指摘した「絶望死」に苦しむ社会集団は、2016年の選挙でトランプに膨大な数の票を投じた。この数字を受けて、私はトランプの口から溢れ出る多くの嘘に文句を言う（私を含む）識者は、少しポイントがずれているのではないかと思うようになった。彼の最も忠実な支持者たちにとって、トランプはより大きな真実を語っていたのだ。アメリカの状況は悪く、さらに悪化しており、アメリカのエリートは腐敗し、利己的であるということだ。

2016年の選挙期間中、トランプ支持者と話して、このテーマのさまざまなバリエーションを耳にした。2016年1月にニューハンプシャー州ポーツマスで行われた集会で、トラン

† フィオナ・ヒルは退任後、トランプの弾劾調査の公聴会の主役となった。

プのとりとめのない、ちぐはぐな選挙演説スタイルを初めて目の当たりにした。演説が終わってから、ミシガンから車でやってきたという支持者と話をした。私がトランプのたくさんの嘘を指摘しようとすると、「彼だけがありのままを話す」という答えが返ってきた。同じ年の数カ月後、ブレグジット投票の数週間前に、離脱派のイギリス人と同じような会話をすることになった。私は、EU離脱はイギリス経済にダメージを与えると伝えたところ「私にとっては、これ以上悪くなることはない」と返ってきた。「何かを変えなければならない。これがそのきっかけになるかもしれない」。経済的に「取り残された」人々の絶望は、世界の他地域のポピュリスト政治や強権政治と、トランプ台頭との共通要因であった。さらにそれ以上に強力な要因は、民族的・人種的緊張であった。

インド、イスラエル、ハンガリーといった国では、伝統的に社会を支配してきた多数派が、人口動態の変化と移民によって脅威にさらされていると感じており、それが強権政治の台頭と密接に関連している。モディの熱烈な支持者は、インドのヒンズー文化が少数派のムスリムによって損なわれていると主張している。イスラエルでは、ネタニヤフが、イスラエルをユダヤ人国家と規定することを後押しし、成功させた。この動きは、アラブ人比率の増加への懸念と関連している。ハンガリーでは、オルバンがしばしば、ハンガリー国家の存続がムスリム移民によって脅かされていると示唆している。ネタニヤフもオルバンも、自国の国境を侵入者から守るために物理的な壁を建設した。そこには2016年にトランプが行った、メキシコとの国境に「壁を作れ」という有名な要求に通じるものがある。

実際のところは、ハンガリー、イスラエル、インドにおいて、ハンガリー人、ユダヤ人、ヒンズー教徒の多数派という地位は脅かされていない。ハンガリーではハンガリー人が人口の85％を占め、イスラエルではユダヤ人が人口の75％弱、インドではヒンズー教徒が人口の80％を占めている。一方、アメリカでは、２０４０年代半ばには白人の人口が50％を切ると予測されているが、それでも白人が最大の単一集団であることに変わりはない。*7 18歳未満人口で見ると、白人はすでに半分以下になっている。少数派集団のなかでも最大のものはヒスパニック系であり、２０４５年にはアメリカの人口の24・6％を占めると予測されている。白人は49・7％、黒人は13・1％、アジア人は7・9％と予測されている。

人口動態の変化と移民への恐怖は、選挙活動中のトランプの主要な訴求点であった。それらの恐怖は、後にトランプのＮＳＣの報道官に任命されたマイケル・アントンによる「93便選挙†」と呼ばれる文章で表現されている。そのなかでアントンは、アメリカへの「第三世界の外国人の絶え間ない輸入」を強烈に批判した。彼はトランプを、移民を阻止する意志を持つ唯一の候

† 「93便」というのは9・11テロの際にホワイトハウスもしくはアメリカ議会に激突させる目的でハイジャックされたユナイテッド航空93便のことである。乗客たちが抵抗し、ハイジャック犯から操縦桿を奪ったとされる。機体は草原に墜落し、犯人と乗員乗客は全員死亡した。

補だと称賛した。それによってトランプはこう宣言しているというのだ。「私は自分の国を存続させたい。私たち国民を生きながらえさせたい。私は狂気を終わらせたいのだ」[*8]。アントンの世界観を共有する人々にとって、トランプがメキシコとの国境に壁を建設することを求め、ムスリム移民を「完全かつ完璧にシャットダウン」することを要求しているのは、トランプが「狂気を終わらせる」ためにアメリカが必要としている強権的指導者であるということの説得力ある証拠なのである。

トランプは、2016年と2020年の大統領選挙で、白人票の過半数を獲得した。2016年の大統領選挙直後のピュー・リサーチ・センターの指摘によると、非大卒白人からの得票で見たとき、トランプは1980年以来最大の得票差で勝っていた。4年後の大統領選挙で、トランプは依然として白人票を優に半数以上獲得していたが、複数の分類で得票差がわずかに縮小していた。それが2016年の勝利と、2020年の敗北の差になったかもしれない[*9]。

トランプが白人票を獲得したこと自体は、人種的な恐怖や反感がトランプの得票を積み増したという決定的な証拠にはならない。だが政治学者による2016年の大統領選挙の詳細な研究『*Identity Crisis*（アイデンティティー危機）』は、確かにその方向を示している。この研究によると、人種や民族に対する態度が、トランプへの投票の唯一最良の予測変数であると結論づけている[*10]。トランプは、経済的・社会的に不安を感じている白人有権者の擁護者となっており、きわめて重要なことに、彼らは自分たちの状況を少数派集団のせいにしている。著者であるジョン・サイズ、マイケル・テスラー、リン・バブレックは、共和党支持の有権者に対する調査から、「トランプ支持との関連性は、失業の心配よりも、白人が少数派集団に仕事を奪われることへの心配のほうが強かった」と指摘している。[*11]

トランプが大統領選に出馬する頃には、共和党支持の有権者の間ではこうした懸念が支配的になっており、「白人に対する差別は、黒人に対する差別と同じくらい大きな問題になっている」という意見に3分の2が同意していた。[*12]トランプは、アメリカの本質が脅かされ、白人が不当な扱いを受けていると考える人々の擁護者となったのである。経済的なストレスはその一端に過ぎなかった。トランプに投票した有権者の多くは、直接的な経済的損失だけでなく、高いステータスが失われたという感覚にも突き動かされていた。カリフォルニア大学バークレー校の社会心理学者キャメロン・アンダーソンはこう指摘する。「個人や集団が、ステータスや権力の喪失に折り合いをつけるのは、非常に難しい……彼らはそうした脅威に対して、ストレス、不安、怒り、そして時には暴力で対応する」[*13]

白人がアメリカの支配権を失いつつあるという懸念は、民主主義という考え方そのものを否定し、強権的指導者を求めるという際立った変化に現れている。バンダービルト大学の政治学者ラリー・バーテルズが共和党支持の有権者を対象に行った調査によると、「アメリカの伝統的な生活様式は急速に失われつつあり、それを残すために力を行使しなければならないかもしれない」という意見に同意する人が全体の50・7%を占めた。さらに47・3%は「強いリーダーが物事を成し遂げるために、時にはルールを曲げる必要がある」ことに同意した。この調査結果は、共和党支持者の大多数が、トランプの民主主義に対する攻撃を受け入れていたことを予測させるものだ。トランプによる攻撃が最高潮に達したのは、2020年の大統領選の結果を覆そうとし、2021年1月に議会議事堂襲撃事件が起きたときだ。トランプが主張する根拠のない不正選挙疑惑を支持者が受け入れようとしたのは、トランプがより重要な善、すなわち白人が多数を占めるアメリカに根づいた伝統的な生活様式のために行動していると信じていたからである。[*14] したがって、2016年までに、アメリカの有権者の大部分は「強権的指導者」を待ち望むようになっていた。彼らはそれをトランプに見出したのだ。

トランプの政治理念は何十年も前から明確だった。それが最も包括的に表れているのは、1990年の『プレイボーイ』誌のインタビューである。彼がまだ、カジノ建設と離婚裁判とテレビでの奔放な発言で有名な派手なビジネスマンに過ぎなかった時代に行われたインタビューだが、後に外交官や特派員は、トランプ時代のアメリカの向かう先を知るための必読文献として読んだ。一昔前に、中国を理解しようと『毛沢東語録』を読み、ソ連を理解しようとレーニンの『なにをなすべきか?』を読んだのと同じだ。

トランプの本能的な権威主義は、1990年時点ですでに現れていた。当時、ソ連の指導者であったゴルバチョフは、冷戦終結とソ連の自由化に貢献し、多くのアメリカ人は英雄視していた。だがトランプはゴルバチョフを軽蔑した。「彼は並外れた弱さを見せた」と訴え、「彼はソ連を破壊している」と言った。[*15] トランプのソ連崩壊の予言は、1991年末に現実のものとなった。トランプは、中国共産党が国内で芽生えた民主化運動に対して行った弾圧を、ゴルバチョフの弱さと対比させて好意的に受け止めた。天安門事件は、トランプが『プレイボーイ』誌のインタビューに答えた9カ月前に起きていた。天安門事件について、彼はアメリカの著名人としては異例の見解を示した。「彼ら［中国政府］は悪質で、ひどいが、強さでそれを鎮圧した。それは、強さの力を示している。いまのわが国は弱いと思われている」[*16]

その他、トランプの大統領任期中にすっかりおなじみとなったテーマが、1990年にはすでに顕著に現れていた。自己憐憫的なパラノイア――「われわれは世界中から笑われている」。保護主義――「この国にやってくるすべてのメルセデス・ベンツとすべての日本製品に税金を課す」。だがトランプは「私は何が売れるか、人々が何を求めているかを知っている」と、自らの潜在的な政治的強みを抜け目なく理解している様子も見せた。

2016年、彼は「何が売れるか」「人々が何を求めているか」を直感的に把握していることを実証した。何度も何度も、トランプは政界エスタブリッシュメントを憤慨させるような発言をし、多くの人が「彼は終わった」と予測した。バラク・オバマはアメリカ生まれではない、ジョン・マケインは戦争の英雄ではない、女性の「プッシー」をつかむのは「ロッカールーム・トーク」に過ぎない。これらの発言はトランプを破滅させなかった。むしろ、彼の支持を強めた可能性もある。アメリカは間違った方向に進んでいると確信し、「物事を成し遂げるためにルールを曲げる」ことを厭わない強力なリーダーを切望している多くの国民にとって、トランプのタブーを破る発言は、彼らが求める人物がここにいるというシグナルだったのだ。

２０１６年になると、強権政治が台頭する国に共通する社会的・経済的状況の一部が、アメリカにも定着してきた。そしてこのとき、アメリカはトランプという政治家を生み出した。トランプは、強権的指導者を求める国民の潜在的な願望を利用するための思想も、政治的本能も備えていた。しかし、アメリカには、幸いにも数世紀にわたる民主政治で培われた制度や政治的慣習があった。トランプ大統領の物語は、多くの意味で、大統領の強権的指導者スタイルと、アメリカの法律、制度、前例によって確立された民主的制約との間の闘争の物語である。

大統領選に出馬した当初から、そして４年間の任期中も、トランプの強い動機は、民主的に選ばれた大統領ではなく、権威主義の強権的指導者のように統治することであった。彼の政治は、個人崇拝を中心に成り立っていた。トランプは、２０１６年の共和党大会の大統領候補指名受諾演説で、アメリカのシステムの腐敗を糾弾し、「私だけがそれを正せる」と明言した。２０２０年には共和党はすっかり彼に隷属し、詳細な政策綱領を発表する代わりに「大統領の米国第一の政策を熱狂的に支持し続ける」と発表した。

大統領になると、トランプはすぐに、政治任用された人は法律よりも彼個人に忠誠であるべきだということをはっきりさせた。ＦＢＩ長官のジェームズ・コミーは、就任直後のトランプに1対1のディナーに招待された際に、「忠誠」を誓うように繰り返し求められた。コミーはそれを断り、数カ月後に解任された。[*17] 解任を伝える手紙を手渡したのは、大統領の忠誠心の意味を理解している人物、トランプの元護衛のキース・シラーだった。最初の閣議で、トランプはテレビカメラの前で閣僚から恥ずかしいほどの忠誠の誓いを引き出した。副大統領のマイク・ペンスは、「私の人生最大の栄誉は、アメリカ国民との約束を守る大統領の副大統領を務められることだ」と断言し、卑下する雰囲気を醸し出した。大統領首席補佐官のラインス・プリーバスは、大統領に感謝し、「あなたのアジェンダのために働けるのは神の賜物だ」と述べ、司法長官のジェフ・セッションズは「あなたのために働くことができて光栄だ」と言った。[*18]

これらの人物はみな、忠誠心は互恵的なものではなく、トランプの前で自分を卑下しても身分が保障されないということを知ることになる。1カ月後、プリーバスは解任された。共和党上院議員として初めてトランプを大統領候補に推薦したセッションズは、大統領選挙のトランプ陣営とクレムリンの共謀の可能性を調べる司法省の「ロシア疑惑捜査」に介入せず、身を引いてトランプを怒らせた。2018年11月にセッションズは解任された。ペンスはまさに最後の最後まで持ちこたえたが、最終的には大統領に糾弾された。2020年の大統領選を覆そうとするトランプの試みを支持しなかったとして、裏切り行為だと非難されたのだ。トランプ支持の暴徒が「ペンスを吊るせ」と叫びながら議会で暴れる間、ペンスは安全な場所に避難せざるを得なかった。

遅ればせながら大統領と決別したペンスは、選挙違反に関するトランプの嘘に付き合うことを拒否した。しかし、ペンスも知っていた通り、最初から、嘘がトランプの政治キャリアには欠かせないのである。これもまた、新時代の強権政治の特徴である。プーチンとプロパガンダの担当者たちは、「虚偽の消防ホース（firehose of falsehoods）」という手法を基本的な政治手段として確立した。これは、非常に多くの異なる陰謀論や「オルタナティブ・ファクト」（トランプの側近、ケリーアン・コンウェイの言葉）を流布させることで、真実を多くの事象の1バージョンにしてしまい、どれが本当の話なのかをわかりにくくする情報操作である。[*19]

強権的指導者にとって、「虚偽の消防ホース」は重要な役割を果たす。重要なのは、責任逃れが容易になることだ。あらゆる証拠が、新型コロナウイルスの起源が中国であることや、ロシアのミサイルがマレーシア航空17便を撃墜したことを示唆していたとしても、中国やロシアの報道官は、実際に起こったことの現実を見えなくするために、さまざまな異説をだらだらと繰り広げることだろう。実際、誤ったストーリーを確立することは、ほとんどの現代の強権的指導者にとって不可欠である。ジョージ・ソロスがハンガリーに難民を殺到させようとしていると主張するオルバン。スモレンスクの墜落事故はロシアの陰謀だと主張するカチンスキ。トルコに対して「金利ロビー」（訳註：利上げを要求する内外のロビー団体が存在するという主張）が画策していると主張するエルドアン。ブレグジットの投票を邪魔する「ディープ・ステート」を示唆するジョンソン。指導者や自国のことを一番に信じたい忠誠心の強い人たちの間では、こうした説を支持する人が常に存在する。これは心理学者が「動機づけられた推論」と呼ぶ現象で、証拠によって正当化される結論ではなく、感情的に最も満足できる結論へと人々を導く偏った思考の一形態である。

トランプはこのような希望的観測の力を本能的に理解していた。おそらく彼自身が、触れたものはすべて金に変わり、何度も破産しながらも常に「勝利者」であるという空想の世界に生きていたからだろう。だから、黒人の大統領が誕生したことに耐えられないアメリカ人には、「オバマはアメリカ生まれではなく、したがって正当な大統領ではない」という感情的に満足できる嘘を与えたのである。２０２０年の大統領選挙に負けたという考えを受け入れられないトランプ支持者には、「自分たちの英雄は選挙違反の犠牲者である」という嘘を与えた。かつてトランプを「病的な嘘つき」と正確に形容したテッド・クルーズ上院議員は、「盗まれた選挙」というトランプの最大かつ最も重大な嘘を、上院の議場で擁護する羽目になった。

トランプの大統領任期は大嘘で終わったが、始まりも嘘だった。就任演説に拍手するためにワシントンに記録的な数の群衆が集まったという、明らかに嘘とわかる主張である。大統領は任期中、ビンラディンがまだ生きているというような陰謀論をリツイートするなど、まったくの嘘をもてあそび、時にはそれを肯定し続けた。また、小児性愛者や性的人身売買をするエリート集団との戦いをトランプが主導していると考える陰謀論「Qアノン」を、「愛国者」として称賛した。「Qアノン」信奉者は、２０２１年に議会議事堂を襲撃した群衆のなかでも目立っていた。トランプは陰謀論を推奨する際に、あまりにおかしいとか不快だとは思わないようである。

実際、2015年12月には、2012年に発生したサンディフック小学校銃乱射事件（6歳と7歳の子ども20人と職員6人が殺害された）はデマだと繰り返し主張するアレックス・ジョーンズのトークショーに出演し、「あなたの評判は素晴らしい」とジョーンズに言い、「あなたをがっかりさせない」と言った。[*20] ワシントン・ポスト紙がまとめたところによると、トランプの4年間の大統領任期中の発言には2万2000カ所もの虚偽と誤解を招く表現があった。[*21]

真の独裁者は、社会全体に自分の嘘を受け入れさせることができる。そのためには、国のあらゆる機関に対する絶対的な権威を確立することが重要である。トランプはこの方向で動き、言いなりにならないと判断した閣僚や政府高官を繰り返し解任し、忠実な人物を後任に据えることを試みた。しかし、結局、アメリカの重要な機関や制度は維持された。トランプ陣営は2020年の大統領選挙が「いかさま」だと証明しようと「虚偽の消防ホース」で嘘を大量に吐き出したが、それは裁判所によって次々と却下された。証拠と真実は、司法制度のなかでまだ重視されていた。恥ずべきことに、そして危険なことに、共和党の下院議員の過半数、そして上院議員の11人が、2020年の大統領選挙に関するトランプの大嘘に同調した。

就任期間を通じて、トランプは世界の他の強権的指導者、つまり敵対者を投獄し、国家の機関や制度を自分の意のままにできる本物の独裁者を羨ましく思っていた。トランプは民主的な指導者をしばしば激しく批判し、カナダのトルドーを「非常に不誠実で弱い」と呼び、ドイツのメルケルに対しても嫌悪感を露わにした。対照的に、トランプは政権が中国との貿易戦争に乗り出しても、習近平を「偉大な指導者」「非常に良い人」と称賛した。

2018年から2019年にかけて国家安全保障問題担当大統領補佐官であったジョン・ボルトンの回顧録と、2017年から2019年までNSCのロシア担当上級部長であったフィオナ・ヒルの回顧録には、ともに驚くべき洞察が示されている。トランプが習近平やプーチン、エルドアンといった独裁者と友好的関係を持ち、彼らを称賛していたというのだ。トランプをよく観察したヒルは、彼が「独裁者への嫉妬」に苦しんでいることを確信した。[*22] 彼女は、トランプがエルドアンを「スルタン」と愛称で呼び、エルドアンが自国を思い通りにする無限とも思える能力を持つことにどれほど嫉妬していることかと、しばしば彼と気さくに話していたと記述している。[*23] ボルトンには不快だったが、2019年5月にホワイトハウスを訪問したオルバンと、トランプは非常に馬が合った。駐ハンガリー米大使で大統領の旧友であるデビッド・コーンスタインは後に、「トランプはビクトル・オルバンのような状況を望んでいるが、そうなっていない」と述べたという。[*24]

自身の権威主義的な傾向と歩調を合わせるように、トランプは中国の人権問題に対するアメリカの圧力を和らげただけではなく、習近平の最悪の弾圧を積極的に奨励しさえした。ボルトンの回顧録によると、G20サミットで「習近平はトランプに、新疆に強制収容所を建設する理由を説明した。アメリカ側の通訳によると、トランプは習に、収容所建設を進めるべきだし、それは非常に正しいことだと思う、と言ったという[*25]」。また、天安門事件30周年に際してホワイトハウスが声明を起草したところ、トランプに阻止された。[*26]
プーチンに対しても似たようなものだった。トランプは、ジョージア侵攻10周年の際に、ロシアを批判する声明を出させなかった。またロシアがイギリス国内で軍用神経剤を使ったセルゲイ・スクリパリ暗殺未遂事件では、トランプは当初、ロシアへの制裁に反対していた。トランプとプーチンとの関係は、他のどの外国元首との関係よりも各方面から精査された。２０１６年の大統領選挙にロシアが介入したという明確な証拠があったため、モスクワとトランプ陣営の共謀疑惑について長い間捜査が行われ、トランプは一貫して「ロシアをめぐるデマ」とレッテルを貼っていた。だが、ホワイトハウスの当局者でさえ、ロシア大統領とアメリカ大統領の関係の本質がわからないときがあった。ボルトンはトランプの「ロシア指導者に対する個人的な見解は不可解だった」と記している。[*27] トランプとの会談に同席したイギリス政府関係者は、後に私にこう語った。「間違いなく何かが起きている。彼はプーチンやロシアについて信じられないほど言葉を濁す」[*28]

トランプとプーチンの関係にはまだ明るみに出ていない側面があった可能性もあるが、実のところ、プーチンに対するトランプの甘さに特別な説明は必要ない。トランプは言葉でも行動でも強権的な権威主義者を称賛し、彼らの政治や彼らとの交流を、優柔不断なリベラル派のそれよりも好ましく思うとはっきりと示している。ボブ・ウッドワードに語ったように「彼らがしたたかでたちの悪い人間であればあるほど、私はうまくやっていける」のである。[*29]

実際、トランプは強権的な権威主義者と相性が良かっただけでなく、多くの意味で彼らを羨ましく思っていた。彼らにはアメリカ大統領を縛っているような法的・制度的制約がないからだ。ボルトンの回顧録によると、トランプはエルドアンに、イラン制裁違反で訴えられたトルコの国営銀行ハルクバンクに対するニューヨーク州の裁判を止められると、本当は不可能なのに約束してエルドアンを安心させたという。「まるでトランプは、自分がエルドアンと同じような独裁的な権限を持っていることを示したいかのようだった」[*30]。トランプの外交に対する考え方の中心には、強権的指導者が互いの力と寛大さを発揮することによって助け合うことが置かれていた。ニュースマックスCEOで大統領の友人でもあるクリス・ラディによると、トランプがとくに喜んでいたのは、習近平に対して中国で問題を起こした3人のアメリカ人バスケットボール選手の解放を求めたときのことだという。「習は必ず成し遂げると言い、トランプはそれが気に入った」[*31]。フィオナ・ヒルは、こう結論を下している。トランプは「エリートで大金持ちで非常に強力で超有名人」で構成される大富豪の権威主義者限定クラブへの入会に憧れており、「彼らのように支配すること、チェック・アンド・バランスの邪魔があまり入らない、剝き出しの権力を求めていた」[*32]。

トランプが憧れたのは、習近平、プーチン、エルドアンの独裁的な権力だけではなかった。何十年も政権を維持する彼らの能力も羨ましかったのだ。2018年の習近平との会談で、トランプは2期8年というアメリカ大統領の憲法上の任期制限を撤廃する動きがあり、そうすれば自分も何十年も大統領職にとどまることができると虚偽の主張をした。習近平はトランプ大統領の虚栄心をうまく利用し、その後の電話会談で、中国は憲法改正を望むと伝えた。[33] このような私的な会話は、中国国家主席の任期制限撤廃を見習いたいという、トランプの発言を理解する助けになる。トランプが習近平の任期延長について「素晴らしいことだと思う……いつかわれわれもやってみなければならないかもしれない」と発言したことは、トランプ擁護派からはジョークだとされている。[34] しかし、習近平との会話や2020年の大統領選結果を覆そうとしたことは、トランプが本当に終身大統領になることを望んでいたことを示唆している。フィオナ・ヒルは、トランプが習近平の終身統治の可能性について言及したとき、それが単なる冗談だとは考えなかった。「それに言及する頻度が多いと、話は別だ。彼は至って真剣だった」[35]

大統領在任期間中、とくに悲惨なクライマックスにおいて、トランプは強さのレトリックに酔いしれた。2021年1月6日に行った、支持者に対して議会への行進を促す演説で、トランプは力説した。「弱さではわれわれの国を取り戻せない。強さを見せなければならないし、強くなければならない」[36]。この演説は、トランプ流強権政治の特徴の多くを示していた。「われわれはこの選挙に勝った。地滑り的大勝利だ」という大嘘。「フェイクニュース・メディア」に対する陰謀論。そして、ほとんど白人しかいない聴衆の人種的な不安や不満を刺激するという特徴的な試みもあった。「あなたがたこそが本当の国民だ。この国を築いた国民だ。あなたがたは、この国を引き裂いた人々ではない」[37]。トランプは自分でアメリカの民主主義の基礎に亀裂を生じさせておきながら、反対派が国を引き裂いたと非難した。彼の信奉者たちは「選挙を盗むな」と繰り返し唱え、トランプ自身が選挙を盗むのを推し進めようとした。

幸いにも盗みは阻止され、2021年1月20日にバイデンが就任した。アメリカの民主主義と制度を破壊しようとしたトランプの努力は失敗に終わったが、多くのアメリカ人の知性を堕落させることには成功し、アメリカの有権者のかなりの部分を陰謀論と権威主義の暗い道へと導いてしまったのである。議会襲撃事件直後に行われた世論調査では、共和党支持の有権者の多くが、アメリカ民主主義の中枢への襲撃に共感していることが示唆された。

その結果、2020年にトランプ大統領の任期が終了しても、アメリカは「強権的指導者の時代」との関わりを終えることはできなかった。トランプがアメリカの政治言説に注入した権威主義的テーマは、彼の任期が終わった後も存続していく。そのなかには、アメリカの制度があまりにも腐りきっているため「ルールを破ることを厭わない」強権的指導者が事態を収拾するために必要だという考え方が含まれている。実際、トランプ主義を推進した多くの白人有権者の恐怖と憤りは、トランプの敗北によってむしろ強まる可能性が高い。とくに、「黒人の命も《ブラック・ライブ》大切だ《ズ・マター》」運動に関連して、黒人差別を改善するよう求める声が復活しているのと時を同じくして、トランプの敗北がもたらされたのだから。問題は、トランプ主義が2021年以降も続くかどうかではなく、トランプ自身がこの運動の名目上のリーダーであり続けるのか、それとも彼の家族の一員や他の野心的な共和党員がこの運動を前進させるのか、ということにあるように思われる。

トランプが世界を代表する民主主義国家にもたらした危機は、中国やロシア、そして各国の強権的指導者にとっては大いなる恵みである。結局のところ、アメリカは自国の民主主義が重傷なのに、どうやって強権的な権威主義に対する抵抗を主導できるのだろうか。アメリカの軍事力、政治力、文化力が強いために、アメリカで起きた現象は世界政治の基調を決める。アメリカは決して世界で最初に強権政治の誘惑に負けた国ではない。すでに見てきたように、アメリカの前にはロシア、トルコ、中国、インド、ヨーロッパの一部の国々がいた。しかし、２０１６年にアメリカで起きた強権的政治家の大統領当選は、世界中のポピュリスト的権威主義者の刺激となった。ブラジリアからリヤド、マニラまで、トランプになりたい人々が活気を取り戻し、教訓を得たのである。

第8章 ドゥテルテ

東南アジアの民主主義の侵食（2016年）

「薬物問題で驚くような対策を取ったと聞き、ひとことお祝いを申し上げたかったのです……多くの国がこの問題を抱え、われわれも抱えています。しかし、あなたはなんと素晴らしい仕事をしているのでしょう。そのことを伝えたくて、電話しました」[*1]

2017年4月にトランプがロドリゴ・ドゥテルテに祝辞の電話をかけたのは、世界の強権的指導者との雑談という行動様式の一環だった。金正恩への賛辞は「とてもオープンで、凄い」、習近平は「強い男」[*2][*3]だ。ドゥテルテについては、彼が関わる最も悪名高く残忍な政策、すなわち麻薬取引や麻薬使用の容疑者の即決処刑を称賛することにしたのである。

ドゥテルテは、アメリカでトランプが大統領選に勝利するわずか半年前の2016年5月にフィリピンの大統領に選出され、6月30日に71歳で就任した。彼はすぐさま「暗殺部隊」を解き放った。就任演説では法を遵守すると断言したが、その数日後、マニラの聴衆に「もし麻薬中毒者を知っていたら、かまわないから自分の手で殺せ」と述べ、法律によらず私的制裁を加えるよう促した。[*4] アムネスティ・インターナショナルによれば、ドゥテルテの大統領就任後6カ月間に「麻薬戦争」の一環として7000人余りが殺害された。[*5]

多くの報道や人権に関する報告書で繰り返し語られている内容は、次のようなものだった。ドゥテルテが公の場で何百人もの容疑者を名指しする。[*6][*7][*8] そして容疑者が死に始める。「逮捕に抵抗した」容疑者を警察が射殺することもあるし、オートバイに乗った覆面の自警団が誘拐・殺害することもある。被害者は路上で、自宅で家族とともに虐殺された。最初の一撃が失敗した後、病院に運ばれた容疑者が、恐怖におののく病院スタッフの目の前で、手術台で殺されたこともあった。十字砲火で何十人もの子どもが巻き添えで亡くなったが、ドゥテルテはこれを「副次的な被害」とはねつけた。[*9]「麻薬戦争」による死者数は明確になっていない。公式発表では2020年7月時点で約6000人が死亡したとされているが、フィリピン人権委員会（CHR）は2万7000人に上る可能性を示唆している。[*10][*11] 命の危険を感じた数十万人の容疑者が出頭し、フィリピンの刑務所は世界で最も過密なものの1つになっている。[*12] ドゥテルテ就任直後の最初の猛攻撃の後、殺害ペースは緩やかになっている。しかし、国家公認の殺人政策は廃止されていない。

「強権的指導者の時代」に登場した指導者のなかで、ドゥテルテは最もあからさまに暴力的な存在として際立っている。トランプはかつて、5番街で人を撃っても票が減らないと冗談を言ったが（訳註：現職大統領の刑事免責の特権を誇張して表現した）、ドゥテルテは実際にその理論を実践している。酔ってビーチで乱闘し人を刺殺したこと、殺人の容疑者を銃殺したこと、殺人犯をヘリコプターから投げ落としたことなど、殺人を公然と自慢している。[13][14][15] このような自慢は票を失わないばかりか、政治家としての魅力の重要な部分を占めている。彼は、映画『ダーティハリー』でクリント・イーストウッドが演じた警官にちなんで、「ドゥテルテ・ハリー」というあだ名を好んで使った。

ドゥテルテは大統領選挙期間中、「暗殺部隊」を放つという意図を隠していなかった。それどころか、「麻薬に手を染めた者は全員、このクソ野郎ども、本当に殺してやる。堪忍できない」というのが、彼の代表的な公約だった。[16] 残忍な指導者というのは、さほど目新しくない。だがドゥテルテが「強権的指導者の時代」の世界的重要人物であるのには、さらに3つの理由がある。

第一は、エリートへの攻撃、ソーシャルメディアの革新的な利用、繰り返しの嘘、政治の「単純化」など、その後トランプなどが効果的に利用したポピュリズムの手法を完成させ、時には開発したことである。第二に、選挙に勝利したドゥテルテは、ポピュリストの強権的指導者がいかにして権力を固め、民主主義を侵食するかを、個人崇拝、反対者に対する組織的な威嚇と投獄、メディアと司法の独立性の低下によって実証したことである。これらは、ロシア、ハンガリー、インドでも使われた手法であり、アメリカではトランプが試みている。ドゥテルテが「強権的指導者の時代」にとって重要である第三の理由は、フィリピンと東南アジア全体が、過去40年にわたる権威主義と民主主義の間の世界的な争いにおいて重要な役割を果たしてきたということである。東南アジアが中国の「裏庭」であることを考えると、国際的な民主主義の指標としてのこの地域の重要性は、おそらく今後数年にわたって高まるだろう。

ベルリンの壁が崩壊した１９８９年は、ヨーロッパとアメリカの多くの人々にとって、権威主義に対して民主主義が勝利した「驚異の年」だ。大規模なデモが、東ドイツ、チェコスロバキア、ルーマニアの一党独裁国家を崩壊させた。東欧革命は「ピープルパワー」による革命であったが、この「ピープルパワー」という言葉は、実は１９８６年にフィリピンの独裁者フェルディナンド・マルコスと靴好きの妻イメルダを失脚させた大規模デモによって広まったものである。

20年にわたるマルコスの権力は、野党の有力政治家ベニグノ・アキノの暗殺と、その後の大統領選挙での不正に対する国民の反発によって弱体化した。アメリカが長年にわたるマルコスへの支援を打ち切った後、マルコスはハワイに亡命し、ベニグノ・アキノの妻であるコラソン・アキノが大統領になった。フィリピンにおける「ピープルパワー」革命は、東アジアにおける民主化への転換の最初の出来事であった。フィリピンの後に、韓国（１９８７年）、台湾（１９８７～１９９６年）、インドネシア（１９９８年）が続いた。この3カ国では、フィリピンと同様、独裁政治の最盛期には権威主義的な指導者が登場した。韓国の朴正熙《パクチョンヒ》、台湾の蔣介石《チャンチェシー》、インドネシアのスハルトである。

しかし現在のフィリピンは、東アジアにおける政治的後退の最も劇的な事例となった。ドゥテルテが大統領に就任して最初に行ったことの1つは、フェルディナンド・マルコスを国立英雄墓地に埋葬するというきわめて象徴的なことだった。また、マルコスが国家財政から略奪した数十億ドルを回収しようとするタスクフォースを解散させた。ドゥテルテは、独裁政治の時代へと明らかに時計の針を戻している。しかもフィリピン国民のかなりの部分から熱心に支持されているのである。シェイラ・コロネルが2019年に指摘したように「大統領任期半ばの時点で、ドゥテルテの大統領職に対する国民の満足度はほぼ80%である」[*17]。部分的には、ドゥテルテ人気は公的部門労働者の賃上げや国立大学や州立大学の無償化など、注目度の高い歳出プログラムによるものだ。しかし、「麻薬戦争」と強権的指導者として法の支配を軽視する姿勢もまた、世論調査の支持率を高めている。

独裁政治への回帰がこの地域のトレンドになりつつあることを危惧する理由がある。私は『エコノミスト』誌の東南アジア特派員として、1990年代初頭にタイに駐在していた。タイでは1991年の軍事クーデターの後、民主主義が再確立されつつあり、10年かけて徐々に進んだ。しかし、2014年のクーデター以降、タイはふたたび軍政下に戻っている。隣国のビルマ(ミャンマー)は、2010年にアウンサンスーチーが釈放され、民主化に向けて動き出し

たが、2021年2月に国軍がふたたび支配権を握り、スーチーは再逮捕された。†

東南アジア最大の国であり、世界第4位の人口を誇るインドネシアでは、ジョコ・ウィドド（通称ジョコウィ）という地味な文民大統領が統治している。私は2016年にロンドンでジョコウィに会ったが、彼は、1960年代半ばから30年以上にわたって残忍な軍事政権を率いた、堂々としたスハルトとは対照的な人物である。実際、ジョコウィは、私がこれまでに会ったなかで最も控えめな国家指導者であると感じた。ほとんどの話を貿易相のトム・レンボンに任せ、軍による歴史的な人権侵害についての難しい質問を静かにはぐらかす。ジョコウィの謙虚な姿勢と貧しい家庭の出身という経歴は、一般のインドネシア人の生活の質を第一に考える「国民の味方」としての評判を高めてきた。しかし、時が経つにつれ、ジョコウィも独裁的になってきた。イスラム強硬派やスハルト時代の軍人を利用し、政治的立場を補強している。ジョコウィはドゥテルテではない。だが就任当初、彼を「インドネシアのオバマ」と興奮気味に説明する人がいたが、いまとなっては予想通り単純すぎる見方だった。[*18] 出しゃばらないジョコウィとは異なり、ドゥテルテは世界的な有名人となった。その理由の

† 2010年の釈放後、アウンサンスーチーがビルマの少数民族ロヒンギャに対する残虐行為に加担したことは、国際社会の多くの人々の失望を呼んだ。しかし、ビルマは民主主義国家であることに変わりはない。2021年のクーデターの原因は、2020年の選挙で国軍系政党の連邦団結発展党が惨敗したことに対する激しい怒りであり、国軍は不正選挙が行われたとトランプのように非難した。

1つは、彼が意図的に見せている乱暴な姿勢である。しかし、国際社会がドゥテルテに注目する理由は、彼のグロテスクなショーマンシップ以外にもある。ドゥテルテは、国家指導者にはまったくふさわしくないとエリートがみなしていた人物でありながら、新しい種類のポピュリスト政治によって国家の最強の地位を獲得できることを示した最初の強権的指導者の1人なのである。

2016年の大統領選挙で成功したドゥテルテは、有権者の琴線に触れる大嘘の力を見せつけた。有権者はそれが真実だと感じたからだ。ドゥテルテの大嘘は、フィリピンが「麻薬国家」になる危険性があるという主張だった。専門家たちはこの発言を冷笑した。フィリピンには確かに薬物問題があり、とくに国内の最貧困層では覚醒剤「シャブ」が使用されている（訳註：フィリピンでは覚醒剤のことをshabuと呼ぶ）。しかし、国連が発表した2016年のデータによると、フィリピンの薬物濫用は世界平均を下回っており、覚醒剤を使っているのは人口の約1％である。[*19]

トランプも移民についてさまざまな誤った主張をした。たとえば移民に占める犯罪者の割合が高いなどだ。同じようにドゥテルテが主張する麻薬の蔓延は、より一般的な不安や懸念の焦点となったのである。トランプと同様、ドゥテルテは突飛な発言を得意とし、それによって注目を自分に集め、ライバルたちがそれに比べて鈍く、及び腰であるかのように思わせた。

もう1つ、トランプと類似する点は、ドゥテルテも選挙制度から思いがけない恩恵を受けたことだ。2人とも投票総数の過半数を獲得することなく大統領になった。2016年のアメリカ大統領選挙の場合、トランプに僅差の勝利をもたらしたのは選挙人団であった。フィリピンの大統領選挙の投票は1回だけで、そのなかで最も多い票を得た候補者が勝利する。2016年5月9日、ドゥテルテは他の4人の候補者を、得票率39%で破った。次点のマヌエル・ロハスの得票率は23・45%だった。

国民から明確な負託を受けたと言える、明らかな勝利であった。ポピュリスト・ナショナリズムの時代にはよくあることだが、リベラルな国際主義者は何が起こったのか頭を悩ませることになった。多くの部外者にとって、アキノ時代のフィリピンは好調だったように思われた。『エコノミスト』誌によれば、フィリピンは「退屈で成功した」国になっており、経済成長率は年平均6%に達していた。[*20]

しかし、ドゥテルテは、犯罪におびえる不安定なミドルクラスという政治基盤を見出した。彼らは、犯罪に対処しない政治的エスタブリッシュメントに怒っていた。モディやトランプと同様、ドゥテルテも一般大衆に存在する政治家への不信感、汚職への嫌悪感を利用した。フィリピンの国会議員の4分の3は伝統的な政治一家の出身であり、これらの政治一家は、ある程度の正当な理由をもって、腐敗し、思いやりに欠けているのだと認識されている。[*21] 2001年から2010年まで大統領を務めたグロリア・アロヨは、国営宝くじ基金の横領で告発され、前任者のジョセフ・「エラップ」・エストラダは元映画スターで、多額の公金横領で有罪になった（エストラダは大酒飲みで、私のインタビュー中に眠ってしまった唯一の政治家として記憶に残っている)。

ドゥテルテは腐敗したエリートが巣くう「帝国マニラ」との対決姿勢を示して政権を獲得した。彼は地方出身で訛りがあるので、エリートとの交流は居心地悪いと公言している。マニラのロースクールでは、自分の話し方をバカにした鼻持ちならない学生を撃って怪我をさせたと言う[*22](銃撃事件を起こしたものの、ロースクールは卒業できた)。彼はいまでも、1週間のうち数日を、長く市長を務めたダバオ市で過ごすことにこだわり、「大統領」よりも「市長」という昔の肩書を好む。

ドゥテルテの場合、庶民性と粗雑さが融合している。彼の演説は感情のおもむくままで支離滅裂であり、下品な言葉をちりばめながらビサヤ語(セブアノ語)、タガログ語、片言の英語を混ぜて話す。トランプやボルソナロと同様、この野暮ったいスタイルが、より上品な政治的エスタブリッシュメントから彼を際立たせている。ドゥテルテは自分のスタイルが政治的資産であることを明確に認識しているが、決してそれを装っているわけではない。1998年7月に離婚する際に受けた心理評価では、「他人を貶め、屈辱を与える傾向が強い」とされ、自己愛性人格障害と診断されている。[*23] 彼の怒り、女性嫌悪、憤りといった外的側面《ペルソナ》が真実らしく伝わってくるのは、それが実際に心底そう思っているからである。政治家は基本的に二枚舌で、エリートは普通の人々の苦労とは無縁だと思われているフィリピンでは、多くの人々が彼の怒りを共有している。

反エスタブリッシュメントをアピールしていたドゥテルテだが、大統領に就任すると、予想通り、マニラのエリートに便宜を図った。フェルディナンド・マルコスの息子ボンボン・マルコス上院議員とは親しい（訳註：２０２２年５月の大統領選挙でドゥテルテの後任大統領に選出された）。ドゥテルテ政権の最初の１カ月で、国営宝くじ基金の横領容疑で裁判中だったアロヨ元大統領は、証拠不十分で釈放された。公の場で、アロヨはドゥテルテが彼女を釈放に導く「雰囲気をもたらした」と謝意を示した。[*24] ２０２０年11月、ドゥテルテは彼女を大統領顧問に任命した。

アロヨやマルコスへの便宜はとりたてて驚くべきことではない。彼らと同じく、ドゥテルテもフィリピンの政治的エリート一族の出だからだ。庶民的なイメージを注意深く構築しているが、ドゥテルテの父ビセンテ・ドゥテルテはダバオ州知事（訳註：３分割される前のダバオ州）で、後にマルコス内閣の閣僚にも就任した。ドゥテルテは成績が悪く、いくつもの学校から退学させられた。しかし、母のコネもあって、マルコス政権崩壊直後の１９８６年、フィリピン第３の都市ダバオの副市長に就任する。その２年後に市長に当選し、その後、何度か空白期間があったものの、20年以上にわたって市長の座にあった。[*25]

プーチンやエルドアンと同じように、ドゥテルテも大都市の政治家として出発した。大都市は有効な権力基盤になり、さらに国よりも小さな舞台で政治技術も学べる。１９８０年代のダバオ市は、戦場の中心だった。南部のミンダナオ島に拠点を持つ共産主義ゲリラ組織「新人民軍（ＮＰＡ）」が警察官を暗殺した。自警団は左翼を追跡し、襲撃した。イスラム分離主義のモロ民族解放戦線は、テロを展開した。さらに、麻薬組織に絡む犯罪が急増した。ドゥテルテは支配力を取り戻すために、分断統治戦略をとり、市政に元共産党員を受け入れた。選挙対策本部長兼首席補佐官のレオンシオ・エバスコ・ジュニアは元NPAメンバーであった。また、モロ族の利益代表者を副市長に任命し、武器を捨てた分離主義者には恩赦を与えた。しかし、ドゥテルテの新秩序に従わない集団、とりわけ麻薬に関わる者は冷酷に追い回された。

２００９年、フィリピン人権委員会のチームは、ダバオ市郊外の使われなくなった採石場に入り、無数の人骨を発見した。ドゥテルテが市長だった時代に１４００人以上の麻薬使用者や売人を殺害した自警団「ダバオ暗殺部隊（ＤＤＳ）」の犠牲者の遺骨である。[*26] ドゥテルテ批判の急先鋒レイラ・デリマが率いたこの調査は、ドゥテルテのロースクール時代の友人で後に司法長官に任命されるビタリアーノ・アギーレ2世によってすぐに打ち切られた。

ドゥテルテが大統領に当選した直後の２０１６年9月、上院議員となっていたデリマは、ＤＤＳに関する新たな調査を主導し、衝撃的な証言を得た。「暗殺部隊」の元隊員たちは上院司法委員会で証言し、ドゥテルテが活動を直接監督し、自ら麻薬容疑者を処刑したと明かした。彼らによると、ＤＤＳの活動資金は実在しない市役所職員の給与を流用して調達されていたという。ドゥテルテのデリマ上院議員に対する復讐は迅速かつ残忍なものであった。大統領の圧力により、彼女は上院の司法委員会から解任された。２０１７年2月には警察官と受刑者の証言に基づき、でっち上げられた麻薬密売の罪で逮捕された。この罪状は保釈の対象外だ。２０２１

年、彼女はまだ刑務所で裁判を待っていたが、2022年5月の上院選挙に出馬する意向を表明した（訳注：出馬したが落選した）。

ドゥテルテは上院司法委員会が公表した疑惑を否定し、調査の信用を失墜させるために最大限の努力をしたが、彼はDDSに対して複雑な公的立場をとっている。彼は頻繁に彼らの行動を称賛し、自分も麻薬の売人を殺したと自慢してきた。市長時代には日曜朝のテレビ番組に出演し、「私がDDSだと言われているが、あれは本当だ。真実だ」と自白めいたこともしている。後にこのテレビでの発言は冗談だったと言ったが、彼の全体的な意図は明らかだった。自分の役割ははっきりと認めずに、DDSによる殺しの手柄を称賛することだ。大統領選挙期間中の集会で、ドゥテルテはこう述べた。「私はあなたの最後の手札だ……私は物事を成し遂げるために、身を粉にして、手を汚して働くことを約束する」[*27]。これは古典的な強権的指導者の売り文句だ。システムは失敗しているが、他の誰もやらないような手段をとる自分だけが秩序を回復できる。その証拠、あるいはドゥテルテ自身が言うところの「証拠物件A」は、ダバオ市長としての実績と、そこに暗黙のうちに含まれるDDSであった。ドゥテルテは大統領になったらフィリピンをダバオ市のように運営すると約束したが、その皮肉な点は、ダバオ市が依然として機能不全な場所であることだ。いまだに殺人件数がフィリピンで一番多い都市だ[*28]。ダバオ市が1980年代よりも安全で豊かになったとすれば、フィリピンのほかの大部分も同様である。

しかし、ドゥテルテによるダバオ市での実績の誇張は、大統領選挙期間中に彼が波のように放った偽情報の一部に過ぎない。ライバル候補の資金が豊富だったため、ドゥテルテのソーシャルメディア・チームは、有料広告に頼らずにメッセージを広める方法を見つけなければならなかった。彼らはすぐにフェイスブックに頼った。ドゥテルテのとんでもない発言は、それがどんなに虚偽であってもバズり、シェアされ、「いいね！」やコメントを呼び起こすのに最適だった。お金をかけずに、7000万人以上のフィリピン人フェイスブック・ユーザーにリーチできた（フィリピンの総人口は1億900万人）。選対本部はさらに20万ドルをボットや荒らし行為に追加投入し、ドゥテルテの代わりにフェイクニュースを売り込んだ。その内容は、ドゥテルテがイギリス王室やローマ教皇から称賛されたというものから、ライバル候補の偽のセックステープや犯罪的暴力のように見える画像まで幅広い。ギャングに殺された子どもを前に嘆くフィリピン人の母親だという写真が、実はブラジルで撮影されたものであったことも判明した。[*29]

フィリピンはフェイクニュース蔓延の最前線にあり、あるフェイスブック幹部は後にフィリピンを「患者第1号」と呼んだ。[*30] それにもかかわらず、同社は2016年5月の選挙の準備期間中、フェイクニュース問題にほとんど手をつけなかった。ドゥテルテの勝利の余波を受けた同年8月、著名なジャーナリストで独立系ニュースサイト「ラップラー」のCEOであるマリア・レッサは、フェイスブックにこの問題を警告しようと働きかけた。彼女はフェイスブックのシニアスタッフに、ドゥテルテ支持のプロパガンダを広める偽アカウントの証拠を提供し、11月のアメリカ大統領選も同じく標的にされるだろうと注意を喚起した。彼女の正しさはすぐに証明された。

アメリカ大統領選挙後、フェイスブックはついに行動を起こし、レッサが特定したドゥテルテ支持のアカウントを排除した。しかし、すでに多くの被害が生じた後だった。ドゥテルテの勝利は、ソーシャルメディアを自分勝手に利用できたことによるものだ。また、世界中の強権的指導者にとっては、フェイクニュースの政治的利用法を示す事例となった。レッサが主張したように、「彼らはアメリカを操る戦術をわが国で試しているのです。それがうまくいけば、世界の他の地域にそれを『移植』するのです[*31]」。

当然のことながら、ドゥテルテは自分の言い分を否定する人たちとは険悪な関係にある。２０２０年９月、フィリピン軍と警察につながるフェイクニュース・ネットワークをフェイスブックが削除した後、彼はフェイスブックを禁止すると脅した。彼は、このネットワークを特定した「ラップラー」をＣＩＡから資金提供を受けていると非難し、生意気なジャーナリストは「暗殺対象から免除されない」と発言している。大統領報道官は、大統領の独特のユーモアを理解できないジャーナリストをたしなめながら、「真剣に、しかし字句通りではなく」（トランプ擁護派から借りた言い回し）彼の言葉を受け止めるよう忠告している。しかし、ドゥテルテの脅しは単なる威嚇ではない。彼は批判的なメディアを冷酷非情に追及してきた。レッサ自身、名誉毀損や脱税など、10ものでっち上げの罪で逮捕状を取られている。今後、何年も刑務所に入れられる可能性がある[*32]（訳註：マリア・レッサは２０２１年にノーベル平和賞を受賞。その後、２０２２年６月、マルコス政権は彼女が率いる「ラップラー」の事実上の閉鎖を命じた）。

ドゥテルテは、フィリピンの主要なニュース放送局であるＡＢＳ－ＣＢＮも標的にし、麻薬戦争の報道を非難してきた。２０２０年5月に放送免許が失効した後、ＡＢＳ－ＣＢＮは放送を中止させられた。ドゥテルテ支持者が支配するフィリピンの下院は、放送免許更新を拒否することを決議した。広告収入が大幅に減少したため、ＡＢＳ－ＣＢＮはローカルチャンネルも畳んだ。これはよくある強権的指導者の戦術で、ボルソナロは２０１９年にブラジルのトップ放送局の免許を取り上げると脅したし、すでに見てきたようにハンガリーのメディアは、オルバンによってさらに厳しい管理下に置かれている。

ドゥテルテの反対意見潰しは、司法にも及んでいる。反汚職組織である行政監察院のトップ、コンチータ・カルピオモラレスがドゥテルテの個人資産の捜査を開始すると、大統領は彼女を弾劾すると脅し、次官のアーサー・カランダンを停職処分にするよう命じた。カルピオモラレスはこれを拒否したが、任期満了後、ドゥテルテは彼女を忠実な人物と交代させ、カランダンを解任した。最高裁では、マリア・ルルデス・セレノ長官が、ドゥテルテの麻薬戦争とミンダナオ島への戒厳令の合法性に疑問を呈した後、不明瞭な法的手続きによって解任された。彼女は、資産公開を完全に行わなかったとして告発されたのだが、ドゥテルテ自身は資産公開を一度もしたことがない。自分の言いなりになる従順な判事ばかりになったので、麻薬戦争やミンダナオ島での「テロとの戦い」で行われた人権侵害の責任を追及されたことはない。ミンダナオ島での人権侵害は、ドゥテルテが戒厳令を布告したことによって悪化した。

ドゥテルテがオルバン、プーチン、習近平など他の多くの強権的指導者と異なるのは、イデオロギーを持たないことである。彼には、不完全なナショナリズムがあり、教養ある「おしゃべりな人々」を軽蔑している。しかし、彼は自らの行動を理詰めで正当化しようとせず、他の権威主義者が指針とするような反リベラルなプロジェクトも明示していない。この点で、ドゥテルテはトランプやボルソナロに近い。この2人の指導者のように、ドゥテルテは直感と利益供与に基づいて行動し、忠誠心と個人的な友情に基づいて政府高官を任命する。幼なじみのカルロス・ドミンゲス3世は財務相に、同級生のサルバドール・メディアルデアは最高幹部である官房長官に就任している。娘のサラは現在ダバオ市長で、国際的な行事で父親の代役を務めている。息子のパオロは副市長だった。ドゥテルテはサラが自分の後継者になるのが自然だと言っている（訳註：サラ・ドゥテルテは副大統領選に立候補し、当選した）。

大統領の直感的で体系的でないスタイルは、外交政策にも及んでいる。就任早々、ドゥテルテは北京を訪問し、その際にアメリカとの伝統的な同盟関係からの「離脱」を宣言して、ワシントンを騒然とさせた。人民大会堂に集まった聴衆を前に、フィリピン大統領はこう宣言した。「私はあなたがたのイデオロギーの流れに同調し、もしかしたらロシアにも行ってプーチンと話し、われわれ3人、中国、フィリピン、ロシアが世界と対峙していると伝えるかもしれない。それしかない」。ドゥテルテの発言は、オバマ政権が彼の人権侵害問題について懸念を表明したことに対する彼の個人的な怒りを反映している。ドゥテルテはオバマを「売春婦の息子」と呼び、

「地獄に落ちろ」と言い放った。*33

フィリピンでは珍しく、ドゥテルテには長い間にわたって強めてきた反米感情がある。その理由には、個人的なものと政治的なものが入り混じっている。

2002年には、アメリカにいる恋人のシエリト・「ハニーレット」・アバンセーニャに会いに行こうとしたが、「暗殺部隊」との関係を懸念されて、アメリカへの入国ビザを拒否された。オバマと対立する以前にも、大統領選挙中のドゥテルテが、1989年にダバオの刑務所で起きた暴動事件で集団レイプされて殺されたオーストラリア人修道女について、レイプに自分が最初に参加したかったと述べたことを批判したアメリカ大使を「娼婦のゲイ息子」と呼んだことがあった。オバマを「口撃」した後、ドゥテルテは、中国が強引に領有権を主張している南シナ海での米軍との合同軍事演習を一時的に中止した。

しかし、誰であれフィリピンの大統領が反米姿勢を貫くのは難しい。国際調査によると、フィリピンは世界で最も一貫して親米的な国の1つである。1898年から1946年までアメリカの植民地だった歴史は、永続的な恨みをかきたてるどころか、むしろ文化的な親近感を生んでいるのである。フィリピン人の半数以上が英語を話し、大規模なアメリカ人駐在員コミュニティが存在し、バスケットボールはフィリピンで最も人気のあるスポーツである。米太平洋艦隊はフィリピンの基地を利用し、両国の海軍は頻繁に合同演習を行っている。ドゥテルテが就任演説で引用した外国の指導者は、フランクリン・ルーズベルトとエイブラハム・リンカーンである。

また、フィリピンは、世界の海上交通の3分の1が通過する戦略上重要な南シナ海をめぐり、長年にわたり中国と領有権争いを抱えている。ドゥテルテはこの問題に頭を悩ませているようで、見解を問う記者団に、やや異例にもロバート・カプランの『南シナ海　中国海洋覇権の野望』という真面目な本を勧めた。ドゥテルテはこれまでこの問題では、反中国的あるいはナショナリスト的なスタンスをとっている。大統領選挙期間中には、中国が領海に建設した人工島にジェットスキーで行ってフィリピンの旗を立てると発言するなど、けんか腰の姿勢を見せた。

また、ドゥテルテはフィリピン軍からの圧力も感じている。フィリピン軍は長年にわたってアメリカと協力関係にあることから、きわめてアメリカ寄りである。同様に、フィリピン国民も自国の海洋権益を守ることに概してタカ派的である。その結果、ドゥテルテは北京に対して強硬な対応をとるようになった。就任初期のドゥテルテがおとなしく従っていたため、誤った安心感を抱いていたのか、中国も強く出過ぎた。2019年4月、係争中のパグアサ島（英語名ティトゥ島）付近で中国軍が増強された後、ドゥテルテは、中国軍が撤退しないなら「特攻作戦」を敢行すると宣言し、怒りを露わにした。2020年9月の国連総会でドゥテルテは、南シナ海でのフィリピンの主張を支持する仲裁裁判所の判決を喧伝した。翌月には、係争海域での石油・ガス探査の再開を命じた。

それにしても、ドゥテルテは大統領就任後の4年間に習近平と6回会談し、トランプとは1

回しか直接会っていないのが印象的である。トランプは個人的には人権侵害を問題にするつもりはないと明言していたが、アメリカの外交政策を完全に掌握していたわけではない。側近がアメリカに入国できない可能性が示唆されたため、ドゥテルテはトランプのホワイトハウスへの招待を受けることはなかった。

しかし、実際に会ったときには、2人はとても仲が良かった。2017年11月にマニラで開催されたASEAN（東南アジア諸国連合）の夕食会で、ドゥテルテは本人いわくトランプに「命じられ」てフィリピンの人気歌手の歌に合わせてセレナーデを歌った。「あなたは私の世界の光であり、私の心の半分です」

このエピソードは、強権的指導者どうしの関係によく見られるもので、公の場での陳腐で悪趣味な振る舞いやお互いへのお世辞の言い合いが、舞台裏での暴力や脱法行為と融合しているのである。公的な場での華やかさと私的な場での残忍さの組み合わせは、サウジアラビアのモハメド・ビン・サルマンにも特徴的だ。彼は他の誰よりもトランプのホワイトハウスと特別な関係を築いたと主張できる強権的指導者である。

第9章

ムハンマド皇太子の台頭とネタニヤフ現象（2017年）

2017年1月にトランプが大統領に就任したとき、ヨーロッパの多くでは不吉な予感が漂った。しかし、中東におけるアメリカの最も緊密な同盟国であるイスラエルとサウジアラビアの指導者たちは、歓喜に沸いた。トランプ就任によって、民主主義よりも地域の安定が優先され、対イラン政策が強硬路線になるからだ。イスラエルのベンヤミン・ネタニヤフ首相（ビビ）とサウジアラビアのムハンマド・ビン・サルマン皇太子（MBS）は、ともにオバマ政権の中東政策を危険なほどナイーブなものとみなしていた。

ビビとMBSは「強権的指導者の時代」の重要人物である。近年登場したどの前任者よりも、

2人はそれぞれに自国の政治と完全に一体化している。2019年7月にネタニヤフは就任13年目を迎え、イスラエル首相在任期間で建国の父ダビド・ベングリオンを抜き、最長記録を更新した。

MBSが登場したのは比較的最近のことで、2015年に政府に入り、正式に皇太子となったのは2017年である。だが彼もまた、自国政治に変革をもたらした人物である。現代サウジアラビアにおいて、これほどまでに1人のカリスマ的人物と指導体制とが密接に結びついたことはない。この新しいサウジの強権的指導者は、年功序列、コンセンサス、王子たちへの大臣職の分配を通じた、古い王室の集団指導体制を一掃した。彼の伝記を書いたベン・ハバードが説明するように、2018年までに「MBSはその［伝統的な］システムを破壊し、彼の支配を軍部、石油産業、諜報機関、警察、国家警備隊にまで拡大した」[*1]。

権力集中、国内外における指導者と国家の同一視は、「強権的指導者の時代」の特徴である。ネタニヤフとMBSはきわめて強い民族主義的傾向を持つ指導者であり、外界に対する強いパラノイアの傾向を持つ。彼らが共有するイラン嫌悪とトランプ政権に協力する熱意は、2016年から2020年にかけて中東の地政学的な構図を作り替えた。

戦略的な目的と気質は似ていても、ネタニヤフとMBSが活動する政治的、物理的環境は明らかに異なる。サウジアラビアの王族の生活環境の豪奢さは、無類のものだ。MBSが自分のために買った「安物」のなかには、パリ郊外にある3億ドルのシャトーも含まれる[*2]。リヤドで皇太子に迎えられた訪問者は、しばしば周囲の威厳ある豪華さに――設計者の意図通り――驚かされる。

それに比べて、エルサレムの首相が働く場所の質実剛健さは際立っている。私は２０１３年にネタニヤフを訪問したが、首相執務室は美しくはないが警備だけは厳重なビルの、石の階段を上った先にあった。彼の部屋はとくに広くもなく、壮麗でもない。ただ、ネタニヤフがソファでくつろぎながら世界政治を語る際にふかす太い葉巻が、贅沢な暮らしぶりをうかがわせた。ネタニヤフの太い葉巻とピンクシャンパンの趣味は、遅れに遅れた汚職裁判で取り上げられた（訳註：２０１９年に収賄、詐欺、背任で起訴されたが、初公判は新型コロナウイルスを理由に延期された）。裁判の結果次第では、彼の政治生命は絶たれ、刑務所行きになる恐れがある。これに対し、ＭＢＳには完全な刑事免責があり、政敵を拘束し、殺害さえしている。

対照的に見える2人だが、ネタニヤフとＭＢＳには共通の敵と友人がいる。敵はイランで、友人はトランプの娘婿であるジャレッド・クシュナーである。

ネタニヤフは、この20年の大半を、イランの核武装の危険性について暗い警告を発することに費やしてきた。イランの影響力を恐れるＭＢＳは、サウジアラビアをイエメン内戦に引きずり込み、隣国カタールに対する国境・経済封鎖に踏み切らせた。

トランプは大統領に就任するやいなや、家族、とくに娘イバンカ・トランプとその夫ジャレッド・クシュナーを、最も信頼する顧問として扱った。この王朝のような統治手法について、ワシントンの多くのエスタブリッシュメントは奇妙で不適切だと考えたが、サウジアラビア王室にとってはごく当たり前のことであった。クシュナーもMBSも、それぞれ異なる背景ではあるが、30代の超富裕層であり、家族のおかげでその地位に就くことができたという意味で「若き王子たち」であった。トランプ大統領の就任早々、2人はトランプの仕事仲間から紹介され、すぐに意気投合した。[*3] メッセージアプリ「ワッツアップ」を通じて、MBSとクシュナーの間で頻繁にメッセージや絵文字が交わされたことは、アメリカの情報機関の興味を引くと同時に懸念の種でもあった。

ネタニヤフの場合は、クシュナー家との組み合わせが少し違った。ネタニヤフは、クシュナーの父親で不動産開発業者のチャールズ・クシュナーと親交があり、1980年代にはニュージャージー州の家に滞在し、若きジャレッドが新進気鋭のネタニヤフにベッドを譲ったこともある。[*4]

正統派ユダヤ教徒でイスラエルに長年貢献してきたジャレッド・クシュナーにとって、中東は当然の関心事であった。2020年夏、彼はサウジアラビアとイスラエルが共有するイランへの恐怖を利用し、イスラエルとアラブ首長国連邦（UAE）の国交樹立（「アブラハム合意」）という歴史的な外交的ブレークスルーを実現した。UAEは小国だが、サウジアラビアと密接に連携している裕福な連邦国家である。ドバイとアブダビから、テルアビブ行きの直行便が開設され、MBSの好意により、イスラエルの航空機としては初めて、サウジアラビア領空の通過が認められた。イスラエルでは、もしサルマン国王が亡くなってMBSが後継者となれば、サウジアラビアがイスラエルと外交関係を結び、1948年のイスラエル国家樹立に始まったアラブ諸国の対イスラエル・ボイコットを事実上終わらせるだろうと期待された。

「アブラハム合意」と呼ばれるUAEとの国交樹立は、ネタニヤフにとってぜひとも必要な政治的勝利だった。2020年まで3回行われた総選挙はどっちつかずの結果だったため、ネタニヤフは政権にしがみつくことができていたが、収賄と詐欺容疑で裁判にもかけられていた。いま、彼は自慢できる新しい平和条約を手に入れ、イスラエルの観光客やビジネスマンの地平を広げることができた。アブラハム合意はパレスチナ側にとっては痛手だった。イスラエル・パレスチナ紛争の究極の解決策とされる「2国家解決策」にネタニヤフが一歩も近寄ることなく、アラブの一角、UAEとの合意に漕ぎつけたからだ。何十年もの間、アラブと世界の政治の中心であったパレスチナの大義が、二の次にされたように見えた。ネタニヤフの伝記を書いたアンシェル・フェフェルは、合意直後に行われた私とのインタビューで、パレスチナ人がチベット人のようになるのではないかと推測した。土地を占領されたまま、その運命を外の世界からますます無視される被抑圧者集団になるのではないか、と。[*5]

パレスチナ人にとっては悲劇的なものになりかねないアブラハム合意だが、ネタニヤフにとっては、パレスチナ国家を受け入れるという国際的な圧力に断固として抵抗した勝利であった。オバマ政権時代、ネタニヤフは2国家解決策を支持していた。2013年に彼の執務室で会ったとき、私は、2国家解決策を約束することは、オバマの機嫌をとっているだけではないかと尋ねた。ネタニヤフは微笑みながら、「まあ、明らかに私はそうしている」と答えた。しかし、ネタニヤフはそのとき、なぜイスラエルがパレスチナ国家に同意する必要があるのか、型通りの議論を展開した。もしイスラエルがヨルダン川西岸地区に住む270万人のパレスチナ人をイスラエル国家に編入すれば、ユダヤ人がイスラエルの地における多数派の地位を失う危険性があるため、政府はユダヤ人国家であるか民主主義国家であるかを選択しなければならなくなるかもしれない、と彼は主張した。†

当時ですら、ネタニヤフの2国家解決策の説明は型通りで、明らかに心がこもっていないと感じた。実際、彼は政治家としてのキャリアを通じて、イスラエルの将来を確実なものにする方策について、従来のリベラルな考え方に抵抗してきた。従来のリベラルな考え方というのは、ビル・クリントン（訳註：米大統領在任中にオスロ合意を仲介）やトニー・ブレア（訳註：英首相退任後に中東和平カルテット特使に就任）、エフード・バラクやシモン・ペレスといったイスラエルの元首相たちによってさまざまに推し進められたもので、国際的にイスラエル国家を受け入れてもらい、アラブの隣国との平和を確保するためには、まずイスラエルがパレスチナ人と和平を成立させなければならないというものであった。

ネタニヤフは、この主張を真に受けてはいなかった。ネタニヤフと彼の党である「リクード」

† 2020年現在、イスラエルの人口は約880万人で、そのうち約20％がアラブ系イスラエル人。

は、ヨルダン川西岸地区を将来のパレスチナ国家の建設地としてではなく、イスラエルの重要な一部であり、いずれはイスラエル国家に編入されるべきだと考える強力な入植運動と手を組んでいたのである。仮にヨルダン川西岸地区が編入されたとしたら、パレスチナ人がどのような立場になるのかは明確に説明されたことはない。イスラエルの極右過激派は、パレスチナ人をヨルダンなどの近隣アラブ国家へ追放することを望んでいる。他にも、ヨルダン川西岸地区に、見せかけの地方自治体のような自治政府を組織する権利をパレスチナ人に与えるという案をもてあそぶ人もいる。この解決策は、アパルトヘイト時代の南アフリカで、黒人に名目的な自治権を与えるために設置された「バンツースタン」に似ている。

ネタニヤフは、いわゆる「内から外へ《インサイド・アウト》」路線である2国家解決策を地域の平和への道と考えず、まずイスラエルと近隣アラブ諸国との和平を達成して立場を強くした後からパレスチナ問題を処理するという「外から内へ《アウトサイド・イン》」解決策を主張していた。

ネタニヤフの苛烈なシオニズムは、彼自身の家族の歴史に深く根ざしたものである。ネタニヤフは、１９４９年にテルアビブで生まれた。父ベンシオン・ネタニヤフはワルシャワ生まれで、１９２４年にイギリス統治下のパレスチナに移住したイスラエルの右派知識人である。アンシェル・フェフェルの伝記によれば、父ベンシオン・ネタニヤフは10代の頃から、「その土地［パレスチナ］に対するアラブ人の主張を考慮しないことを決めた［シオニストの］政治的派閥の一員」であった。[*6] ネタニヤフ家はゼエブ・ジャボチンスキーが唱えた修正主義シオニズムを信奉していた。ジャボチンスキーは、イスラエル建国の父ベングリオンの社会主義を否定し、より軍国主義的なナショナリズムを採用し、アラブ人との対立は不可避だと考えた。ベングリオンはジャボチンスキーをファシストとみなした。1948年の建国から30年近く、イスラエル政治はベングリオン率いる労働党が支配していたが、1977年になって、ジャボチンスキーの信奉者が率いるリクードが初めて政権を獲得した。そして後にそのリクードを、ネタニヤフが率いることになる。[*7]

労働党とリクードを分かつのはイデオロギーだけでなく、階級や出身も関係していた。労働党は東欧からやってきた左派のアシュケナージ系ユダヤ人が主導し、新しいイスラエル国家の知的・社会的エリートとみなされていた。これに対してリクードは、アラブ諸国から追放されたり移住したりしたセファルディ系ユダヤ人、後にはソ連崩壊後にロシアからやってきた移民から多くの支持を集めていた。リベラルなエリートを非難するアウトサイダー政党である。その意味で、リクードやネタニヤフの政治は、トランプやブレグジットに見られるポピュリズム政治を先取りしていた。

ネタニヤフがイスラエル建国の父たちの中核的思想のいくつかを否定していることは、インドのモディやトルコのエルドアンの政治とも呼応している。ネタニヤフがイスラエル建国の父ベングリオンの比較的リベラルな思想の多くを否定し、より強硬で大衆的な右派ナショナリズムを支持する政党に属してきたように、モディとエルドアンはネルーとアタテュルクの思想に背を向けてきたのである。

しかし、ネタニヤフ自身が最も強い文化的影響を受けたのはアメリカである。学者だった父ベンシオン・ネタニヤフはイスラエルでポストが見つからず、一家はイスラエルからアメリカに移住した。ネタニヤフは8歳から10歳までニューヨークで過ごし、思春期の大半をフィラデルフィアで過ごした。マサチューセッツ工科大学（ＭＩＴ）で建築と経営を学んで修士号を得た後、ボストン・コンサルティング・グループで経営コンサルタントとして働いた。その結果、ネタニヤフはアメリカ文化に染まり、アメリカの政治情勢を完璧に理解し、アメリカできわめて巧みな作戦を展開してきた。ドーレ・ゴールドやヨラム・ハゾニーなど、彼の親しい顧問の多くは英語のネイティブスピーカーであり、ネタニヤフの幹部会議は英語で行われることが多かった。

無名だったネタニヤフ一家がイスラエルで一躍有名人になった背景には、ネタニヤフの兄、ヨナタン（ヨニ）の死という家族の悲劇があった。兄ヨニは、１９７６年にウガンダのエンテベ空港で発生した、パレスチナ人とドイツ人の武装勢力による飛行機ハイジャック事件のユダヤ人人質解放作戦を指揮している最中に殉職した。この「エンテベ空港奇襲作戦」は3本の長編映画の題材となり、ヨニは死後、国民的英雄になった。彼の弟のベンヤミン・ネタニヤフは、ヨニと同じイスラエル軍の特殊部隊に所属していたこともあり、すぐにイスラエルの有力政治家に気に入られ、ネタニヤフが首相争いで敗れることになるシモン・ペレスなどからも政界入りを口説かれた。

ネタニヤフは英語に堪能で熱心なイスラエル擁護者であったことから、国連大使という目立つポジションが与えられた。1984年から1988年まで国連大使を務めた後、イスラエルに帰国。右派政党リクードに入党し、初当選を果たす。1993年にはリクードの党首となり、1996年、46歳でイスラエル史上最年少の首相となった。1999年に退陣することになったが、10年後の2009年の総選挙でふたたび首相に返り咲いた。以降3回の総選挙は、連立を組むのに苦労するほどの僅差だったが、首相の座を維持した。政権を維持すればするほど、ネタニヤフはイスラエル政界の長老として、また国際的な顔としての役割を果たすことができるようになった。2020年のリクードの選挙ポスターには、「さまざまな仲間」というスローガンのもと、ネタニヤフがモディ、トランプ、プーチンの隣に立っている写真が掲載されている。

2021年、ネタニヤフは総選挙後の組閣が暗礁に乗り上げ、政権を失った。しかし、彼の政治生命は、クリントン、オバマ、キャメロンといった西側の指導者たちよりも長かった。彼らのことをネタニヤフは、パレスチナ問題に関してナイーブなリベラルだと考えていた。オバマ政権後の数年間、ネタニヤフは、ワシントンからデリー、ブダペストからブラジリアまで、ユダヤ人国家を熱烈に支持する新世代のナショナリスト・ポピュリスト指導者の台頭を利用することができた。このような国際政治情勢の変化は、国際的な孤立や貿易ボイコットを長年恐れてきたイスラエルに、新たな活動空間を与えた。

イスラエル人にとって最も重要な変化は、２０１６年にトランプが当選したことだ。トランプは、ユダヤ人より数が多く、イスラエルへの支持も熱心なことが多い白人の福音派プロテスタントからの支持に大きく依存していた（ユダヤ系アメリカ人は、いまだに民主党支持者が多い傾向にある）。トランプは、かつて遠い夢物語に思えたイスラエルの目標を次々と実現させていった。２０１８年、テルアビブからエルサレムにアメリカ大使館を移転させ、オバマが主導したイラン核合意から離脱した。翌年には、１９６７年の第三次中東戦争でシリアから奪ったゴラン高原に対するイスラエルの主権を承認した。ネタニヤフは、ホワイトハウスでこの贈り物を受け取ったとき、本当に起きていることだとはほとんど信じることができない様子だった。

トランプとネタニヤフの結びつきは、外交的、家族的なものだけでなく、イデオロギー的なものでもあった。トランプの顧問たちは、彼の直感やツイートを理路整然とした意見に整えるのに苦労していた。彼らが注目した思想家のひとりが、ネタニヤフお気に入りの哲学者、ヨラム・ハゾニーであった。ネタニヤフの元側近で、いまも親しい友人であるハゾニーは、２０１８年に出版した『ナショナリズムの美徳』で学者として大成功を収めた。[*8] トランプの国家安全保障戦略に携わったホワイトハウス関係者は、彼らの考え方に大きな影響を与えた人物として私に、ハゾニーの名前を挙げた。トランプ政権で国務次官補（欧州・ユーラシア担当）を務めたウェス・ミッチェルは、トランプ政権の考えを理解したければハゾニーを読むべき、とＥＵの外交官に伝えている。

実際にハゾニーを読んだ欧州の外交官たちはかえって当惑した。ハゾニーは、ＥＵをドイツ帝国主義の新しい偽装だとして、率直な表現で侮蔑していた。ハゾニーにとって、政治的秩序と人間の自由の、唯一の真の基盤は、言語、文化、宗教を共有する「国家」である。成功した国家はすべて、「その文化的支配が明白で疑う余地がなく、それに対する抵抗が無益に見える」集団を中心に組織される必要があるとハゾニーは主張する。[*9]

２０４０年代半ばにはアメリカの人口に占める白人比率が50％未満になるという予測を憂慮する白人のトランプ支持者にとって、この考え方が魅力的であることは理解できなくはない。19世紀のナショナリズムの中心であった、支配的な民族や文化集団を中心に国家を建設しなければならないという考え方は、ハンガリーのオルバンも熱烈に支持しており、彼はハゾニーと会合を持ち、また彼から知的影響を受けたとして引用もしている。

２０１８年、「非リベラルな民主主義」を標榜するオルバンがエルサレムを訪問した。この訪問がイスラエルで物議を醸したのは、オルバンが反ユダヤ的なイメージに満ちた選挙キャンペーンを展開し、ソロスを、ハンガリーに難民を殺到させることを意図した金持ちの悪の傀儡師として描いていたためだ。しかし、ソロスは、パレスチナ人やイスラエルの人権団体を支援していることから、ネタニヤフからも嫌われていた。

ネタニヤフとオルバンの間には、確かに明確なイデオロギー的親和性がある。[*10] 彼らはともに「ユダヤ人のためのイスラエル」「ハンガリー人のためのハンガリー」を信奉する民族的ナショナリストである。オルバンのナショナリズムが反ユダヤ主義の匂いを十二分に含んでいることは、ネタニヤフにとってとくに衝撃的なことではない。ネタニヤフ流のシオニズムでは、外の世界は本質的に反ユダヤ主義なのだ。トランプ当選後の数カ月間、イスラエル政府関係者はオルバンとホワイトハウスの橋渡しに懸命に取り組んだ。

ネタニヤフは、イスラエルのためになるならオルバンのような人物との戦術的な同盟も正当化する。ハンガリー、チェコ、ルーマニアという中欧のナショナリストたちは、ＥＵがアメリカ大使館のエルサレム移転に対して非難する共同声明を出す際にそれを拒否し、ネタニヤフの役に立った。ルーマニア首相は、自国の大使館もエルサレムに移転させる可能性を示唆したほどだ。近年のヨーロッパ極右は、ユダヤ人よりもムスリムに気を取られており、そのイスラム恐怖症がイスラエル支持につながることも多い。フランスのマリーヌ・ルペン率いる国民戦線は、反ユダヤ的なルーツにもかかわらず、強力な親イスラエル政党と化している。

また、イスラム教に対して懸念を持つインドのモディとネタニヤフは、親密な関係を築き上げた。２０１７年にモディは、イスラエル建国以来初めてインド首相として訪問した。インド人民党の支持者のなかには、パレスチナの暴力に対するイスラエルの激しい対応を、パキスタンを拠点とするテロリストとインドとの戦いのモデルとして見る者もいる。実際、イスラエルはインドに数十億ドル相当の兵器を売却しており、その一部は２０１９年のパキスタン空爆で使用された。

リベラルな意見に逆らうことに喜びを感じる新世代の強権的指導者にとって、イスラエル訪問はほとんど必須となった。２０１８年９月、フィリピンのドゥテルテはエルサレムを訪れ、ネタニヤフに「われわれは人類に対して、同じ情熱を持っている」[*11]と語ったが、ドゥテルテが「暗殺部隊」の配置を頻繁かつ声高に支持していることからすれば、いかようにも取れる挨拶であった。

２０１９年には、ブラジル大統領にジャイル・ボルソナロが就任した。トランプ以上に、ボルソナロは福音派プロテスタントの票に大きく依存し、イスラエル国家への愛を強調した。ネタニヤフはボルソナロの就任式に主賓として出席し、その数カ月後にボルソナロはイスラエルを国賓訪問した。中南米最大の国を友好国とすることは、イスラエルにとって画期的なことだった。なぜなら、南半球に偏在する発展途上国は、伝統的にパレスチナ人を固く支持してきたからだ。ボルソナロにとって、イスラエルを受け入れることは、福音派プロテスタントとトランプのホワイトハウスにアピールすると同時に、敵であるリベラル左派の目に指を突き刺すことでもあった。その約10年前、彼の偉大な政治的ライバルであるルイス・イナシオ・ルラ・ダシルバ大統領（「ルラ」と呼ばれる）はヨルダン川西岸地区を訪れ、「私は独立した、自由なパレスチナを夢見ている」と公言していた。

イスラエルと習近平の中国を結んだのは、テクノロジーだった。２０１８年10月、中国の王岐山副主席はイスラエルの先端技術の展示会を訪問した。アメリカのテック企業が中国との連携に警戒心を強めていた頃、中国にとってイスラエルは魅力的な選択肢だった。現在、中国企業は、イスラエル海軍の主要拠点で、アメリカ海軍の第6艦隊の寄港も多いハイファ港を所有・運営している。[*12] このイスラエルと中国の親密度の高まりは、トランプ政権がネタニヤフ政権に対して抱いた数少ない不満の1つであった。

ネタニヤフはこうした新しい関係を大きな成果とみなしている。ドゥテルテ、ボルソナロ、オルバンのような人物と親しくすることにリベラル派のようなためらいを見せない。かつてイスラエルのトップ外交官だったアビ・ギルは、「人権や民主的権利に重きを置かない世界秩序は、イスラエルへの圧力を減らすだろう」と指摘している。[*13] しかし、純粋なレアルポリティーク的観点から見ても、ネタニヤフの外交はイスラエルにとってかなりのリスクを伴う。イスラエルに批判的な人たちからの、最もダメージの大きい非難は、イスラエルは民主主義の導き手であるという主張が、パレスチナ人に対する扱いによって損なわれているというものだ。新世代のポピュリスト・ナショナリスト(その多くは民主主義を信奉しているのか疑わしい)と手を組むことで、イスラエルは民主主義の擁護者であるというアピールをさらに弱めている。

しかし、ネタニヤフにとって、世界の強権的指導者たちと仲良くすることのメリットは、西側の進歩主義的な人たちから支持を失うリスクよりも強烈に勝っていたのだ。オルバン、ドゥテルテ、ボルソナロ、モディといった面々の訪問は有益だった。しかし、イスラエルを安全にし、繁栄させる最大の力を持つ強権的指導者は、すぐそばにいた——ムハンマド皇太子である。

政界の新参者として、ＭＢＳは中東を作り替えるという大きな野望を抱いている。クシュナーの働きかけで、トランプは２０１７年5月に就任後初の外遊先としてサウジアラビアを訪問したが、これはアメリカからサウジアラビアに対する外交上の大きな、そして非常に大切な敬意を示す行動であったのと同時に、直接的な実益をもたらすものだった。２０１６年の大統領選でトランプがムスリムを非難したため、サウジアラビア側には長引く不快感があった。しかし、オバマが進めたイラン核合意を破棄するというトランプの意志は、それよりも重大だった。トランプはリヤドでの演説で、絶対王政に「共通の利益と価値観に基づくパートナー関係」を提案し、何度もスタンディングオベーションを受けた。

形式的に言えば、ＭＢＳはサウジアラビアの指導者ではなかった。その肩書は父親のサルマン国王のものだ。しかし、２０１７年半ばにトランプが訪問した時点では、王座を支える権力者は31歳のＭＢＳであることは疑いようがなかった。彼は、外国指導者が話し合うべき相手だった。彼は、国際的なビジネスマンやジャーナリストに対して、新しいサウジアラビアのビジョンを提示した。

異例の出世である。つい最近の２０１５年まで、ＭＢＳはサウジアラビア王室の「何千人もの王子のなかの１人」でしかなかった。[*14] 彼が権力の座に就いたのは、偶然と個人的な冷酷さが混ざり合った結果である。ＭＢＳの父親であるサルマン国王は、初代サウジアラビア国王のアブドルアジズ（イブン・サウド）国王の25番目の息子であった。ＭＢＳ自身はサルマンの6男でしかない。ベン・ハバードが言うように「初代国王の25番目の息子の6番目の息子であり、彼が出世することを期待する理由はほとんどなかった」[*15]。しかし、MBSの2人の兄の死と、MBS自身のリヤド総督としての成功により、MBSは一気に実権に近づいた。2015年、サルマン国王が正式に即位すると、国防相に寵児であるMBSを任命した。

就任から2カ月も経たないうちに、MBSはその冷酷さを見せつけた。2015年3月、サウジアラビア空軍は、イエメンの首都を制圧した親イラン反政府勢力フーシ派を追い出すため、隣国イエメンへの一連の空爆を開始した。これは驚くべき動きであった。サウジアラビアは長い間、軍備を大量に購入してきたが、実際に使用することにはあまり熱心でないように見えていた。イエメンで簡単に勝利できるとMBSは確信していたが、間違いだった。サウジアラビアは紛争に巻き込まれ、無差別爆撃によって戦争犯罪の嫌疑をかけられた。

しかし、皇太子の好戦的で衝動的なイエメンでの戦争への決断は、西側諸国での彼の評判をすぐに落とすことはなかった。それどころか、以前のエルドアンのように、MBSは中東を改革する大いなる希望として歓迎されたのである。ニューヨーク・タイムズ紙のトーマス・フリードマンは、2015年11月に書かれた影響力のあるコラムで、MBSを「サウジアラビアの統治制度を変革する使命を帯びた」改革の台風の目と書いた。フリードマンはMBSに謁見し、彼が公言する石油依存からの脱却と社会改革への決意に感銘を受けたという。「ムハンマドが来てから、2年かかっていた大きな決断が2週間でできるようになった」と熱っぽく書いている[*16]。

2017年にふたたび夕べをともにしたフリードマンは、人権侵害への不満が高まるなかでもやはりMBSに好印象を受けていた。フリードマンは「今日、中東で進行中の最も重要な改革プロセスは、サウジアラビアで起きている」と主張した。確かに、ほんの数週間前にMBSは「サウジアラビアの王子やビジネスマンを何人も逮捕した」。しかし、「このメニューには『完璧』の文字はない。誰かがこの仕事を担って、サウジアラビアを21世紀型へと急転換させる必要があった」[*17]。

MBSに感銘を受けたのはフリードマンだけではなかった。MBSは、西側のオピニオンリーダーとの関係構築に長けており、決断力と富と、彼らにだけ秘密を明かしているという感覚とが混在した魅力を発揮していた。あるワシントン政界の有力者は、時折、MBSから受け取った親しげなメールを私に見せてくれた。ジャーナリストたちは、MBSと面会した際の豪華なしつらえについて比べ合った。

一方、西側の経営コンサルタントは、MBSの経済改革プログラム（「サウジビジョン2030」）の実現を助けるための、実入りのいい契約を求めてリヤドに押し寄せた。投資銀行家たちは、国営石油会社サウジアラムコが上場する可能性に垂涎の思いだった。上場すれば、史上最大規模のIPO（新規株式公開）になることが確実だからだ。トランプのホワイトハウスに影響力のある兵器メーカーは、世界最大の兵器輸入国であるサウジアラビアに固執した。

イスラエルの友人たちは、サウジアラビアの新しい支配者がパレスチナ人をあまり気にせず、代わりにイスラエルをイランに対抗するための協力者として第一に考えていることを喜んだ。人権活動家さえMBSの改革を称賛した。たとえば、長年の懸案であった女性の自動車の運転を許可した。このためには、大いに恐れられていた宗教警察の権力をMBSが抑え込む必要があった。

しかし、西側には懐疑的な意見もあった。あるイギリス高官は、「私の疑問は、MBSはリー・クアンユーとサダム・フセインのどちらに似ているかということだ」と私に語った。つまり、MBSは、シンガポールを近代化したリー・クアンユーのように、権威主義的ではあっても賢明な改革者なのか。それとも、サダム・フセインのように冷酷で制御不能な独裁者なのだろうか？

MBSのもとでは、恐怖政治を背景に社会の自由が拡大するというパラドクスが起きた。MBSは、サウジアラビアの若者たちに開かれた可能性の幅を広げたいと心から願っていた。サウジアラビアの王族としては珍しく、世論とソーシャルメディアの重要性を理解していた。身長180センチを超える堂々たる体格のMBSは、専門家を使い、ツイッターで皇太子を近代化主義者、ナショナリストとして宣伝し、イメージを高めていった。[*18] MBS自身がよく言っているように、3400万人いるサウジアラビア人口の3分の2は、30代以下である。社会の締めつけはゆるやかになり、若者たちは娯楽を見つけ、ビジネスを始め、交わり、旅行することが容易になった。

しかし同時に、ＭＢＳは家族内でも反対意見や異論に対して不寛容になりつつあった。彼が権力の座に就いてすぐ、驚くべき不協和音が聞こえてきた。西側諸国の情報機関は、ＭＢＳが実母を自宅軟禁にしているとの報告を受けたのだ（父親である国王に実母が影響を及ぼすのを避けたかったのだろうと推測されている）。当初、サルマン国王はＭＢＳを後継者の2番手に位置づけていた。ＭＢＳの前にいるのは、いとこのＭＢＮ、ムハンマド・ビン・ナエフ皇太子である。しかし、２０１7年6月、ＭＢＮは拘束され、隔離され、退位を余儀なくされた。ＭＢＳに忠誠を誓う動画がＳＮＳで流された後、前皇太子はジッダの宮殿で軟禁された。[*19]

また、反体制派やＭＢＳの批判者が大量に逮捕された。新皇太子におべっかを使い、同意することだけが身の安全だった。国外脱出を余儀なくされたある独立系ジャーナリストは、ワシントン・ポスト紙に「サウジアラビアはいつもこんなに圧政的ではなかった。いまは耐えられない」という見出しのコラムを寄稿した。そのなかで彼は「知識人に恐怖心を植えつけ、脅迫、逮捕し、公的な恥辱を与えている」と訴えている。[*20]

その記事の著者はジャマル・カショギである。ちょうど1年後、彼はイスタンブールのサウジアラビア総領事館で殺害された。骨用のこぎりでバラバラにするという陰惨なカショギの暗殺は、ＭＢＳの国際的な評判に大ダメージを与えた。サウジアラビアは当初、カショギが謎の失踪を遂げたとしていたが、その後、誘拐しようとして誤って殺してしまったと示唆した。しかし、サウジアラビアを知る者は、復讐に燃えるＭＢＳが自ら命じた作戦であると信じて疑わなかった。CIAの結論もまさにその通りであり、その報告書はすぐにリークされた（後にバイデン政権が全文を公表した）[21]。

カショギの殺害により、西側のマスコミからMBSを称賛する紹介記事は消えた。しかし、皇太子と西側諸国とのビジネスや外交の関係を終わらせることはできなかった。殺害直後こそ「砂漠のダボス会議」と呼ばれる華やかな投資会議から、西側の著名ビジネスマンの多くが撤退した。私はあるCEOに、いつになったらサウジアラビアとのビジネスに復帰するか尋ねた。すると彼は笑顔で答えた。この話題が「1面から消えたらすぐにでも」。

トランプ大統領の反応も、同様にプラグマティックだった。「皇太子がこの悲劇的な出来事を知っていたことは大いにあり得る――そうかもしれないし、そうでないかもしれない……アメリカは、わが国の国益を確保するために、サウジアラビアの不動のパートナーであり続けるつもりだ」[22]。道徳心のないプラグマティズムは、トランプ1人ではなかった。2020年11月、サウジアラビアはG20サミットを議長国として開催するという栄誉に浴した。新型コロナウイルスのせいで、G20サミットはオンライン開催となった。人権活動家はMBSの参加を理由に、世界の指導者たちにサミットのボイコットを呼びかけるキャンペーンを展開した。しかし、ボイコット運動は無視され、ドイツのメルケルやカナダのトルドーといったリベラル派の有力者が出席するなか、サウジアラビアの事実上の指導者が閉会の辞を述べることを許したのである。実のところG20サミットには、中国の習近平、トルコのエルドアン、ロシアのプーチンなど、人権侵害で有名な指導者が参加している。

実際には、ＭＢＳは「強権的指導者の時代」の異端児ではない。それどころか、権力を一元化しようとする冷酷な行動、個人崇拝の育成、そして殺人も厭わない姿勢は、この時代の精神と非常によく一致している。

第10章 ボルソナロ、ロペスオブラドール

中南米におけるカウディーリョの復活（2018年）

「ブラジルは道徳的、政治的危機に直面している」。2017年8月、サンパウロ。フェルナンド・エンリケ・カルドーゾ元ブラジル大統領は、自身のライフワークを破壊される可能性について、客観的かつ分析的に語ってくれた。社会学の元教授であるカルドーゾは、1995年から2002年にかけてブラジル大統領として活躍し、ブラジルの民主主義を強化し、経済改革を行い、好景気の基礎を築いた。カルドーゾ退任以降のブラジルがいかに楽観的に見られてい

たかが、2009年の『エコノミスト』誌の有名なカバーに描かれている。リオのコルコバードのキリスト像がロケットのように宇宙へ飛び立ち、「ブラジル、離陸」という見出しが付いていた。しかし、当時86歳のカルドーゾは、自分の国がふたたび地上に墜落するのを目の当たりにしていた。

失政と鉄鉱石や大豆などの主要輸出品の価格低迷に見舞われ、ブラジル経済はそれまでの2年間でほぼ8%縮小していた。ジルマ・ルセフ大統領は2016年に弾劾裁判で罷免され、国会議員の40%が汚職で捜査を受けていた。「ラバジャト（洗車機）事件」と呼ばれる反腐敗闘争の一環として、ブラジルで最も強力なビジネスマンや政治家の多くが刑務所に送られた。世論調査では、自国の民主主義を信頼している人は、わずか13%だった。

一般市民が苦しみ、政治家が失脚し、ポピュリストで既存の制度に反対する政治家が台頭する条件が整ったのだ。私がサンパウロでカルドーゾに会ったとき、2018年の大統領選挙の初期の世論調査では、すでに極右の下院議員ジャイル・ボルソナロが2位になっていた。1990年に下院議員に初当選した元陸軍大尉のボルソナロは、25年以上にわたって政界でほとんど印象に残るようなことをしていなかった。しかし、政治的・経済的な危機のなかで、ボルソナロは突然、誰もが口にする名前となった。議会でも、そして犯罪が多発するブラジルのスラム街でも、犯罪者には厳罰で対応するという彼の公約は、人々の心に響いたのだ。アメリカのトランプやフィリピンのドゥテルテのように、ボルソナロはソーシャルメディアを通じて多くのファンを獲得し、衝撃的なレトリックで自分を際立たせていた。通りで男どうしでキスしているのを見かけたら、顔を殴るとも明言した。軍による拷問を擁護し、ほとんどのブラジル人が自分に同意していると挑戦的に述べた。2016年のルセフ大統領の弾劾裁判で、罷免に賛成票を投じた彼は、1964年から1985年の軍事独裁時代に悪名高い拷問部隊を運営し、多くの政治犯を殺害したとされるカルロス・アウベルト・ブリリャンテ・ウストラ陸軍大佐に自分の票を捧げさえした。

私が選挙の前半、2017年8月に会ったブラジルのエリートたちのほとんどは、彼らが「粗野で愚かで暴力的」とみなす男が大統領官邸にたどり着く可能性を信じようとしなかった。私は直後にこう記している。「ほとんどの識者は、ボルソナロは極端すぎて勝てないと見ている。しかし、設備の整ったオフィスで安心させるような言葉を聞かされても、トランプの勝利はあり得ないとされた、2015年のワシントンでの会話を思い出して、居心地が悪かった」[*1]

その悪い予感は的中した。2018年10月28日のブラジル大統領選挙の決選投票で、ボルソナロは圧勝した。同国で最もカリスマ的な左派の政治家であるルラ前大統領が汚職容疑で収監され、対抗馬として失格となったことが追い風となった。

ボルソナロの勝利は、中南米のみならず、世界的な意義を持つものだった。1980年代初頭まで、中南米は権威主義的な指導者に支配されていた。1978年には、中南米全体で民主主義国家はわずか3カ国だけだった。当時の中南米の政治を見渡すと、チリのアウグスト・ピノチェトやアルゼンチンのホルへ・ビデラのような軍政や独裁者が点在していた。しかし、1990年代初頭には、南米大陸の大部分で民主主義が台頭してきた。1985年にブラジルが20年以上にわたる軍政に終止符を打ち、民主化したことは、その規模と地域のリーダーとしての役割からとくに重要な出来事であった。ブラジルは世界で6番目に人口が多く、2億人以上いる。中南米では最大の人口を誇り、南米居住者の2人に1人はブラジル人である。

カルドーゾ、ルラ両大統領の時代には、ブラジルはグローバリゼーションと民主主義をうまく採り入れ、権威主義の暗黒時代を脱した国として広く知られるようになった。カルドーゾはビル・クリントンの友人となり、深い親交を結んだ。正統派経済学と社会自由主義を組み合わせたクリントンの「第三の道」の哲学を見習い、カルドーゾは「第三の道」をブラジルで実践した。ルラは貧しい一家に生まれ、労働組合の指導者として頭角を現した人物で、カルドーゾの経済改革を基礎に、社会改革を通じてブラジルの悪名高い不平等に取り組み始めていた。その政策の1つに、世界的にも称賛された「ボルサ・ファミリア」がある。これは貧困家庭への生活補助金支給制度で、子どもがいる家庭には、学校の授業への出席などを条件とした付加給付を出している。多言語を操るテクノクラートであるカルドーゾがクリントンと完璧に馬が合ったように、社会改革者でコミュニティ・オーガナイザーであるルラは、オバマの相手としてうってつけだった。オバマは「この人が大好きだ」と公言して、ルラを受け入れていた。

ボルソナロの当選によって、ブラジル政治はふたたびアメリカ政治の動向を追うことになった。トランプと同様、ボルソナロもほとんど取り憑かれたようにツイートし、トランプのスローガンを採り入れ、さらに「フェイクニュース」「グローバリズム」「政治的正しさ」「リベラル・エリート」を非難した。ブラジルの文脈では、「政治的正しさ」へのいらだちは、環境保護主義者や国際NGOへの侮蔑に転化した。彼らは、とくにアマゾンの開発に反対することで、ブラジルの発展を妨げているとボルソナロは主張している。地球温暖化への懸念が高まるなか、熱帯雨林の伐採を増やす意向を示したボルソナロに対して世界中の環境保護主義者があきれかえったが、トランプ政権は無反応だった。

トランプと同様、ボルソナロも政治をファミリービジネスとして扱った。息子のエドゥアルドはすぐに政権で重要な役割を与えられ、ホワイトハウスに派遣されてトランプの婿であるジャレッド・クシュナーと地政学について議論した。2019年の新政権発足早々、私はブラジルを再訪した。ある著名経済学者が、ボルソナロは「トランプのようだが、もう少し愚かだ」と言った。トランプは知性の高さで知られているわけではないので、少し驚いた。だがトランプは大きな事業を興し、経営してきた人物であるのに対して、ボルソナロは陸軍大尉以上の階級になったことがないのを思い起こした。政権内でも、ボルソナロへの軽蔑は隠されていない。FTの同僚記者が、経済に関するボルソナロの奇妙な発言について閣僚に尋ねたところ、「大統領はたわごとばかり言っている」とぶっきらぼうに告げられた。

トランプと同様、知識人がボルソナロを軽んじても、ボルソナロ支持者を思いとどまらせる効果はなかった。対照的に、リオなどの大都市よりも保守的な価値観を持つ小都市や農村部の有権者とボルソナロには親和性があった。トランプとは異なり、ボルソナロは実際に貧しい家で育った。1955年生まれの彼は、ブラジルの商業都市サンパウロから240キロメートル離れた、農地に囲まれた人口1万5000人の町エルドラドで育った。無免許の歯科医の息子で、ほかに5人の兄弟姉妹がいた。幼い頃から警察や軍隊に憧れていた。15歳のとき、自分の住む小さな町で起こった警察と左翼ゲリラの銃撃戦に感動したボルソナロは、治安部隊に入ることを決意。1973年に陸軍士官学校の入学試験に合格する。これは、ボルソナロの反対派が好む「ボルソナロはバカ」という意見を覆す、正真正銘の功績である。*2

軍隊では、兵士の賃上げや待遇改善を求める運動を展開した。1990年代に政界に転身すると、軍部の率直な支持者として注目されるようになった。ブラジルの政治家の多くが民主化を求めていた時代に、軍政時代を公然と懐かしむ姿は、時代にそぐわない奇異なものに映った。

しかし、彼の伝記を書いたリチャード・ラッパーが示唆するように、ボルソナロの激しい社会保守主義は、実はブラジルの都市部のエリートが思っている以上に、多くの一般市民の意識と重なっていた。2020年に行われた世論調査では、61％のブラジル人がボルソナロの軍学校の新設計画を支持し、同性婚と中絶の両方に過半数が反対している。*3 トランプやドゥテルテと同様、ボルソナロは「政治的正しさ」を糾弾し、シンプルな解決策とタフな響きを持つ救済策を約束して、国民を切り崩したのである。

2018年の大統領選挙で、ボルソナロは、ブラジルらしいポピュリスト連合を結成した。ラッパーはこれを「牛肉、聖書、銃弾」と表現している。「牛肉」とは強力な農牧畜系グループのことであり、農牧畜業の拡大を阻む環境規制を撤廃するというボルソナロの公約に惹かれていた。「聖書」とは、ボルソナロと同じ、ブラジルの30%を占める福音派プロテスタントを指す。「銃弾」とは、ブラジルの強力な銃規制緩和推進系グループを表している。

ブラジルのミドルクラスの多くは、犯罪への恐怖や汚職への嫌悪感からボルソナロに投票した。私が会った学者はたいていボルソナロを侮っていたが、店員、ツアーガイド、会社員など、私が話した多くの労働者は、より寛容に見えた。彼らはボルソナロを、腐敗したシステムと勇敢に戦うアウトサイダーとみなし、その肉体的な勇敢さを尊敬していた。2018年の大統領選挙運動中にボルソナロは腹部を刺され重傷を負い、複雑な手術の末に一命を取り留めたのだ。私が彼を初めて生で見たのは、2019年のダボス会議だった。彼は短時間、壇上で講演したのだが、コートを着たままだったのが不思議だった。その理由は、手術からの回復途上でまだ、人工肛門を装着しているからだと彼のスタッフが教えてくれた。

アメリカのトランプと同様、ブラジルの大企業の多くは、お役所仕事の削減と減税を約束してくれる見返りとして、ボルソナロに対する嫌悪感を飲み込む心づもりだった。また、ボルソナロがリベラル派の著名経済学者を政権の要職に就けたことも、彼らを勇気づけた。政界入りした頃のボルソナロは、国家による経済統制を主張し、国有資産を売却したカルドーゾは銃殺に値するとまで言っていた。しかし、大統領選では、民営化や減税を主張し、経済的リベラル派として選挙戦を展開した。ビジネス界における彼の支持者のなかには、彼のとんでもない発言は、単に注目を集めるため、そして問題を劇的に演出するためになされたものだと主張する人もいた。かつてトランプの発言について言われたように、ボルソナロの発言も「真剣に、しかし字句通りではなく」受け止めるべきであった。

ボルソナロ政権は、リベラル派経済学者と「文化的マルクス主義」（訳註：極右の反ユダヤ主義陰謀論者が使う用語で、フランクフルト学派が西側のキリスト教的価値観を破壊しようとしているとするもの）を非難する右派の文化戦争の闘士との、不安定な連合体であることがすぐに明らかになった。国際的なビジネスマンや銀行家は、シカゴ大学で学んだ経済学者であるパウロ・ゲデス経済相に感銘を受けていた。彼は多額の負債を抱える年金制度の改革と大規模な民営化を実行しようとしていた。しかし、ゲデスと机を並べていたのは、エルネスト・アラウージョ外相で、彼は気候変動は「ドグマ」であり、民主主義を破壊し、中国に利することを意図する「グローバリスト」によって推進されていると主張した。アラウージョは、新型コロナウイルスが国家統制を拡大する共産主義者の陰謀だと示唆する発言さえしている。「新型コロナウイルスは、共産主義者の悪夢にふたたび気づかせてくれた」[*4]

新政府の文化戦争の闘士のなかには、ボルソナロですらおかしいと感じる人もいた。２０２０年初頭、文化局長のロベルト・アルビムが演説で、「次の10年のブラジル芸術は英雄的で愛国的なものになる」と宣言した。ところが残念なことに、その演説の一部が、ヒトラーの宣伝相ヨーゼフ・ゲッベルスの演説の盗用であることが判明した。ボルソナロはアルビム文化局長の解任を余儀なくされた。[*5] アルビム事件は、一面では滑稽であった。だが、ブラジルや中南米の政府関係者がファシズムに共感していると暗に示されたことは、極右思想を信奉する残忍な軍政を数多く抱えた記憶に新しい南米大陸では、明らかに不吉だった。

1962年から1966年の間だけでも、アルゼンチンやブラジルを含めて中南米では軍事クーデターが9回起きている。これは、中南米では政治的傾向が伝染しやすいことを物語っている。冷戦が激化するなかで政権を握った将軍たちの多くは、カストロのキューバに代表される共産主義者の影響力に対抗する必要性を軍政を敷く理由に挙げた。南米大陸に誕生した軍政は、さまざまなレベルの残虐さで国を支配した。アルゼンチンやチリのような最悪の政権は、何千人もの反体制派の「失踪」や大規模な拷問で悪名高い。アルゼンチンでは、1976年から1983年にかけての「汚い戦争」で3万人が殺害された可能性がある。これとは対照的に、2012年に設置されたブラジルの真相究明委員会は、軍政によって「失踪」または殺害された反体制派を「わずか」434人特定したに過ぎないが、同委員会は、何千人もの先住民が殺害された可能性があり、反体制派への残忍な拷問も頻繁に行われていたことも示唆している。[*6] しかし、ボルソナロは、軍部の「厳しい」措置は、犯罪率の低下と経済発展によって正当化されると主張している。

中南米では民主化が1980年代にほぼ完了した。ほとんどがベルリンの壁の崩壊前であった。最も重要なきっかけは、１９８２年に起きた累積債務危機であった。ジャーナリストのマイケル・リードはその年のことを次のように述べている。「経済的失敗を非難する声に、独裁者たちは屈した……中南米の軍隊は、部隊の団結を危険にさらすよりも、市民と一緒に座り、兵舎への帰還を交渉したのである」[*7]。中南米が独裁政治から脱却したタイミングは、スペインとポルトガルに民主主義が復活した直後であり、世界の他地域での出来事の前兆となるものであった。東欧では、ポーランドなどのソ連の陣営内で民主化への圧力が高まった。東南アジアでは、１９８６年にフィリピンでマルコスが「ピープルパワー」革命で倒れた。その前年には、ブラジルで１９６０年代以来の文民大統領にジョゼ・サルネイが就任し、権威主義から自由民主主義へと向かう地域的・世界的な流れのなかで重要な役割を果たした。

２０１８年のボルソナロ政権の誕生によって、ブラジルはふたたび世界的な政治の転換に加わることになった。今回は、リベラルな国際主義から離れ、強権的なポピュリストによる支配へと向かっている。ボルソナロは軍政時代を懐かしんでいるが、それは１９６０年代から１９７０年代の中南米の権威主義をそのまま再現したものではない。それは、明らかに21世紀的なポピュリズムであり、かつてブラジルを支配した将軍たちよりも、トランプに負うところが大きい。将軍たちとは異なり、ボルソナロは選挙で選ばれ、活発な野党と独立したメディアや裁判所に直面した。ボルソナロのキャッチフレーズの多くは、「フェイクニュース」や「ディープ・ステート」など、トランプからそのまま借用したものである。また、ボルソナロはトランプのように陰謀論を好んだ。たとえば、環境活動家はアマゾンを占拠し、ブラジルの貴重な資源を奪おうとする外国勢力の手先であると言った。トランプはボルソナロの個人的なロールモデルであったが、ボルソナロにはヨーロッパやアジアにも政治的なソウルメイトがいた。犯罪やミドルクラスの不安や恐怖を強調する姿勢は、フィリピンのドゥテルテの手法に酷似しており、ソーシャルメディアを巧みに利用した手法も同様である。２０１９年の大統領就任式に出席した外国からの賓客は、ハンガリーのオルバンとイスラエルのネタニヤフであった。

ポピュリズムの研究者にとって、中南米は絶好の場所である。中南米でポピュリズムは波瀾万丈の長い歴史を持つ政治手法だからだ。マイケル・リードは、ポピュリズムには２つの主要な特徴があり、いずれも現代的な関連性を持っていると論じる。まず第一に「国を救うと称する強力でカリスマ的なリーダーが、指導者と政府と政党と国家の境界線を曖昧にし、チェック・アンド・バランスによる行政権の制限の必要性を無視するという類の政治である。第二に、ポピュリズムはしばしば、持続不可能な形での所得や富の再分配を伴う」[*8]。リードが指摘するように、従来の西側政治の基本であった「右」と「左」の区別は、ポピュリズムを分析する際には必ずしも有用ではない。中南米のポピュリストの典型であるフアン・ペロンは、１９４６年から１９７４年まで、アルゼンチン大統領を３期務めた。軍部出身で、ナチスの戦犯をかくまい、明らかにファシズムの影響を受けていた。しかし、彼はまた、貧困撲滅に努力していると自認し、さらに国家による経済統制を採用したことから、多くの左派にとっても英雄であった。

現代の中南米では、ボルソナロなど右派ポピュリストが、ベネズエラのウゴ・チャベス、ボリビアのエボ・モラレス、2018年にメキシコの大統領に選ばれたアンドレス・マヌエル・ロペスオブラドールなどの左派ポピュリストと競い合っている。左右のポピュリストの主な共通点は、いずれもエリートに対抗する民衆の代表であると主張し、複雑な問題に対してシンプルな解決策を約束することだ。

ボルソナロがトランプやオルバン、ネタニヤフといった右派ポピュリストとイデオロギー的な同盟を結んだように、中南米の左派の強権的指導者もまた、海外の賛同者から称賛と注目を浴びてきた。1960年代から1970年代にかけて、西側諸国から政治的な「巡礼者」を集めたのは、カストロのキューバだった。2000年代には、チャベスのベネズエラが急進左派の流行になった。ジェレミー・コービンは、イギリス労働党の党首時代に2回の総選挙で惨敗したが、チャベスを「緊縮財政と新自由主義経済学に抗して戦うすべての人々にインスピレーションを与えてくれる」と評したことがある。[*9]

チャベスは1992年にクーデターでベネズエラの権力を掌握しようとしたが、失敗して投獄された。そして1998年に今度は民主的な選挙に出て、大統領に就任した。その後の10年間にわたり、チャベスは強権政治の教科書通りに動いた。最高裁に言いなりになる判事を詰め込み、選挙制度を自分に有利なように変更し、テレビでとりとめもなく大げさにしゃべることで個人崇拝を確立し、独立した批評家を敵対する外国勢力の手先として糾弾した。しばらくの間、ベネズエラの莫大な石油埋蔵量が、経済を支えていた。カストロのキューバが海外に医師を送り出していた――1970年代にはアフリカに兵士を送っていた――のと同じで、チャベスはボリビアからニューヨーク市まで、外国の友人たちに石油を贈っていた。2007年、社会主義者のロンドン市長ケン・リビングストンは、チャベスのベネズエラからの燃料補助のおかげでバスの運賃を引き下げることができたと発表した。

当時、ベネズエラの3分の1の世帯が貧困状態にあると言われていたことを考えると、チャベスの贈り物は不適切だという意見もあった。[*10] しかし、チャベスは国内でも貧困との戦いに着手していた。食糧補助、教育や識字率向上プログラムへの資金投入、主要産業の国有化などだ。これらの政策は、進歩的だとして彼の国際的な評判を高めた。しかし、その財源は石油価格の高騰と負債によって賄われた。また、チャベスの支配は、汚職、縁故主義、報道機関や政敵への威嚇と深く結びついていた。

2013年にチャベスが癌で死去した後、原油価格は下落し始め、請求書が届くようになった。カリスマ性で劣る後継者ニコラス・マドゥロの下、ベネズエラは貧困と社会崩壊に陥った。ベネズエラ政府はアメリカの制裁のせいにしているが、原因は自国にあった。[*11] 2018年までにベネズエラの80%以上の世帯が貧困状態に陥り、数百万人が国外に脱出した。その翌年にブラジル北部を訪れた私は、道端で物乞いをするベネズエラ難民に頻繁に出くわした。かつて中南米で最も成功した国家の1つとみなされていた国の国民にとって、悲劇的で屈辱的な運命であった。

チャベスとマドゥロが引き起こした悲惨な経済状況は、中南米の左派の多くに影を落としていた。ボルソナロは選挙戦で、事あるごとにルラと労働党をチャベスの大失敗と結びつけた。結局、中南米で左派ポピュリストが権力を握ったのは、ブラジルではなくメキシコであった。アムロの名で世界的に知られるアンドレス・マヌエル・ロペスオブラドールは、次点候補に31ポイント差をつける地滑り的な大勝利を収め、2018年12月――ボルソナロより1カ月早く――メキシコ大統領に就任した。ブラジルと同様、メキシコでは、カリスマ的なポピュリストの選出は、国を統治するエリートに対する拒絶と広くみなされていた。

ブラジルとメキシコがポピュリストによって統治されるようになったことは、この地域にとってより大きな意味を持っている。ブラジルとメキシコは中南米で最も人口が多く、ともにG20のメンバーであり、互いを地域のリーダー国を目指すライバルと見ている。ボルソナロが「文化的マルクス主義者」を敵視するのに対し、ロペスオブラドールが選んだ敵は「新自由主義者《ネオリベラル》」である。ボルソナロは陸軍士官だったが、ロペスオブラドールは長年コミュニティ・オーガナイザーであった。しかし、このような違いにもかかわらず、2人の指導者にはある種の共通点がある。両者とも、腐敗、犯罪、暴力によって社会に蔓延していた幻滅を背景に政権を獲得した。両者ともポピュリストであり、国民との直接的な結びつきを主張する。*12 両者ともナショナリストであり、宗教的であることを公言している。

ボルソナロが経済運営を大学教授やテクノクラートに丸投げしているのに対し、ロペスオブラドールは自ら指揮を執り、ブラジルのルラやベネズエラのチャベスと同じような貧困との戦いに挑んでいることが大きな違いである。ロペスオブラドールが選んだ政策は、恵まれない人々への奨学金プログラム、最低賃金の引き上げ、無駄が多く汚職にまみれているとみなした大規模なインフラプロジェクトの中止などであった。左派ポピュリストには珍しく、彼は公共支出をコントロールすることに強い信念を持っている。

就任当初のロペスオブラドールの政策のいくつかは、独立した機関に対するポピュリストの焦燥を表している。最高裁判事には辞任を強要した。エネルギー規制機関のトップが周囲に不適格な取り巻きたちを送り込まれたことに不満を表明すると、辞めさせた。また、入札を経ずに発注された契約の数は、不吉な兆候であった。[*13] ロペスオブラドールが提案した「前任の大統領全員を汚職の罪で裁判にかけるかどうかの国民投票」は、政敵を投獄しようとする強権的指導者の衝動がポピュリズムと結びついたものだった。

ロペスオブラドールの大統領就任後の1日は、ほぼ毎日、午前7時からの記者会見で始まる。カストロのように自分の声が好きなロペスオブラドールは、自分の機嫌を損ねたジャーナリスト、ビジネスマン、環境保護主義者などを個人攻撃するような、とりとめのない話を2時間続けることもしばしばだった。メキシコの知識人たちは、この日課にあきれていたが、ロペスオブラドールは国民全体からかなりの支持を得ていた。とくに、自分の給料を半額にしたことは、一般のメキシコ人たちから高く評価された。大統領に就任して1年、ロペスオブラドールの人気は上々であった。

しかし、彼の改革は経済的成功を実現したわけではない。就任後初の通年となった2019年、経済成長率は過去10年で最低だった。ロペスオブラドールに公平を期すために書き添えれば、その年の彼はアメリカとの貿易戦争や原油価格の急落など、非常に不利な条件に直面していた。これらもまた、不吉な兆候だった。

メキシコとブラジルは、新型コロナウイルスに襲われたとき、ともに経済が弱体化した状態にあった。ボルソナロとロペスオブラドールは、ポピュリストの本能に忠実に、似たような反応を示した。ボルソナロは、新型コロナウイルスは鼻風邪程度だと主張した。ロペスオブラドールは、六つ葉のクローバーを振りかざし、これがウイルスから自分を守ってくれると主張した。そして、国民には、今後もパーティやレストランに行くよう勧めた。ロペスオブラドールはパンデミックに真剣に取り組まず、脆弱な医療システムの強化や経済活性化のための支出はほとんど実行されなかった。

両国は、新型コロナウイルスによって最も深刻な被害を受けた国となった。2020年末までに、ブラジルはアメリカに次ぐ世界で2番目に多い死者数を、人口世界10位のメキシコは、世界で3番目に多い死者数を記録した。これらの高い死亡率を、政治指導者の「トランプのような無頓着さ」のせいにすることは簡単だった。多くの専門家は当初、パンデミックの恐ろしい犠牲がポピュリズムの欠点を明らかにし、ボルソナロやロペスオブラドールのような強権的指導者の支配力を弱めるだろう、と考えた。影響力のあるユーラシア・グループのイアン・ブレマー社長は、2020年4月に次のように書いている。「いま、世界最悪の政治的混乱に見舞われている主要国はどこだろうか？　どの国の元首が最も深刻な問題に直面しているだろうか？　答えはブラジルとその大統領だと言える、それなりの論拠がある」[*14]。私自身も同じ意見で「ジャイル・ボルソナロのポピュリズムはブラジルを災難に導く」という見出しのコラムを書いた[*15]。2020年半ばには新型コロナウイルスが制御不能となり、ボルソナロが弾劾されるかもしれないとの憶測が流れた。

だが、ブラジルやメキシコの高い死亡率によって、ボルソナロやロペスオブラドールの政治的地位が直ちに失われることはなかった。国民の大半が貯蓄をほとんど持っていない経済状況では、ロックダウンを免れたことに多くの人々が感謝した。ブラジルでは、ボルソナロの人気は、貧困層への緊急の現金支給によっても高まった。パンデミックがもたらす経済、健康、社会への影響は、何年にもわたって続き、長期的に見ないとその本当の大きさはわからない。しかし、ボルソナロとロペスオブラドールの初動対応の類似性は、右派と左派のポピュリズムが多くの場合、同じ本能に支えられていることを示した。

トランプ敗北に対する反応もまた、明らかに類似していた。ボルソナロは、多くの仲間たちがトランプ敗北という現実を受け入れた後も、長い間トランプへの忠誠を誓っていた。1月7

日、親トランプ派の暴徒がアメリカ議会議事堂を襲撃した翌日、ボルソナロはアメリカの選挙に関する彼らの不満を代弁し、支持者にこう語った。「2回、3回、4回、投票した人がいた。死人が投票した。混乱状態だった。誰もそれを否定できない」[*16]。何人かのブラジルの政治アナリストは、これらの発言が軽率なばかりか、不吉なものだと考えた。ボルソナロ支持者も、黒人の多い貧困地域を中心にして、しばしば不正投票疑惑を唱えてきたからだ。2022年のブラジル大統領選を控えて、彼がふたたびトランプの戦略を真似る準備をしているのではないかと危惧する声もあった。

トランプはボルソナロのイデオロギー的なソウルメイトであり、彼がホワイトハウスから排除されたことへのボルソナロの落胆は、予想の範囲内だった。だが、ロペスオブラドールがトランプ敗北を認めたがらないのは意外だった。メキシコ人であり、左派であるロペスオブラドールには、アメリカへのメキシコ人移民をレイプ犯や犯罪者と呼ぶ大統領に好意を感じる明らかな理由がない。選挙に出馬したとき、ロペスオブラドールはトランプをネオ・ファシストと呼んでいた。しかし、メキシコの指導者となった彼は、アメリカのポピュリストと思いもよらない友好関係を築いた。それは単純なプラグマティズムという側面もあった。メキシコの指導者はみな、アメリカ大統領と仲良くしようとするものだ。しかし、ロペスオブラドールとトランプは、互いに好感を抱いていたようだ。2人ともポピュリストであり、自国の政治とメディアのエスタブリッシュメントに対して宣戦布告した。2人とも北米自由貿易協定（NAFTA）

を厳しく批判していた。右派ポピュリストと左派ポピュリストが自由貿易と自由主義経済学に対する共通の疑念でつながっていることを証明している。2020年のホワイトハウスにおける両大統領の初会談は、ロペスオブラドールにとって就任19カ月目にして初めての海外訪問であり、双方にとって成功だったと評価された。

ロペスオブラドールとトランプの間に絆があるという認識は、トランプ敗北に対するロペスオブラドールの意外な反応によって強まった。プラグマティズムと原則論からすると、トランプ敗北と、バイデンが正当な大統領になったという現実を速やかに認めるはずだった。しかしロペスオブラドールは、ロシアのプーチンやブラジルのボルソナロとともに、トランプが選挙結果に異議を唱える権利を主張し、現実をなかなか認めなかった。これは彼自身の政治の道のりを反映しているのだろう。これまで2度、大統領選に立候補して落選している。とくに2006年の選挙では、フェリペ・カルデロンに僅差で敗れた。彼は結果を受け入れるどころか、不正を叫び、メキシコシティの中心部にあるソカロ広場を支持者が占拠して、大規模な座り込みを繰り広げた。この2006年、そして2012年の大統領選挙で敗れた際の彼の反応は、2020年のトランプの大統領選敗北時の反応とよく似ている。

ブラジルやメキシコの政治はしばしばアメリカ政治の後を追う。そのため、トランプ敗北が、中南米の2大国におけるイデオロギーの潮流変化を予期させるものだと考えるのは自然だ。アメリカ大統領選挙後、ボルソナロが国際的に孤立したのは確かである。新型コロナウイルスによる大きな犠牲、経済低迷、ルラの政界復帰と続くなか、ボルソナロは明らかに、トランプ流の不正投票の主張をすることで、2022年10月に行われる大統領選の結果に異議を唱えるための地均しをしていたのである。危険なのは、ブラジルの制度や機関――とくに軍隊――は、民主主義と法の支配を守るために、アメリカの制度や機関ほど強固でない可能性がある。

中南米の他の地域では、ポピュリストへの流れがまだ高まっている可能性がある。ロペスオブラドールの任期は2024年までだが、プーチンや習近平のように、改憲によって大統領任期を延長しようとするのではないかとの憶測がすでに流れている。ロペスオブラドールへの個人崇拝と彼による政界の支配は、よく売れた本のタイトル『*El País de un solo hombre*（1人の男の国）』にも表れている。[*17]

一方、テクノクラート的で、よりエスタブリッシュメントから信頼されている中南米の指導者たちは、パンデミックによって大きな政治的代償を払った。

ロックダウンを最も厳格に行おうとした南米諸国の指導者は、アメリカのエリート大学で教育を受けた人が多かった。チリのセバスティアン・ピニェラ（ハーバード大学）、コロンビアのイバン・ドゥケ（ジョージタウン大学）、ペルーのフランシスコ・サガスティ（ペンシルベニア大学）などだ。しかし、慎重に対応してロックダウンしたにもかかわらず、ほとんど報われなかった。最も厳重にロックダウンした国々の経済ショックは、より緩やかなブラジルよりも深刻であった。ペルーでは、2020年末には都市人口の半分が失業した。[*18] こうした状況下で、

2021年のペルー大統領選挙でチャベスを賛美する左派ポピュリストのペドロ・カスティージョが勝利したのは、さほど不思議なことではない。[*19] 南米大陸では主要な選挙がいくつも迫っている。今後数年間で、ポピュリスト指導者が右派と左派の両陣営から台頭するのではないかと懸念する、十分な根拠がある。

これまで見てきたように、1980年代の中南米は、世界中の独裁国家を一掃する民主化の波を作った。もし、この地域の他の国々が、ブラジルやメキシコに続いて、カリスマ的な強権的指導者に走れば、そのデモンストレーション効果は中南米を超えて広く波及する可能性がある。1990年代に民主化の波を経験したアフリカもまた、強権支配の危険性と誘惑にあらためて立ち向かっている大陸の1つである。

第11章 アビー・アハメド

アフリカの民主主義への幻滅（2019年）

「強権的指導者の時代」には、あるパターンが繰り返されてきた。世界のどこかに新しいカリスマ的指導者が出現すると、西側メディアがその指導者をリベラルな改革者として描く。西側の政治家や機関が好意的なコメントを出したり援助を申し出たりして、それに一枚嚙む。しかし、時間が経つにつれて厄介な事実が浮かび上がる。リベラルな改革者が次第に権威主義的になっていき、幻滅が始まる。

2000年以降、プーチン、エルドアン、習近平、モディ、オルバンと、このパターンが反復されてきた。しかし、世界中で強権的指導者が出現したからといって、称賛に値する新たなリベラル・ヒーローを探し出そうという西側の本能を抑えることはできないようだ。それどころか、強権的な権威主義が台頭する世界において、自由民主主義の擁護者を探そうとする西側のオピニオンリーダーの意欲をさらに高めたのではないだろうか。

２０１８年から２０２０年にかけてのアビー・アハメドに対する世界の反応は、熱狂から絶望へというサイクルそのものだった。アビーは、２０１８年4月にアフリカで2番目に人口の多いエチオピアの首相に就任した。就任後の１００日間、アビーはエチオピアの政治体制の自由化に動き、国家非常事態宣言の解除、数千人の政治犯の釈放、亡命した野党党首らの帰国、報道の自由の促進を実現させた。また、隣国エリトリアとの敵対関係を解消するため、エリトリアの首都アスマラに赴き、長年の領土問題を解決するために譲歩するなど、迅速な動きを見せた。政権与党のエチオピア人民革命民主戦線（ＥＰＲＤＦ）は、より体裁の良い「繁栄党」という名前に改称された。*1

世界的な舞台で人目を引きたいと願う新米指導者にとって、ダボス会議への出席というのは１つの通過儀礼である。２０１９年1月、アビーのデビュー戦を、私は数メートル先から見ていた。率直なリベラル主義を掲げる42歳のアビーは、イケメンで自信に満ちており、好印象を受けないほうが難しいくらいだった。彼が、エチオピアではもう刑務所に入るジャーナリストはいない、内閣の50%は女性だと述べると、聴衆からは拍手が自然に湧き起こった。

ダボス会議での演説で、アビーは強権的指導者による支配が発展への道であるという考えに、真っ向から反論した。「われわれは、民主主義を受け入れずに持続的な成長は不可能だと信じている……民主主義と発展は連動していると考えている」。まさにダボスの聴衆が聞きたかったメッセージであり、質問への対応も穏やかで信憑性のあるものであった。ダボス会議のモデレーターであるボルゲ・ブレンデ（訳註：元ノルウェー外相）は、アビーが政権を取ってから数カ月のうちに国民に対し、エチオピアという共通のナショナル・アイデンティティーを一番に置いて、民族的アイデンティティーをその下に置くように説得したと聴衆に説明した。そして、アビーに感心したように問いかけた。「どうやったのですか？」。アビーは愛想良く、仲直りは簡単だと答えた。「人々と一緒に座り、エゴを脇に置くことですよ」[*2]

その年の暮れ、アビーはノーベル平和賞を受賞した。トランプは自分が受賞者にふさわしいと信じていることをほとんど隠しておらず、間違いなく悔しがっていた。ノーベル平和賞の選考理由では、アビーがエリトリアと和平を結んだことと、彼の民主的改革が「多くの国民により良い生活への希望を与えた」と称賛している。

しかし、長年にわたりエチオピア政治を見てきた専門家のなかには、当初からアビー現象に懐疑的な人もいた。２０１８年9月の時点で、ミケラ・ロングは、アビーは強権的指導者に対する解毒剤であるどころか、実際には、その卵であるだけかもしれないと論じていた。「彼は大げさにもガンジー、マンデラ、ゴルバチョフのような人物と比べられているが……より似ているのは、トランプ、プーチン、エルドアンといった同時代のポピュリストだ。彼らは対外強硬主義的なナショナリズムに訴えて国内の政治的議論を切り捨てたり、場合によっては乗っ取ったりする」[*3]。ロングは、アビーのエチオピア民族主義の強さと、それが地域紛争を再燃させる可能性に目を留めた。

アビーの経歴は一見、エチオピアの民族的・宗教的分裂の橋渡し役として完璧に思える。母はキリスト教徒でアムハラ人、父親はムスリムでオロモ人である。アビー政権が誕生する以前、長年にわたって政権を独占してきたティグライ人の言語であるティグリニャ語も話すことができる。アビー首相が公言した目標は、民族連邦制という古いモデルを捨て、より強固なナショナル・アイデンティティーを構築することであった。

アビー政権誕生以前から、エチオピア最大の民族であるオロモ人は、ティグライ人による国政支配に反発し、民族間の緊張がくすぶっていた。首相に就任したアビーは、陸軍、治安部隊、政府の高官から多くの著名なティグライ人を追放した。ティグレ人民解放戦線（ＴＰＬＦ）は政府から離脱し、党幹部は故郷のティグレ州に戻った。一部のオロモ民族主義者は、アビーが権力と特権のバランスを自分たちに有利にするために十分なことをしていないとして、依然として街頭で抗議を続けた。この事態が内戦へと発展したのは、ティグライ人の伝統的支配に彼が挑戦したからだ。

２０２０年末、アビーはティグレ州の指導者たちが連邦政府の命令に背き、無許可で地方議会選挙を行ったと非難した。エチオピア軍はティグレ州の反乱を制圧するため、空爆と地上攻撃を開始した。5万人の難民が発生し、130万人が緊急支援を必要としていることが報告されるなか、一般市民に対する残虐行為で非難合戦が始まった。[*4]

戦争と対立という新しい雰囲気のなかで、アビーは政治的リベラリズムを放棄した。ジャーナリストや野党政治家が逮捕され、拷問が行われているという報道が流れた。政権を担ってわずか3年で、リベラルな価値の旗手としてのアビーの評判は大きく損なわれてしまった。世界中で見られる「強権的指導者の時代」のパターンの繰り返しである。しかし、これはアフリカではとくによくある話で、脱植民地化後に解放の英雄と称された指導者の多くが、後に権威主義の暴君に成り下がった。

プーチン、習近平、モディ、トランプが台頭する以前から、多くのアフリカ諸国は強権支配の苦い経験をしてきた。ダボス会議でアビーの演説を見る前の年、私はジンバブエで権威主義がもたらす経済的影響を目の当たりにしている。国境を越えて強権的指導者の支配下にある国に入るときには、緊張と退屈を同時に味わうことになるものだ。2018年2月のジンバブエとボツワナの国境でもそうだった。国境警備隊が私のパスポートを持って消えたので、壁に飾られたジンバブエの新大統領エマーソン・ムナンガグワの大きな肖像画を詳細に眺める時間ができた。ムナンガグワは、1980年の独立以来、ジンバブエを統治してきたロバート・ムガベの後継者として、わずか3カ月前に就任したばかりだった。

当時はまだ、ムナンガグワが、ムガベの残した政治的・経済的状況からジンバブエを救うのではと期待する声も聞かれた。しかし、ムナンガグワには「ワニ」というあだ名がある。ムガベ政権下で情報機関のトップや国防相を務めた際に付けられたこの異名は、その期待が雲散霧消する可能性を示唆していた（かつてロシアの反体制派が、民主主義者として生まれ変わったソ連共産党の元党員についてこう語った。「一生ろくでなし扱いされたくない奴が、突然自分はろくでなしではないと言っただけさ」）。

やがて国境警備隊が現れ、少しバカにするような笑みを浮かべながらパスポートを返してくれた。車に乗り込み、運転手に、現金を引き出したいから銀行まで行ってほしいと頼んだ。運転手は笑って答えた。「銀行には連れて行ってあげるけど、現金はないと思う」。ムガベ政権下でハイパーインフレが続き、ジンバブエドルは使われなくなった。代わりにジンバブエ人は外貨、主に米ドルや南アフリカランドを使うようになり、深刻な現金不足に陥っていたのである。主要観光地であるビクトリアの滝でさえ、地元銀行はシャッターを下ろしており、その周りにはがっかりした顔の人たちが、現金が届くのを座って待っていた。現地通貨は、10億ジンバブエドルなどという途方もない額面の紙幣しかない。ムガベ時代のハイパーインフレの遺品であり、いまでは価値がなく、露天商が1枚1ドルで土産物として旅行者に売っている。

その光景は、強権支配の危うさを思い起こさせるものだった。ムガベが権力を握った1980年当時、彼は解放の英雄だった。元ゲリラ戦士で、ローデシア（ジンバブエの旧国名）の白人支配を終わらせる交渉に貢献した人物である。知的で雄弁なムガベは、より繁栄し、民主的で平等な未来へと自国を導くリーダーとしてふさわしい人物に思えた。ジンバブエ自体も、教育水準の高い国民が多く、農業の盛んな国であり、新しい時代に成功できる可能性があるように思われた。しかし、現実はそうではなかった。ムガベは政権を取ってから数年のうちに、政敵とその支持者に対する悪質なキャンペーンを開始したのだ。北朝鮮の軍事顧問団によって訓練された、悪名高い陸軍「第5旅団」をマタベレランドに派遣し、虐殺と人権侵害を行った。その後数十年間、ムガベの支配は専制政治、汚職、経済破壊の代名詞となった。

ムガベの元側近であるムナンガグワは、この嘆かわしいパターンを打破できなかった。当初、彼がジンバブエを再出発させるかもしれないという淡い期待は確かにあった。2018年4月、ムナンガグワはロンドンで開催されたコモンウェルス（英連邦加盟国・地域）の首脳会議で歓迎され、当時のイギリス外相ボリス・ジョンソンと親密な会談を行った。しかし、そのわずか数カ月後には、ジンバブエの治安部隊が首都ハラレでデモ隊を銃殺する事態に陥っていた。2019年には流血を伴うさらなる弾圧が行われ、イギリスはムナンガグワの側近に制裁を科した。[*5]

繰り返しになるが、解放の英雄が一転して専制的な強権的支配者になるというのは、脱植民地化時代のアフリカにおいて、あまりにもありふれている。この条件を満たすのは他にも、ザイール（現コンゴ民主共和国）のモブツ・セセ・セコ、コートジボワールのフェリックス・ウフェ・ボワニ、マラウイのヘイスティングズ・バンダ、エリトリアのイサイアス・アフェウェルキなどがいる。[6] しかし、アフリカのすべての解放の英雄が、この暗いパターンに従ってきたわけではない。南アフリカでは、刑務所から釈放されたネルソン・マンデラが、かつて自分を迫害した者たちに対して並外れた寛大さを示し、アパルトヘイト後の南アフリカの大統領に就任した。そして解放の英雄が権力を手放さずに専制君主となるという、ステレオタイプを打ち破った。ムガベやモブツとは異なり、マンデラは１９９９年にアフリカ民族会議（ＡＮＣ）の同志で、副大統領を務めていたタボ・ムベキに交代し、平和裏に大統領職を退いた。アパルトヘイト後の南アフリカは、ムガベから逃れたジンバブエ人たちを惹きつける存在となった。

　だが、南アフリカでも事態は悪い方向に転がった。２００９年から２０１８年までのジェイコブ・ズマ大統領の任期は、大規模な汚職、経済の停滞、「国家収奪」（訳註：個人や企業が私的利益のために国家の意思決定に介入すること）や国家の失敗という話題と結びついていた。東部の町ンカンドラの近くにあるズマの広大な豪邸は、国の資金で建設され、円形競技場、プール、家畜小屋、レセプションセンターなどを備えていた。[7] この宮殿のような豪邸の改修が発覚したとき、プールは消防隊が水を汲み上げるための「防火水槽」だと説明された。これらのことはすべて、南アフリカの新聞や野党によって暴露され、罵倒され、激しくパロディ化された。しかし、南アフリカの報道の自由と国家機関・制度は弱く、２０１８年にズマが大統領を辞任するまで、国庫からの略奪を止められなかった。

　彼が残したダメージは大きく、国営電力会社エスコムなどの大手企業は事実上倒産してしまった。２０１９年、私はロンドンで開かれた会合で、ズマの後継者であるシリル・ラマポーザ大統領にインタビューしたが、彼によれば、ズマ時代の汚職によって南アフリカのGDPの10％に相当する損失が発生した可能性があるという。総額は「人々の想像をはるかに超えるもの」であり、累計で「5000億ランド以上」、つまり340億ドルもの政府資金が流用されたという。*8

2021年、ズマはついに裁判にかけられ、在任中の汚職問題を調査する委員会に出席しなかったことに対し、法廷侮辱罪で15カ月の禁固刑が言い渡された。これは、南アフリカでは法の支配がまだ機能しており、国の機関や制度が強権的支配に対抗できることを証明するものであった。しかし、南アフリカは大きな代償を払った。ズマ支持派の抗議デモをズマの政治的同志が煽り、デモ隊が暴徒化、略奪にも走ったのだ。32％もの高失業率に苦しむ南アフリカでは、背中をほんの一押しするだけで、多くの人々を略奪や窃盗に向かわせることができた。1週間の暴動で300人以上が殺された。

南アフリカの暴動が伝えるのは、深刻な貧困と不平等に苦しむ国々で民主主義を維持することの難しさである。しかし、ムガベやズマといった選挙で選ばれた指導者の失敗にもかかわらず、アフリカの市民一般は民主主義を高く評価している。調査ネットワーク「アフロバロメーター」が2019年に34カ国で実施した世論調査では、調査回答者の3分の2以上が、最良の政体として民主主義を選択した。しかし、西側と同様に、民主主義に対する信頼は低下している。アフロバロメーターの調査では、約半数が民主主義に「不満がある」と答え、20年前の25％

から上昇した。[*9]

解放の英雄が自国を独裁国家として支配し、民主的に選ばれた大統領が国家財政を略奪した事実は、一部のアフリカの内外の専門家に、強権的指導者モデルを再考させるきっかけとなった。一部の国では、強権的指導者の支配が、平和の回復と急速な経済発展につながっていた。よく言及される事例は、ルワンダのポール・カガメとエチオピアのメレス・ゼナウィである。メレスは１９９５年からエチオピア首相を務め、アビー政権が誕生する６年前の２０１２年に亡くなった。

カガメは、おそらくアフリカで最も有名な独裁者である。現在まで30年近くも大統領あるいは事実上の指導者として国を率い、海外には多くのファンがいる。ビル・クリントンは「われわれの時代の最も偉大な指導者」の１人と呼んでいる。トニー・ブレアは「先見の明がある」と評した。潘基文《バンキムン》前国連事務総長は、ルワンダを他のアフリカ諸国が見習うべきモデルと指摘した。[*10]

一見すると、カガメの大きな功績を否定するのは難しく思える。カガメの下での成長率は、年平均で約８％である。カガメに批判的な人は、この数字は操作されたものだと指摘する。もっと簡単に検証できる他の開発指標も改善している。平均余命は約69歳で、サハラ以南のアフリカで最大の成功例であるボツワナと同じである。国際的なビジネスマンは、ルワンダが仕事と投資のための効率的な場所であると評価している。[*11]

カガメのファンは、大量虐殺の恐ろしい歴史を持つルワンダに彼が浸透させた秩序意識にとくに感銘を受けている。１９９４年に多数派であるフツ人の過激派によって、ルワンダでは、最大で１００万人のツチ人とフツ人の穏健派が虐殺された。２０００年に正式に大統領に就任したカガメは、ツチ人とフツ人の対立緩和を政権の中心テーマに据えた。政権内はツチ人が優勢だが、公には民族による区別を嫌っている。現在のルワンダ国歌は「共有する文化がわれらの証、１つの言語がわれらの要」と宣言している。カガメは、自身もフツ人の血を引いていると明らかにしている。[*12]

カガメのルワンダでは、村は丁寧に植えられた花壇で飾られ、住民は靴を履くように言われる。新型コロナウイルスの発生前は、観光業が盛んだった。カガメはまた、強権的な支配にありがちな身勝手な行為や、あからさまな個人崇拝を避けている。軍人からテクノクラートに転身した彼は、ガバナンスを非常に重視していることで国際的に高い評価を受けている。

しかし、これらの進歩は、政治的自由を犠牲にしている。カガメはルワンダを全面的に支配している。２０１７年の大統領選挙では得票率98・7％で三選された。２０１５年の改憲によってカガメは最長で２０３４年まで権力の座に留まれる。さらに不吉なことに、反体制派や対立勢力の人物がしばしば奇妙な状況で死亡している。２０１３年、ルワンダの元情報機関のトップ、パトリック・カレゲヤが、南アフリカのホテルの一室で薬を盛られたうえで絞殺された。カレゲヤの死について問われたカガメは、責任を否定しながら、「実際、それをルワンダが実行できたらとは思っていた。本当にそう思っていた」と明言した。[*13] 最近出版されたカガメに批判的な伝記は、カレゲヤ暗殺の責任についてカガメを真っ向から非難している。また、国内外で起きている政権批判者の一連の殺害にも、カガメが関与していると論じている。[*14]

ヒューマン・ライツ・ウォッチの報告によると、ルワンダから亡命したジャーナリスト、チャールズ・インガビレは、数々の脅迫と襲撃を受けた後、ついに殺害された。[*15] カガメの批判者は、裁判所からも追い回されている。ルワンダ虐殺の際に1000人以上のツチ人やフツ人穏健派を救ったことで国際的に有名な実業家ポール・ルセサバギナ（映画『ホテル・ルワンダ』のモデル）は、2020年9月、「この地域のさまざまな場所や海外で活動している……暴力的な武装過激派テロ組織の創設者、指導者、資金提供者、メンバー」として逮捕、起訴された。[*16]

西側のカガメのファンたちは、長年にわたり、こうしたことをほとんど見過ごす腹づもりだった。ビル・クリントンは、ルワンダ虐殺の際に自分の政権が何もしなかったことをいまだに引きずっているが、「私は、この政権のように多くの進歩をもたらす政権には、もっと許容範囲を広げると思う」と述べている。実際、アメリカはカガメをしばしば庇《かば》った。たとえば、ルワンダ国際戦犯法廷の主任検事（訳註：カルラ・デル・ポンテ）が、フツ人難民に対するツチ人の残忍な報復行為にカガメが関与したとして裁判にかけそうになったため、主任検事を交代させるよう働きかけた。[*17] バイデン政権でアメリカ国際開発庁（USAID）長官に任命されたサマンサ・パワーも、カガメを称賛していることで知られる。

西側の支援を受けた「権威主義開発体制」の例は、カガメだけではない。アビー以前のエチオピアでも、同様の動きが見られた。１９９５年から２０１２年まで、エチオピアはメレス・ゼナウィ首相の厳しい統制下にあった。メレスは抑圧的な気質を持ち合わせていたが、経済発展の実績とテクノクラート的な政治手法から、しばしば大目に見られてきた。メレスは通信の民営化からコモディティの加工まで、あらゆることについての博識ぶりを西側の報道機関のインタビューで披露していた。韓国や台湾などの「アジアの四小龍」のようにエチオピアの国内産業を育成するとしたメレスの将来ビジョンを疑う者はいなかった。[*18]

ルワンダと同様、エチオピアの成長率にも目覚ましいものがあった。２００２年から２０１２年にかけて、エチオピアのＧＤＰ成長率は10%を超え、サハラ以南のアフリカ諸国の平均成長率の2倍に上った。メレス政権下で、極度の貧困状態にある人が15%減少した。村の診療所が1万５０００カ所開設され、未発達だった道路網は目に見えて改善された。平均余命も40歳から約65歳へと、25年という驚異的な改善を見せた。[*19]

西側の観衆を魅了するメレスの政策トークは、彼の魅力の一端に過ぎない。エチオピアを安定させ、友好的な対米政策を進めることで、メレスは西側のより大きな戦略的目的にも貢献した。一方、エチオピアの規模、経済成長、アフリカの角《つの》における戦略的地位は、中国の投資と外交をも大いに惹きつけた。２０１２年にエチオピアの首都アディスアベバに落成したアフリカ連合の新本部には、中国が建築資金を提供した。もっとも、メレスは、アメリカとの協調路線も維持した。アメリカがエチオピアに無人機（ドローン）を駐留させ、エチオピアはソマリアでの対テロ作戦に協力するといった関係を続けた。

カガメと同様、メレスも強権的支配はこの人物のもとなら容認されるというイメージを作り上げた。オバマ政権の国家安全保障問題担当大統領補佐官であったスーザン・ライスは、２０１２年にメレスが亡くなった際、彼の「世界レベルの知性」について語り、「彼はただ優秀だっただけではない。執拗な交渉者で、手強い論客で、知識欲が旺盛だっただけでもなかった。彼は並外れて賢かった」[*20]と述べた。

しかし、ルワンダと同様、その代償は抑圧であった。彼が亡くなる2年前の２０１０年の選挙で、メレスの得票率は99・6%という不条理とも言える数値となった。２００５年の選挙後、約２００人のデモ参加者が治安部隊に射殺された。教員組合や人権団体は解散させられ、野党は非合法化された。メレスはまた、人口の約6%を占めるティグライ人が引き続き政治的に優位に立つことを保証した。エチオピアをまとめるために一種の民族連邦主義に頼ってはいたが、どのグループがトップであるかということに疑問の余地はなかった。[*21] おそらく西側諸国は、メレスに対する妥協に気まずさを感じていたからこそ、外見上はよりリベラルなアビーを熱狂的に受け入れたのだろう。

裕福で強力なアメリカでさえ、アイデンティティー政治（訳註：人種、民族、宗教、性的指向など構成員のアイデンティティーに基づく社会集団の利益のために政治活動すること）が、長年にわたって確立されてきた民主主義の構造を脅かすほど強力な力になっている。それならば、戦争の原因となった強力な民族対立を抱えているエチオピア、ルワンダ、ジンバブエといったアフリカ諸国が、多元的な民主主義の確立に苦労していても不思議ではないだろう。北京に行って尋ねたなら、貧困が蔓延し国家機構が脆弱なアフリカに自由民主主義が適切なシステムであると信じているのは、ナイーブなアメリカ人とヨーロッパ人だけだと言われそうである。ほとんどのアフリカ諸国は、国を1つにまとめるために、ある種の強権的指導者を必要とするというのが中国の厳しい見解である。彼らとしてはムガベやズマではなく、カガメやメレスのような人物が現れることを祈るしかない、というのだ。

バーミンガム大学のニック・チーズマンが「民主主義の崩壊というより民主主義の困難」と表現するように、アフリカ大陸全体の民主主義は、この10年間にわたり大半の評価基準で徐々に衰退している。[*22] 冷戦終結後の1990年代には、多くのアフリカ諸国とその指導者が民主化に向けて動き、民主主義国家としてカウントされる国の数が増加した。しかし、中国の影響力が増すにつれ、アフリカ大陸に流れ込むイデオロギーの風は別の方向から吹いてきている。少し前の統計だが、2007年の時点ですでに中国とアフリカの貿易額は約1480億ドルに上り、アメリカとアフリカの貿易額は390億ドルである。明白な理由から、北京には援助や貿易の条件として民主的な統治を要求することに関心がなく、政治改革を求める働きかけも少ない。むしろ、中国は国際刑事裁判所に圧力をかけ、スーダンのオマル・バシルを起訴しないよう求めるなど、独裁的な友好国を積極的に擁護してきた節がある。[*23]

中国は独裁者を助けるだけでなく、権力支配を強化するための手段も提供している。長年にわたり、中国共産党はアフリカの政治家を独自のトレーニングプログラムに招待してきた。カリキュラムのなかには、中国の伝統文化や経済発展戦略など、一見無害なものもあるが、その多くはもっと陰湿なものである。参加者は効果的なプロパガンダの作り方、反対派の管理、反対意見の監視などを教わる。南アフリカのＡＮＣの幹部（全国執行委員会の56名を含む）は、２００８年から２０１２年にかけてこのプログラムに参加している。エチオピアは１９９４年から行政官の代表団を派遣している。[*24]

南スーダンのような新しい国も、中国の影響下に引き込まれた。中国は何千人もの南スーダンの学生たちに奨学金を授与している。明らかに非リベラルな影響を、政治文化に与えるだろう。南スーダンのバハル・アル・ガザール大学のサムソン・ワサラ副学長は「10年後には、［この学生たちの］誰かが南スーダンの指導者になるだろう……中国では民主主義について話すことはない」と述べた。[*25]

中国は、テクノロジー面でもアフリカ諸国を支援している。２０１４年、中国の通信機器大手の中興通訊（ＺＴＥ）は、エチオピア国民が利用できる通信インフラを提供した。２００７年にタンザニアで開催された、同国政府と中国サイバースペース管理局との共催イベントで、建設・運輸・通信省のエドウィン・ンゴニャニ副大臣がこう力説した。「中国の友人たちは、国内でそのようなメディア［グーグルなどのインターネットサイト］をブロックし、安全で前向きで人気のある自国開発のサイトに置き換えることに成功した。われわれはまだその段階に到達していないが、これらのプラットフォームを利用している間は、その悪用に注意する必要がある」

ジンバブエほど、中国による全体主義的なテクノロジー輸出が顕著な国はないだろう。ジンバブエでは、広州のハイテク企業、雲従科技（クラウドウォーク）の協力を得て、各都市や公共交通のハブに顔認識システムを導入する計画を２０１８年に採択した。表向きは犯罪撲滅のための取り組みだが、活動家たちは懸念している。ジンバブエのジャーナリスト、ガリカイ・ドゾマは、「アフリカの独裁者たちは……間違いなく、反対派を追い詰め、自分の政治的立場を強化するためにこのシステムを利用する」と予測する。ジンバブエの計画は、中国のすでに並外れた監視能力を強化するかもしれない。雲従科技のシステムによって、中国は漢民族以外の特徴を持つ顔を取りこみ、独自の顔認識データベースを拡張できるだろう。[*26]

中国がジンバブエに資金を援助することで、ムナンガグワは西側の政治的自由化の圧力に対抗しやすくなった。首都ハラレに６階建ての新しい国会議事堂の建設が始まり、中国がその費用１億４０００万ドルを負担した。[*27]その支出の見返りに、ジンバブエは他のアフリカ15カ国とともに、国連人権理事会に提出された書簡に署名し、中国の「人権分野における目覚ましい成果」と称え、ウイグル人収容所「職業技能教育訓練センター」を容認した。[*28]

他の権威主義的な国も、アフリカの強権的指導者に道を開いている。アメリカのような国は同盟国の悪行には見て見ぬふりをすることが多いが、ロシアは懸念する素振りすら見せずに免罪符を与える。ギニアのアルファ・コンデ大統領が違憲の3期目を目指すと宣言したとき、駐ギニアのロシア大使は「憲法はドグマでも、聖書でも、コーランでもない。憲法は現実に適応させるものであり、現実が憲法に適応するのではない」と発言した。[*29] 中国と同じく、ロシアも独裁政権を支えることに直接的に関与している。中央アフリカ共和国では、ロシア人が国家安全保障問題顧問に任命されたほどだ。

トランプ時代、アフリカの民主化に対するアメリカの支援は著しく後退した。2019年1月にコンゴ民主共和国で選挙が行われたとき、アメリカはフェリックス・チセケディを大統領に押し上げた大規模な不正を何も非難しなかった。それどころか、その結果を全面的に支持した。戦略国際問題研究所のムベンバ・フェゾ・ディゾレレは、この動きを意気消沈させるようなちゃぶ台返しとみなしている。「コンゴの選挙に対して、ここに至るまでアメリカは多くのことをしてきたが、最後の最後でアメリカは手を引いた」[*30]

早い段階から、バイデン政権はより伝統的なアメリカの外交姿勢に戻す意向を示唆していた。バイデン大統領就任直後、新たに国家安全保障問題担当大統領補佐官となったジェイク・サリバンは、アビーによって開始された紛争に不安を表明し、「エチオピアのメケレ（訳註：ティグレ州の州都）の周辺部における戦闘では、一般市民への暴力のリスクがあり、戦争犯罪の可能性があるものも含まれる」と警告している。[*31] アビーは、アメリカの批判やティグレ州での飢餓発生の恐れにも動じず、戦争を続行した。2021年7月には、アメリカが「重大な欠陥がある」と評した議会選挙で地滑り的な勝利を収めた。しかし、中国が依然としてエチオピアへの最大の投資国であるため、ワシントンからの批判は比較的簡単に一蹴される。

エチオピアに深い関心を寄せているのは、アメリカや中国だけではない。アフリカ諸国の政府の成否が最も直接的に影響すると思われるのは、ヨーロッパである。その理由は、アフリカ大陸で起きている異常なまでの人口急増だ。国連などの予測によると、アフリカ大陸の人口は2020年から2050年の間に2倍となり、現在の人口からさらに12億人増える可能性が高い。*32

貧困、気候変動、悪政が重なり、地理的にも近いため、多くの若いアフリカ人がより良い生活を求めてヨーロッパに向かう可能性がある。2015年から2017年までの3年間で、およそ50万人のアフリカ人がヨーロッパで亡命申請した。その多くは、エチオピアの隣国エリトリア（イサイアス・アフェウェルキが若い男性に強制的かつ無期限の兵役を課している）などの、専制国家から逃れてきた人たちだった。

ヨーロッパに対するこうした移民圧力は、今後数十年間でますます高まっていくだろう。これまで見てきたように、移民の文化的・経済的影響への恐怖が、おそらくヨーロッパ大陸のポピュリストや強権的指導者によるナショナリズムを煽る最も強力な力となっている。こうした恐怖に対する説得力のある答えを見つけることは、今後数年間、ヨーロッパのリベラル派が最も緊急に対応すべきジレンマとなるかもしれない。

第12章

メルケル、マクロン

欧州における強権的指導者との戦い（2020年）

この「強権的指導者の時代」にあって、リベラルな国際主義者は世界各地で民主主義の擁護者となる人物をずっと探してきた。ポピュリスト・ナショナリズムの潮流を抑えられる政治指導者である。ニュージーランドのジャシンダ・アーダーンやカナダのジャスティン・トルドーなど、さまざまな人物がリベラルな価値観の擁護者として持ち上げられてきた。トランプ時代、とくに注目されたのはEUの2大強国であるドイツのアンゲラ・メルケルとフランスのエマニュエル・マクロンであった。

2016年にブレグジットとトランプ当選という双子のショックがあった後、フランス政界のエスタブリッシュメントは非常に脆弱に見えた。現職のフランソワ・オランド大統領はあまりに不人気で、再選がかかる２０１７年の選挙に出馬しようともしなかった。投票の前の18カ月間に、フランスは史上最悪のテロに何度も見舞われた。２０１５年11月にパリで起きたイスラム過激派による同時多発テロでは、１３１人が死亡した。翌夏には、ニースで革命記念日を祝う群衆に故意に突っ込んだトラックによって、86人が殺害された。極右の勝利の条件は整ったかに見えた。

オランドの退陣が決まり、２０１７年の大統領選挙は第1回投票で既存政党に反対する２人の候補が上位を占めた。極右の国民戦線は、マリーヌ・ルペンが代表を務めていた。対立候補として2回目の投票にあたる決戦投票に進んだのが、新党「共和国前進《アン・マルシェ》」の若き主導者、エマニュエル・マクロンである。

マクロンとは、２０１５年にロンドンのフランス大使館で行われた朝食会で会ったことがある。彼は中道左派のオランド政権における経済リベラル派として、経済・産業・デジタル相を務めていた。イベントを主催する外交官たちがマクロンを慕っていることは明らかだった。親EU派、親市場派、元銀行員、高学歴、難解なテーマについて長々と話す能力（ヘーゲルとマキャベリについて卒論を書いた）など、彼らの世界の人間だったのだ。コーヒーとクロワッサンを食べながら、フランス語を自在に英語に切り替えつつ、富裕税の減税や起業家への優遇措置など、フランス経済を自由化するための計画を説明した。この若い大臣の印象は、有能でカリスマ性があり、少し自信過剰かもしれない、というものだった。

選挙戦では、39歳という若さと新党の党首であることから、マクロンはブレグジットやトランプ当選のような反エスタブリッシュメント的な怒りを導くことができた。彼は自らを根本的な変革を起こす候補者として表現した。選挙の1年前に出版された彼の著書は『革命』というタイトルだった。しかし、マクロンはほとんどの点で、フランスの最も伝統的で排他的な教育機関で教育を受けた、伝統的なエリート中のエリートであり、エスタブリッシュメント側の世界観の信頼できる旗手であった。だが立候補を表明したときには、勝つ見込みはかなり低く見えた。ところがマクロンはついていた。フランス右派の有力候補で、2017年初頭までは大統領選に向けて人気の高かったフランソワ・フィヨンが、まさかの不正受給・公金横領スキャンダルに見舞われたのである。フィヨンが第1回投票で敗退したことで、マクロンは極右に反対するすべての人の候補者となった。

フランスの選挙は、まさに世界が賭けられていた。ルペンは、フランスをユーロから脱退させると脅し、イギリスのような「フレグジット（Frexit）」の国民投票を約束して、EUそのものからの離脱をちらつかせていた。それは、EUの終焉を告げるものになった可能性がある。EUはブレグジットを生き残ることができたが、「フレグジット」は別の問題である。1950年代にEUの前身、欧州石炭鉄鋼共同体（ECSC）を構想したのは、フランスの政治家や思想家である。1980年代にユーロの創設を強力に推し進めたのもフランスである。そのフランスが脱退すれば、ユーロは崩壊する可能性がある。もしルペンが勝てば、ＥＵは大きな危機にさらされる。プーチンもトランプも喜ぶだろうし、イギリスのブレグジット派の多くも、自分たちの行いが正当化されたと感じるだろう。

選挙前の数カ月間、私のフランス人の友人の多くは明らかにナーバスになっていた。極右のルペンが大統領になった場合、移住を検討する人さえいた。しかし、ルペンは討論会で惨敗し（ひどい頭痛だったと後に弁解した）、その後はマクロンがいとも簡単に勝利の道を進んだ。実際、反過激主義という彼の立場は、勝てる候補の強い土台である。アメリカとは異なり、フランスとドイツの極右は、第2次世界大戦にさかのぼる烙印といまだに戦っているのである。２０１７年5月の決選投票では、マクロンが66・1％の得票率で快勝した。

マクロンが２０１７年の選挙戦で掲げた政治的・社会的テーマは、彼を強権政治に対する社会的・思想的アンチテーゼとして位置づけた。プーチン、習近平、トランプ、モディ、ボルソナロ、エルドアンといった指導者はいずれもナショナリストであり、これに対してマクロンは不屈の「グローバリスト」である。マクロンの伝記を書いたソフィー・ペダーに、マクロン本人が述べた言葉によれば、「新しい政治的分裂は、グローバリゼーションを恐れる人々と、グローバリゼーションを機会として、あるいは少なくとも万人のための進歩を提供しようとする政策の枠組みとして捉える人々との間にある」のだという。[*1] マクロンの「共和国前進」に投票したのは、教育を受けたミドルクラスのリベラル派が中心で、アメリカやイギリスでヒラリー・

クリントンやEU残留に投票したような人々であった。ルペン支持の基盤となっていたのは、フランスの「取り残された」地域の白人労働者層の有権者で、アメリカやイギリスではトランプ派やEU離脱派に相当する。その後彼らは、マクロンが燃料税を引き上げようとしたことに端を発し、2018年から2019年にかけてフランスを揺るがした政権に対する抗議運動「黄色いベスト」の土台となった。

マクロンにとっては、燃料税の増税は環境保護のための必須事項だった。トランプやボルソナロといった西側の強権的指導者は、気候変動を軽視し、専門家を疑う傾向があるが、マクロンはパリ協定を後押しすることを政策の中心に据えたテクノクラートである。マクロンの政治は、多くの新政権に見られるような懐古的ナショナリズムを排しており、未来志向が強い。「わが国に必要なのは、不確かな過去に病的な魅力を感じることではなく、もう一度、未来に期待を感じることだ」と自信たっぷりに宣言している。[*2]

マクロンの政治や考え方が強権的手法に対する挑戦であるとすれば、ヨーロッパにおけるマクロンの重要な政治パートナーである、ドイツのメルケル首相はなおさらそうであった。メルケルの慎重かつ控えめなスタイルは、プーチンやトランプ、ボルソナロ、エルドアンのような、マッチョを気取る指導者とは著しく対照的であり、その姿勢から「ムティ（お母さん）」というあだ名がメルケルに付けられた。

アメリカ大統領が自分の名前の付いた、けばけばしいゴルフ場やタワーで派手に遊んでいる間、メルケルは夫とベルリン中心部にある3階建ての集合住宅で慎ましく暮らしていた。２０２０年のある夏の日、私は興味本位で、彼女の自宅がある通りに歩いて行ってみた。建物はシュプレー川を見下ろし、博物館島方面を向いている。首相の自宅前だとわかるシンボル的なものは、パトカー1台と小さな警備員の詰所だけだ。

２０１６年のトランプ勝利の影響で、メルケルは一部で「真の自由世界のリーダー」と称賛された。*3 側近は、そのような褒め言葉に彼女は当惑していると言っていたが、結局、メルケルは伝統的なリベラルな価値観の代弁者となることを選んだ。当選したトランプに対しても、「自由、法の尊重、人間の尊厳に基づき、出自にこだわらない」という価値観に則って協力すると明確に述べた。

メルケルは東ドイツのルター派の牧師の娘として育った。彼女は優等生で、ロシア語が堪能であり、表彰歴もある。このロシア語の才能は、後年にプーチンとの会話で役立った（ただし、プーチン大統領も東ドイツでＫＧＢの諜報員として働いており、ドイツ語が堪能である）。１９５４年生まれの彼女は、35歳のときにベルリンの壁の崩壊を経験した。１９８９年11月の夜、メルケルは多くのベルリン市民と同じようにブランデンブルク門に駆けつけるのではなく、サウナに行き、その後、友人とビールを飲みに行ったという。*4 メルケルは１９８６年に量子化学の博士号を取得しており、東側で、科学者として順調なキャリアをたどっていた。東ドイツの政治とも無縁だった。共産主義体制の崩壊後、ドイツ統一を成し遂げたヘルムート・コールの庇護を受けて政界の表舞台に立った。キリスト教民主同盟（ＣＤＵ）の党内を駆け上がり、２００５年に首相に就任した。初の東ドイツ出身の首相であり、また初の女性首相でもあった。

欧州難民危機が起きた２０１５年には、メルケルはすでにヨーロッパの最重要政治家になっていた。メルケルは、ユーロ危機に対するＥＵの対応を方向づけて、支配してきた。その結果、南欧では、思いやりのないドイツ保守主義の顔として中傷されてきた。しかし、彼女の理解力を疑う者はいなかった。アメリカの元財務長官ティモシー・ガイトナーは世界金融危機の後、次のように述べている。ガイトナーが仕事をともにした世界的リーダーのなかで、メルケルは唯一、「数字の基礎知識」があった、と。[*5]

欧州難民危機、そしてその1年後のトランプの大統領への選出によって、メルケルは悩める西側リベラルの象徴になった。東欧に押し寄せた数百万人の難民に対してドイツ国境を閉鎖しないという彼女の選択は、様子見で有名な首相としては大胆な行動だった。決定的瞬間は、ドイツにおけるダブリン規則の適用停止を決断したときだ。ダブリン規則とは、難民申請の扱いに関するＥＵの規則であり、難民申請を希望する人は最初にたどり着いたＥＵ加盟国で申請しなければならない（別の国で申請しても戻される）。メルケルの一声で、シリア人などがハンガリーからドイツに入国できるようになった。これはドイツの歴史と、ベルリンの壁の向こうで育ったメルケル自身の体験に深く根ざした決断であった。トランプが「壁を作れ」というスローガンで大統領になったのに対し、メルケルは「私たちはやり遂げられる（Wir schaffen das）」というかなり違う3語のフレーズで有名になった。これは難民100万人以上（ほとんどがムスリム）を、ドイツ社会に取り入れるという挑戦に対する彼女の回答だった。

自らの行動によって、彼女はリベラル派のヒロインになったが、多くの右派ポピュリストの目には悪党と映った。彼らにとって、ドイツの首相は高慢な「グローバリズム」の典型であり、リベラルな知識人の目に良く映るのであれば、自国の安定と未来を粉砕することも厭わない存在だった。2015年のパリ同時多発テロ事件と、2016年にニースで起きたテロ事件の後、右派ポピュリストは、主に内戦で荒廃したシリアからのムスリムの大量流入を許したメルケルは、犯罪的なほどにナイーブだったと、さらに執拗に主張するようになった。

メルケルのイデオロギー上の敵は、難民への姿勢のせいでメルケルが重い政治的代償を払うことを望んだ。2017年9月のドイツ連邦選挙では、メルケルの選挙集会はしばしば物騒な雰囲気に包まれた。とくにドイツ東部では、メルケルへの罵声があまりに大きく、攻撃的で、彼女の声が聞こえないこともしばしばだったと、ある側近は悲しげに話してくれた。選挙結果は、首相にとって深刻な打撃となった。CDUの得票率は8ポイント低下し、33%になった。メルケルが続投するには、中道左派の社会民主党（SPD）とふたたび連立を組む必要があったが、SPDも第2次世界大戦以降最悪の敗北を喫した。

ドイツ政治の中道派は縮小していた。ドイツ議会で最大の野党はいまや極右政党「ドイツのための選択肢（AfD）」となった。ドイツのジグマール・ガブリエル外相は、AfDをネオナチに過ぎないと評したが、その実態は厄介でかつ、もっと微妙な集団だった。同党は２０１３年、ユーロ危機の際にドイツがギリシャを救済したことに怒った保守派の経済学者たちによって結成された。しかし、とくに欧州難民危機の後は、より従来型の反移民・排外主義的な政党になっていた。ＡｆＤのなかの急進派は、ネオナチのテーマもちらつかせるようになっていた。著名な人物の１人であるビョルン・ヘッケは、ベルリンのホロコースト記念碑を「恥のモニュメント」と断じ、ドイツの過去への向き合い方の再評価を要求した。また、ヘッケは、自身の演説でヒトラーやゲッベルスの演説を暗に引用していると非難された。[*6] にもかかわらず、国内の一部、とくに旧東ドイツでは、同党の得票率は25％にも達した。

ベルリンは表面上平穏であったが、国内と国外の状況はドイツのエスタブリッシュメントにとってますます脅威となった。ドイツの情報機関である連邦憲法擁護庁は、ＡｆＤを民主主義に対する潜在的な脅威として監視下に置いた。しかし、ある政府高官はこう言う。「極右の得票率が５％なら、警察に監視を依頼できる。ドイツ東部で25％になったのであれば、彼らこそが警察なのだ」

20世紀、ベルリンほど強権的指導者の危険な魅力と悲惨な結末を体感した都市はないだろう。ヒトラーが総統地下壕で自殺したとき、首都ベルリンは廃墟と化していた。それゆえ、現在のドイツのエリートたちにとって、いかなる形であれ、ナショナリズムは非常に疑わしいものである。ドイツを代表する知識人で、ドイツ大統領フランク・ヴァルター・シュタインマイヤーの外交顧問であるトーマス・バガーは、私に次のように語っている。「フランスとイギリスは、国民国家に頼ることができるが、ドイツにはそれがずっと難しい」

バガーの考えでは、１９８９年以降のドイツは、フランシス・フクヤマの「歴史の終わり」を受け入れ、自由民主主義と国際主義が勝利したというフクヤマの意見に安心していた。ベルリンの壁の崩壊後、ドイツ人は「自分たちが今回に限っては歴史の正しい側に立ったのだと感じ、とてもいい気分だった」とバガーは説明する。プーチンのようなナショナリストの強権的指導者は、いくぶん見下されていた。メルケルは、プーチンのことを、現代社会への適応に苦しんでいる19世紀人とみなしていた。自分たちは歴史の方向性を理解し、21世紀の成功の方程式を理解したと固く信じていたドイツの指導者たちは、バガーの言葉を借りれば、政治はもはや「予測できるものの管理」に過ぎないと受け止めていた。[*7]

しかし２０１４年から２０１７年にかけて、メルケルとドイツのエスタブリッシュメントは、このような自己満足を捨てざるを得なくなった。ウクライナ紛争とプーチン政権によるクリミアの併合（２０１４年）は、ロシアが軍事的脅威として復活したことを示すものであった。ドイツ人は、ポーランドやバルト3国で感じられるような、ロシアへの心の底からの恐怖を持っていなかったが、イタリア人やフランス人のようにウクライナ情勢からの距離を感じることもできなかった。なんといっても、１９４５年にベルリンはロシア軍によって蹂躙されたのだから。

2014年のクリミア併合に続き、2015年には欧州難民危機がピークを迎え、さらに2016年にはブレグジットとトランプ当選が起きた。衝撃に次ぐ衝撃だった。ドイツ外交の根幹であるEUの将来はどうなるのか。そして、これまでドイツの安全保障を請け負ってきたアメリカの支持の行方は——。疑問が生じた。ケネディからレーガン、オバマまで、歴代アメリカ大統領はベルリンで注目の演説を行ったが、トランプはポーランドでヨーロッパ最初の主要演説を行うことを選んだ。メルケルに対する彼の反感は、イデオロギー的なものであると同時に、個人的なものであった。トランプの側近の1人が私に言った。「私は2人と同じ部屋にいたことがあるが、ひどいものだ。メルケルは教授、トランプは宿題をやり忘れた子どもだ」

ホワイトハウスにトランプが入り、イギリスがEU離脱に向かうなか、2017年にフランスの大統領にマクロンが選出されたことは、ベルリンで喜びと安堵をもって迎えられた。マクロンは勝利の夜、フランス国歌である「ラ・マルセイエーズ」ではなく、欧州の歌である「歓喜の歌」に合わせてステージに上がった。力強い、象徴的なジェスチャーだった。それは、世界中で復活しつつあるナショナリズムの勢力を明確に否定するものであった。

マクロンの勝利はメルケルにとって喜ばしいことであったが、同時に挑戦を突きつけられてもいた。マクロンがEUを積極的に受け入れていることはドイツにとって大歓迎だったが、彼の具体的な提案をメルケル政権は疑いの目で見ていた。マクロンはEU共同債の発行や欧州財務省の創設に熱心だったが、ベルリンはこの2つの提案を、倹約家のドイツ国民から浪費家のフランス国民への補助金を獲得するための、上品ぶった企てに過ぎないとみなした。[†]マクロンの「欧州の主権」強化（訳註：EUに国家主権をもっと移譲して、統合を深化させること）に対する情熱と、NATOがますます「脳死状態」になっているという指摘（訳註：統制が取れていないという指摘）も、NATOという同盟を西側の安全保障の基本だと考え続けるドイツ政府は苛立ちをもって受け止めた。[*8]私が2019年末にベルリンを訪れた際に話をしたドイツ政府関係者たちは、マクロンの短絡的な発言傾向に頭を悩ませていた。ある人は、マクロンは「理知的なトランプ」になりつつあり、即興で政策を決定するため、マクロンの部下たちはボスの最新の発言に追いつき、説明するのに苦労している、とさえ述べた。

メルケルとマクロンの冷え切った関係を温めたのは、新型コロナウイルスへの対応だった。新型コロナウイルスは、初期には南欧、とくにイタリアとスペインに大きな被害を与えた。北欧諸国は当初、南欧諸国への手厚い財政支援に消極的で、EU内の結束がふたたび危機にさらされる恐れがあった。イタリアの右派ポピュリスト政党「同盟」党首のマッテオ・サルビーニは、またしても利己的なドイツ人がイタリア人を1人で苦しむにまかせていると憤慨した。新型コロナウイルスによるEU崩壊を予想する人もいた。

† これは北欧諸国に共通する疑念であった。2018年、私はオランダのマルク・ルッテ首相とマクロン政権のブルーノ・ルメール経済・財務相の討論会のモデレーターを務めたが、ルッテは、フランスが1970年代から財政収支を均衡させていないことを繰り返し指摘した。

このようなEUの脅威に直面し、メルケルは行動を起こした。2015年の欧州難民危機のときと同様、メルケルはいつもの慎重さを捨て、はっきりとした意思表示をした。2020年3月、メルケルは——長年、マクロンが唱えていたように——EUが金融市場で共同債を発行し、共同プロジェクトに資金を供給すべきだという考えを支持した。これは、欧州復興基金のための1回限りのプロジェクトとされた。だが、重要なのはメルケルの意思表示であって、プロジェクトの細部ではない。ベルリン、パリ、ブリュッセルの一般的な認識は、EUがルビコン川を渡ったというものだった。これから、単一通貨が共同債に裏打ちされることになる。長期的なマクロンの構想は、世界の投資家にとっての安全資産として、米国債に匹敵する、厚みのあるEU共同債の市場を発展させることだ。そうすれば、ユーロはドルを代替する世界の基軸通貨となり得る。ドルはアメリカを世界的大国にする力の源泉であるため、ユーロの国際化は、マクロンが掲げるEUを世界的大国にするという目標への大きな第一歩となる。

2020年、メルケルがこの重大な決断をしたとき、彼女は政治家としてのキャリアを終えようとしていた。メルケルは2005年から首相を務めているが、強権的指導者とは異なり、ずっと権力の座にしがみつこうとは思っていない。彼女は自分から、2021年に首相を退任すると発表していた。その発表は、彼女の評価がふたたび過去最高に近づいた瞬間になされた。メルケルはトルコと協定を結び、難民の流入を食い止めることに成功した。具体的には、オルバンのような人物が要求する移動の自由の制限の一部を、それを完全に認めることなく再現した、プラグマティックで、少し汚い取引であった。とはいえ、これによりドイツの危機感は薄れ、極右勢力は内輪揉めを始めた。２０２０年11月のトランプの敗北は、メルケルがワシントンの敵対者よりも長く居残ったことも意味していた。

もし世界政治が単純な道徳物語なら、話の展開は、メルケルが欧州の自由民主主義の未来を守り、意気揚々と引退し、世界の強権政治は退潮に向かう、となるだろう。しかし、現実はもっと複雑である。メルケルをはじめとするヨーロッパの指導者たちは、バイデン政権が単なる「幕間」になる可能性を十分承知していた。つまり、２０２４年の大統領選挙で、トランプか、似たような人物が返り咲くまでの合間の大統領、という意味だ。ＥＵのなかでも、ハンガリーではオルバン、ポーランドではカチンスキが非リベラルなポピュリスト政権を樹立し、裁判所や報道機関の独立性など、民主国家の基本要素を脅かしている。

ある意味で、マクロンは成功したフランス大統領である。ＥＵ統合のさらなる深化を求める彼の要求は、最終的にベルリンから肯定的な反応を得た。また、国内の政治的敵対勢力からは、マクロンがよそよそしくてお高くとまっていると非難されたが、世論調査では常に前任のオランド大統領よりも高い評価を得ていた。

また、マクロンは国内で大きな政治的・個人的スキャンダルを出さなかった。しかし、彼は当然のことながら、２０１７年に湧き起こった活力に満ちた変革と再生への期待に応えることはできず、またフランスに広がる深刻な悲観的見方を変えることもできなかった。「黄色いベスト」運動と、継続的に起きる国内テロ事件――イスラム過激派によるテロには、2020年に教師のサミュエル・パティが首を切られて殺害された事件も含まれる――は、国内の不安感に拍車をかけた。

2021年4月に行われたハリス世論調査によれば、84％のフランス人が「フランスの暴力は日に日に悪化している」と考え、73％が「フランス社会は崩壊している」と考え、45％が「もうすぐ内戦が起きる」と考えている。[*9]

マクロンとその側近は、西側の他の地域で右派ポピュリストの台頭を促した社会・経済状況の多くがフランスにも深く根づいていることを十分認識していた。BBCのインタビューで、マクロンの本音が出た。フランスもイギリスと同様にEU離脱を問う国民投票を行えば、「高い確率で」離脱となっただろうと語ったのだ。[*10] フランスは高い失業率と脱工業化によって苦しんでいる。数十年にわたる移民の流入により人口構成が変化し、EU諸国のなかで最もムスリムが多い国となった。フランスでは、グローバリストのエリートが、西洋に非白人の移民を殺到させようと計画しているという陰謀論が流行《はや》っている。陰謀論者のルノー・カミュの『*Le Grand Remplacement*（大置換）』は、西側の白人ナショナリストにとって必読書となった。反民主主義的な意見も、やがて表面化するだろう。2021年には、軍事クーデターのアイデアをちらつかせた退役将官グループの書簡をルペンが称賛した。世論調査では、フランスの法と秩序を守るために、軍が介入する必要があるとする意見が49％を占めた。

極右からの執拗な挑戦を受けて、マクロンは自らも右傾化し、イスラム過激派との戦いにおけるフランスの擁護者と位置づけた。外交政策では、リビアや東地中海をめぐり、エルドアンのトルコと対立を深めていった。また、普段は人権擁護を公言しているマクロンが、エジプトの強権的指導者シシ大統領にフランスの最高勲章であるレジオンドヌール勲章を授与した。シシは、エルドアンと繰り返し衝突し、ムスリム同胞団に対しても残忍な弾圧を加えていた。

国内では、マクロン政権は「イスラム分離主義」に対抗し（訳註：男女平等、政教分離などを軽視する考え方への対抗であり、宗教そのものを攻撃しているわけではないとマクロンは言う）、世俗的・共和的な価値を保護するための新しい法律を制定した。そのなかには、女性の「処女証明書」発行の禁止や、公共プールで男女別の専用使用時間を設けるのを禁止することなどが含まれていた。安全保障と社会の価値観の問題について、マクロンの閣僚のなかには、極右のレトリックかと見紛うようなものを採用した者がいた。強硬派の内務大臣ジェラルド・ダルマナンは、イスラム主義を「われわれの社会を標的にする破片爆弾の入ったトロイの木馬」と表現した。*11

２０２２年の大統領選挙に向けてマクロンが右傾化したのと同様、ルペンも、ユーロ脱退や「フレグジット」投票の示唆など、２０１７年の大統領選で一部の有権者を怯えさせた政策を軟化させ、左傾化した。

しかし、ルペンとマクロンとの違いは依然として大きい。マクロンはイスラム主義を非難しながらも、オルバンのような移民や難民に対する敵意にまでは踏み込んでいない。また、グローバリゼーションを反転させるのではなく、むしろ熱心にEUの改革と強化に最大限努力している。

ルペンとマクロンの間のイデオロギーの分裂は、「強権的指導者の時代」の国際政治の典型である。ルペン自身が言うように「もはや左と右の分裂ではなく、ナショナリズムとグローバリズムの分裂である。われわれが推し進める思想（移民の規制、経済的愛国主義、合理的かつ妥当な保護主義）が世界各地でますます力を持つようになっている。この対決では、われわれの主張が世界中で政権を獲得する、あらゆる可能性がある」[*12]。ルペンは、世界中にナショナリストの強権的指導者を生み出している国際的潮流に、自らを重ね合わせているのである。ルペンは、トランプなどの同類がすでに見つけ出した、攻撃しやすい敵を標的にしている。たとえば、不法移民、鼻持ちならないエリート、「フェイクニュース」メディア、根無し草のグローバリストなどだ。

グローバルな思想闘争は、政治家だけでなく、知識人や慈善家、そして慈善家が出資する機関によって繰り広げられている。多くの強権的指導者にとって、グローバリスト勢力（強権的指導者が戦っていると主張する）を象徴する存在となっている敵が1人いる。億万長者で投資家で慈善家のジョージ・ソロスである。ルペンはソロスをフランスの敵だと主張し、「この億万長者に対抗して、わが国の自由を再度勝ち取らなければならない……彼は、国民国家に対して罪を犯している」と述べている。[*13] ナショナリスト・ポピュリストの悪魔論におけるジョージ・

ソロスの重要な位置づけは、「強権的指導者の時代」のイデオロギー論争について多くを語っている。この論争は、今後10年間、フランス、ヨーロッパ、そしてより広い世界の政治を構成しつづけるだろう。

第13章

ソロスとバノン

思想的な戦い

強権的指導者には敵が必要である。そして、世界のナショナリスト的な強権的指導者の多くは、同じ「悪者」を糾弾している。ジョージ・ソロスだ。億万長者のユダヤ人慈善家であり、リベラルな考えを持つソロスは、「グローバリズム」そのものとされた。オーウェルの『1984年』のエマニュエル・ゴールドスタインのように、ソロスは一般人に対するあらゆる暴挙や陰謀の背後にある隠れた権力者として非難されてきた。

2017年、私はソロスの名前が結びつけられた、さまざまな犯罪や陰謀の疑いについて調べてみることにした。始めてものの数時間で判明したのは、当時87歳の老人がこの数カ月の間に、シリアで生物化学兵器攻撃が行われたように偽装し、ワシントンでの反トランプ行進に資金を提供し、ハンガリーに難民を殺到させる「ソロス計画」を立案し、マケドニア（北マケドニア共和国）で政権交代を強要し、イスラエル首相の弱体化を謀り、ホワイトハウスの重要な補佐官数人を解任させた、として非難されていることだ。

「ソロス嫌いは世界の病」という見出しのコラムを書いた数週間後、私は思いがけない招待を受けた。ロンドンの中心部にあるソロスの自宅で、食事をしようというのだ。*1 少しばかり奇妙ではあったが、楽しいひとときであった。まず、招待状でも食事中にも、私のコラムのことは一切触れなかった。ソロスの側近によると、彼は中国の民主化の見通しについて議論したがっているという。実際に会話の内容は、ほとんどそれが占めた。話の途中で、ソロスは私に、中国共産党が権力の座から落ちるのにどれくらいの時間がかかると思うか、と尋ねた。これに対する誠実な回答としては「わからない」だろうが、私は思い切って「30年」と見当をつけて答えた。「それは残念だ」とソロスは言った。「生きてそれを見届けたかった」

極右の夢や陰謀論が付いて回るボンド映画に出てくる悪役と、現実のソロスとは、まったく違う。知的好奇心や活動への意欲は衰えていない様子だったが、耳が遠く、少し体が弱っていた。夕食の席ではヘッドホンをつけ、ゲストはマイクに向かって話した。それでも、翌朝はテニスをするつもりだと言っていた。そして何より印象的だったのは、世界各地から向けられる誹謗中傷や脅迫を、平然と、いや、少しばかり面白がっているように見えたことである。

夕食会から数年経つが、すべての背後に「ソロス」がいると主張する流行は強まるばかりだ。

彼はトランプから、アメリカへの不法移民に資金援助していると非難された。トランプ支持者からは、２回の弾劾裁判や２０２０年の大統領選を「盗んだ」背後にいるのもソロスだと指弾された。他にも、マレーシア、ポーランド、ルーマニア、トルコ、ブラジルの政治指導者から責められ、いずれもこの億万長者の慈善家が自分たちを陥れようとしていると主張している。

１９９０年代、ソロスは金融で築いた数百億ドルの資産をもとに、旧共産圏のヨーロッパ諸国などで民主主義への移行を支援し、時代精神と調和していた。しかし、いま、世界の政治情勢は変化し、リベラルな考え方は後退している。新世代のナショナリストにとって、ソロスは完璧な悪役となった。彼はナショナリズムの時代における国際主義者である。集団的権利ではなく、個人的権利の支持者である。２０２０年のフォーブスの富豪リストによると、彼はアメリカで56番目のお金持ちであり、資産総額は86億ドルとされている[*2]（１９８４年以来、３２０億ドルを寄付しており、それがなければ彼の資産はもっと多いだろう[*3]）。ソロスがユダヤ人であるという事実は、反ユダヤ感情を刺激し、かつてロスチャイルド家が担わされていた「世界を陰で操る国際金融家」の役割を彼に簡単に被せられる。

ソロスのリベラルな個人主義とマイノリティの権利への献身は、彼自身の驚くべき人生物語から生まれている。１９３０年にハンガリーで生まれた彼は、13歳のときにナチスの侵攻を経験した。父のティヴァダル・ソロスは弁護士であり、作家でもあった。彼は、グローバル・コミュニティを信じる人々が愛する国際語、エスペラントで文芸誌を編集していた。１９４４年にナチスが侵入してきたとき、ソロスの命を救ったのは父親の先見の明だった。息子にキリスト教徒であるという偽の書類を持たせて田舎に送り、地方役人の名付け子を装って住まわせてもらった。この二重生活を送っていたソロスは、この親代わりの後見人に連れられて、ユダヤ人の財産没収に行ったこともある（このエピソードは、後に敵にナチスの協力者であると中傷するために利用された）[†]。

ナチスが去り、戦後はソ連がハンガリーを占領した。ソロスは17歳でロンドンに渡り、ウェイターなどの下働きを経て、ロンドン・スクール・オブ・エコノミクス（ＬＳＥ）の学生となった。ここで、カール・ポパーの魅力に取りつかれた。オーストリア出身の哲学者ポパーの代表作『開かれた社会とその敵』は、リベラリズムと民主主義を精力的に擁護するもので、中欧に降りかかった悲劇を経験したポパー自身の経験も大きく影響している。ソロスは後に、ポパーの本を初めて読んだときのことをこう記している。「啓示のように、私の心を打った。一党独裁国家のドグマが強制され、弾圧や全体主義につながるという、ポパーの言う閉ざされた社会を直接体験していたからだ」。それとは対照的に、ポパーが唱えていたのは、「利害や思想の異なる人々が平和裏に共存できるような政府を作ろうとする」開かれた社会である[*4]。この哲学者の寛容、合理的懐疑主義、経験主義という原則は、ソロスにも大きな影響を与えた。ポパーへの

---

† ナチスから隠れて生活していた子どもに対して、不条理かつ悪趣味な非難である。

敬意を表して、ソロスの慈善財団はオープン・ソサエティー財団という名前になった。

ポパーの「人間の知識は誤りやすい」という主張は、ソロスの金融に対する考え方を形成するうえでも役立った。ソロスはＬＳＥで学位を取得した後、意外なことに店員などの職を転々としてから、１９５３年にロンドンの投資銀行シンガー＆フリードランダーに入社する。そして、１９５６年にウォール街で働くためにアメリカへ渡り、１９７０年に自身の会社「ソロス・ファンド・マネジメント」を設立した。ポパーの思想を金融市場に応用したソロスは、市場は合理的であるという従来の考え方に疑問を投げかけた。不合理な市場行動を探し出し、きわめて明敏な投資家であることを証明してみせた。１９８０年代にはソロスはすでに、億万長者であった。

50歳を前にして、ソロスは人生の新たな目標を模索し始めた。ソロスは、リベラリズム、民主主義、開かれた社会の理念を実現するための資金として、彼の莫大な資産を利用する政治的なフィランソロピー活動にそれを見出した。初期の助成金は、アパルトヘイト期の南アフリカの黒人学生を支援する活動にあてられた。また、１９８０年代に共産圏が開かれ始めると、ソロスは教育への資金拠出や市民団体への支援を通じて、ソ連圏や中国に接触する手段を探した。ベルリンの壁が崩壊したとき、資金と中・東欧に関する知識、そして基本ビジョンを持つソロスは、草創期の民主主義の機関や制度を支援するのに理想的な立場にあった。１９９１年、彼はプラハに中央ヨーロッパ大学（ＣＥＵ）を設立し、その後、母国ハンガリーのブダペストに移転させた。また、失業した旧ソ連の科学者の給与や、旧ソ連への科学雑誌の配布費用として1億ドルを拠出したのも、ソロスの代表的な取り組みである。後にソロスは述懐している。「設立初期は歴史が味方していた。開かれた社会が大成功し、優勢になっていた時期だった」[*5]

ソロスにとって「開かれた社会」とは、以下の概念を含んでいる。「一個人による支配ではなく、法の支配が行き渡り、人権と個人の自由を守ることが国家の役割である社会であり、私［ソロス］の個人的な見解では、開かれた社会は、差別や社会的排除に苦しむ人々、自らを守ることができない人々に特別な注意を払うべきである」。同時に、ソロスは明敏で影響力のある市場参加者であり続けた。1992年には彼が率いるヘッジファンドが巨額のポンド売りを浴びせ、9月16日にはイギリスを欧州為替相場メカニズム（ERM）から事実上脱退させた。この出来事からソロスは「イングランド銀行（英中銀）を破った男」と呼ばれるようになった。ソロスは、ポンドに対する賭けの成功で10億ドル以上の利益を得たと言われている。ジョン・メージャー政権下のイギリス政府は屈辱を味わい、落ち着きを取り戻すことはなかった。[*6]

ソロスはイギリスの通貨当局を打ち負かした「暗黒の水曜日」での活躍で国際的に有名になり、自身の神秘的雰囲気を高めることになった。当初は、このことが大きくプラスに作用するように思われた。新たに得た名声によって、ソロス自身とオープン・ソサエティー・インスティテュート（訳註：オープン・ソサエティー財団の前身）に門戸が開かれたのである。「暗黒の水曜日」後のイギリスにおける憤慨のほとんどは、自分たちの裏をかいた投資家ではなく、メージャー政権に向けられていた。むしろ、ソロスはその投資の大胆さと洞察力を称賛されたのである。

しかし、他の地域では、ソロスの富、世界的な活動範囲、政治的見解、ユダヤ人という立場が、彼を疑惑の対象とし始めた。私が初めてソロスを中心とした陰謀論に出くわしたのは、1997年のアジア通貨危機のときで、マレーシアのマハティール・モハマド首相が、ソロスは自国の財政を破綻させようとしていると非難した。[*7] 当時、これは世界的なトレンドの前触れとは思えなかった。ソロスは「暗黒の水曜日」で有名な為替トレーダーであり、マハティールは反ユダヤ主義者として有名であった。

しかし2000年代初頭には、ソロスはアメリカの極右の言説に定期的に登場するようになった。2007年、FOXニュースでは、ソロスは「全世界を相手にする、左翼財団の悪の博士」と糾弾された。[*8] アメリカにおけるソロス憎悪の起源は、イラク戦争への反対と、2004年の大統領選でジョージ・W・ブッシュの再選を阻止しようとした取り組みにさかのぼるだろう。ソロスは少数派集団の有権者登録活動など、アメリカのリベラル派の理念への資金援助を行い、国連のような国際機関への支援と同様に共和党右派をさらに激怒させたのであった。

トランプ政権の誕生により、反ソロス・プロパガンダはアメリカの大勢の関心を集めるメインストリームの話題となった。トランプ自身、ソロスを狙い撃ちした陰謀論を使うことに夢中になっていた。2018年9月、ブレット・カバノーの連邦最高裁判事承認をめぐる激しい議会闘争の最中、トランプは、反カバノーのデモ隊は「金で雇われたプロ」で、プラカード代は

「ソロスとその他の連中が払っている」とツイートしている。

　トランプ政権のナショナリストにとって、ソロスは自分たちが破壊を誓った「グローバリズム」の体現者であった。時に彼らは、政権内外の敵をジョージ・ソロスと明確に結びつけていた。2017年から2018年にかけてトランプの国家安全保障問題担当大統領補佐官を務めたH・R・マクマスター将軍がホワイトハウス内にいる自分たちの味方を解任していることをアメリカ・ファーストのナショナリストが心配し、彼らは「マクマスター・リークス」というサイトを立ち上げ、「ソロス」「ロスチャイルド」と書かれた人形遣いに操られるマクマスターの風刺画を掲載した。NSCで欧州とロシア担当の上級部長を務めたフィオナ・ヒルは、かつてソロスのオープン・ソサエティー財団で働いていたことから、大統領の長年の友人で選対顧問を務めたロジャー・ストーンから「ソロスの二重スパイ」であると非難された。2019年11月に行われた大統領に対する最初の弾劾調査の議会証言で、ヒルはソロスへの攻撃を、歴史上最も長く続く反ユダヤ陰謀論の1つである『シオンの議定書』になぞらえた。「[ユダヤ人が悪事を企んでいるという]ジョージ・ソロスに向けられたお決まりのテーマも政治目的で作られた」と断じた。ヒルにとって、今回の攻撃は「完全な暴力」であった。*9

　必然的に、トランプ支持者はソロスが大統領弾劾を画策していると非難した。トランプの弁護士で、ウクライナ政府にジョー・バイデンの家族を調査させようとする重要な役割を果たしたルディ・ジュリアーニは『ニューヨーク』誌のインタビューで、ソロスが、ジュリアーニとの協力を拒否した駐ウクライナ米大使を「支配」していたと語った。ジュリアーニが反ユダヤ主義的な陰謀論に手を染めていると指摘されると、ソロスは反イスラエルだと非難し、「ソロスはほとんどユダヤ人ではない。私はソロスよりもユダヤ人だ。おそらく私のほうがもっと詳しい。彼は教会にも行かないし、礼拝堂、シナゴーグにも行かない」と反駁した。[*10]

ソロスを、国家を転覆させようとするグローバリストの陰謀の中核とみなす傾向は、トランプの友人ナイジェル・ファラージによって、イギリスにも及んだ。彼はソロスへの攻撃を自身の政治的レトリックに採り入れ、あるときには、ソロスは「多くの点で西欧世界全体にとって最大の危険人物」であり、「彼は民主主義を弱体化させ、ヨーロッパ大陸全体の人口構成を根本的に変えようとしている」と主張している。[*11]反ソロスのレトリックは、イギリスのEU懐疑論の頭目のファラージから、ブレグジットを主導していた与党保守党にも広がった。ボリス・ジョンソンの保守党は、ソロスがEUを支配していると示唆するビデオをソーシャルメディア上で共有した同党所属のサリー・アン・ハート議員に対する調査を開始せざるを得なくなった。ブレグジットを支持するデイリー・テレグラフ紙は「ブレグジットを阻止する秘密の陰謀」の背後にソロスがいると大げさに書き立て、[*12]2度目の国民投票を求める運動を支援するために、ソロスがロンドンの自宅で開催した資金集めディナーについて記事で取り上げた。

英米のソロス陰謀論者はしばしば、自分たちに対する反ユダヤ主義だとの非難にはジュリアーニの言い訳で応じる。いわく、ソロス自身が世俗的無神論者でありイスラエル批判者でもあるので、もはやユダヤ人とはみなされない、と。保守党や共和党にいる人のなかには、自分たちが使っている言葉の歴史的経緯に不注意な人もいるかもしれない。しかし、ホロコーストの中心地である中欧、とくにソロス自身の生まれ故郷であるハンガリーで、反ソロス・キャンペーンに反ユダヤ主義を意図的に利用した場合、それを無視するのは難しい。2018年のハンガリー総選挙では、オルバンが国中をニヤリと笑うソロスのポスターで埋め尽くし、「ソロスを最後に笑わせるな」と国民に求めた。これは、ハンガリーに難民を殺到させる「ソロス計画」を指している。ソロスは、ハンガリー国家の破壊を企む、根無し草の投資家として悪者にされた。

極右グループが同じ陰謀論を取り上げるなど、世界各地の反ソロス・キャンペーンには明らかに「エコーチェンバー」的な要素がある。しかし、強権的指導者のなかには、ソロスのオープン・ソサエティー財団を恐れる、より明確な理由がある者もいる。とくにロシア政府は、2003年のジョージアの「バラ革命」で役割を果たした民主化推進勢力に対するソロスの支援に腹を立てている。モスクワはこれを、ロシアが旧ソ連構成国を支配することに対する攻撃とみなした。[13] 2015年、プーチン政権は、スターリンの大粛清と矯正労働収容所に関する研究を推進する人権団体「メモリアル」などの組織への支援を容認しなくなり、オープン・ソサエティー財団をロシアから強制退去させた（訳註：2015年に成立した法律で、ロシアの検察当局は「好ましくない外国組織」を認定する権限が与えられ、指定されれば活動停止・組織解体・従事していたロシア人の投獄などが可能になった。また2021年、ロシア最高裁は「メモリアル」の解散を命じた）。

ソロスの活動はイスラエルでも標的となった。世界中の反ソロス・キャンペーンにおける明確な反ユダヤ主義よりも、ソロスがパレスチナ人の権利やイスラエルのリベラル派シンクタンクや、イスラエルの右派には人気のない理念などを擁護することのほうがネタニヤフ政権にとっては問題であった。首相の息子であるヤイル・ネタニヤフは、ツイッターでソロスを「反イスラエル、反ユダヤの世界的なナンバーワン活動家」と糾弾している。[*14] さらに彼は、ソロスが爬虫類のような生物の前に地球をぶら下げている画像をフェイスブックに投稿した。別の文脈でなら、彼の父親が反ユダヤ主義として非難するような画像だ（訳註：米国の名誉毀損防止同盟［ＡＤＬ］はヤイルの投稿した画像を反ユダヤ主義として非難する声明を発表した）。

ソロスをめぐる陰謀論は、強権的指導者に都合の良い悪者を仕立て上げ、安易なレトリックを提供してくれるだけではない。独裁化への道を阻む個人や組織を迫害する手段にもなる。おそらく最もひどい例は、かつてソロスのオープン・ソサエティー財団の理事を務めていたトルコのリベラル派の実業家、オスマン・カバラがエルドアン政権によって投獄されたことであろう。エルドアンはカバラが、ソロスの主導するトルコ国家に対する陰謀の一翼を担っていると、明確に非難している。「彼の背後には誰がいるのか？　ハンガリーの有名なユダヤ人、ジョージ・ソロスだ。この男は国家を分裂させ、壊滅させるという任務を担っている。ソロスはとても多くの金を持っている」[*15]（訳註：カバラは２０１７年から身柄拘束され、２０２２年には政権転覆を謀った罪で仮釈放なしの終身刑を言い渡されている）

ソロス本人は西側全体とロシアと中東で敵を作っただけでは満足できないようで、最近では、中国により注力するようになった。中国が「開かれた社会」の価値観にとって最も危険な敵である、という彼の認識は正しい。私がロンドンで会った後の２０１９年1月、ソロスはダボス会議で演説し、自分の懸念を述べた。「中国は世界で唯一の権威主義的政権ではないが、間違いなく最も裕福で、最も強く、機械学習とＡＩの分野で最も進んだ国である。このため、習近平は『開かれた社会』という概念を信じる人々にとって最も危険な対抗者となる」[*16]

ソロスは以前から中国に関心を持っていた。彼は１９８０年代半ばに、改革派の趙紫陽《ヂャオズーヤン》総書記（１９８９年の天安門事件の直前に失脚）に連なる経済学者や政策立案者と連携し、中国に初めて彼のフィランソロピー活動を持ち込んだ。しかし天安門事件後、ソロスは中国から締め出されることになる。後に、ソロスの「政治的なフィランソロピー活動」に対して、ロシア、ハンガリー、アメリカで起きた反発を予見させるものだった。

ジョージ・ソロスに対する中傷は深刻な事態であり、彼個人に限った話とか、極右が悪者扱いしているだけとかといった範疇に留まらない。これは１９３０年代のヨーロッパを不気味に髣髴させる、リベラリズムに対する反発の一部である。ホロコースト史研究者として有名なソール・フリードランダーは、ナチズムの台頭とユダヤ人絶滅への願望を「ヨーロッパ大陸におけるリベラリズムの危機」の１つの現れだったとみなしている。彼は、「ヨーロッパ全土で、ユダヤ人はリベラリズムと同一視され、しばしば革新的な種類の社会主義と同一視された」と指摘している。その結果、右派ナショナリストは「自分たちが戦う世界観の代表としてユダヤ人を標的にし、さらに多くの場合、これらの世界観の扇動者、担い手というレッテルを貼った」のである。ヒトラーの考えでは「ユダヤ人は、人種的汚染を広めて国家構造を弱体化させ……自分たちが住むすべての国々の重要な核心部を崩壊させることにより、国家を破壊しようと努めている」[*17]。このような考えは、ジョージ・ソロスや「グローバリスト」と呼ばれる人々に投げかけられている非難と不快なほど似ている。

ソロスは、自分への攻撃の背後にある明らかな反ユダヤ主義や、ニューヨークの自宅の郵便受けに爆発物が置かれるなどした襲撃未遂や殺害予告について、あまり大ごとにはしてこなかった。だが時折、「私をひどく傷つける」非難があると認めている[*18]。彼の仲間であるマイケル・バションによると、ソロスは自分が作った敵のことも誇りに思っているのだが、「喜んでいるわけでも、そのために時間を浪費することもない」[*19]。これがおそらく正確なところだろう。

もちろんソロスは決して聖人君子ではなく、気まぐれで権勢を振るうこともある。市場の機能を純粋に信奉する者は投機が有益だと考えるが、多くの経済学者はそう考えないだろうし、ソロス自身さえ、彼が財を成したグローバル化した金融市場が社会や経済に与える影響に疑念を表明している。それでも、民主主義が崩壊する20世紀前半のヨーロッパに生まれた彼は、幸運にも全体主義から逃れ、ヨーロッパや世界の民主主義と開かれた社会の復興に積極的な役割を果たすことができたのである。そのようなソロスが人生の終わりに近づくにつれ、彼自身が長年にわたって戦ってきたナショナリスト的な権威主義と強権政治の怒りの対象となっている。かつて打ち負かされたか、政治の非主流派に追いやられたかに見えた思想が、強権政治の時代に復活を遂げたのである。

１９３０年代から１９４０年代にかけて、アメリカは自由民主主義や開かれた社会の価値観を守る防波堤となっていた。しかし、21世紀になって、非リベラル、ナショナリスト、反民主主義の思想がアメリカの右派に定着し、アメリカからヨーロッパに逆流し始めた。ソロスが世界中でリベラリズムを奨励しようとしたように、２０１６年のアメリカ大統領選におけるトランプ陣営の選挙対策本部長、スティーブ・バノンもまた、大西洋を越えてイデオロギーの戦いを挑んできたのである。バノンは、ソロスと同様に、アメリカだけでなく欧州でも戦わなければならない国際的な思想闘争に従事していると考えている。

２０１９年5月中旬、ベルリンのホテルの部屋で目を覚ました私は、携帯電話に手を伸ばし、ぼんやりとメールのチェックを始めた。最初に目にしたメッセージは、思いがけない送信者からだった。スティーブ・バノン。内容は「今日の新聞に掲載された分析は見事だ。西側のタカ派の視点をもっと共有するために、ぜひ連絡を取りたい」。

バノンが反応したＦＴのコラムは、西側の対中政策について論じたものだった。コラムで私は、アメリカと中国はともにリビジョニスト（歴史修正主義者）的な大国であると主張した。中国はアメリカを世界一の政治大国の地位から追い落としたいが、そのためには世界経済の現体制を維持しなければならない。アメリカは世界における卓越した政治大国であり続けようとしているが、そのためにトランプ政権のタカ派は、世界経済の現体制を解体することにした。バノンがこのコラムに注目したのは、暗に「グローバリズム」の問題を指摘していたからだと私は推測した。[*20]

人種差別主義者、あるいはファシストとして広く非難されている人物から称賛を受けるのは、まったく心地よいものではなかった。それに、本当にバノンからのメールかどうかもわからない。しかし、興味はあった。そこで、次に訪米した際にはぜひお目にかかりたいのですが、現在はドイツにおりますと、丁寧な返事を書いた。すると返信が来て、なんとバノンもドイツにおり、極右政党「ドイツのための選択肢（ＡｆＤ）」と「後背地《ヒンターランド》」で協議をした後で、ベルリンに向かう列車のなかであるという。

その日の夜、ホテル・アドロンで会う約束をした。ロンドンにいるＦＴの同僚にメール連絡したところ、この面会には賛成できないし、「君は相手がゲッベルスだとしてもインタビューしたのか？」と返信があった。ホテル・アドロンのロビーは、同僚からの問いを考えるのに適した場所のように思われた。ここは、ベルリンで最もスマートなホテルとして、ゲッベルス自身を含む多くの著名なナチスが宿泊していたのである。私は、ジャーナリストとして、ナチスの宣伝部長、あるいはヒトラー本人に会ってみたいという答えに達した。

数分後、バノンの警備担当（小柄で筋肉質でスキンヘッドのイギリス人の男）が近づいてきて、ホテルの3階にあるスイートルームに案内してくれた。トランプに「だらしないスティーブ」と命名された彼は、ジーンズとＴシャツを着て、グラスの水を飲んでいた。ビジネスライクだが、愛想はいい。私は、その日の朝に届いたもう1通のお祝いのメールが、トランプを熱烈に批判し、中国を称賛するジェフリー・サックス教授からのものだったことを告げた。バノンは笑った。「あなたは本当にイデオロギー的基盤を網羅している」

メールにあったように、バノンは文化戦争や白人ナショナリズムよりも、中国の話に熱心だった。コーヒーテーブルの上には、アンダーラインだらけのその日のFTと、『超限戦』という本が置いてあり、私に読むようにと勧めてきた。[*21] バノンは、ソロスと同じく、中国の台頭に伴う政治的・イデオロギー的な脅威で頭がいっぱいだった。

バノンは、おそらく私のために歴史を再整理し、成功裏に終わった2016年の大統領選での主要メッセージは、移民や白人ナショナリズムではなく、「経済ナショナリズム」と「中国と対峙する必要性」だったと言った。ドイツの極右勢力との関係について問いただすと、彼はAfDに対し、反移民のメッセージをあまり強調せず、経済ナショナリズムでキャンペーンを張るよう促してきたと主張した。ドイツはアメリカと異なり、大幅な貿易黒字を計上し、製造業が盛んであることを考えると、これは奇妙なアドバイスのように思われる。しかしバノンは、ドイツ自身は中国からの経済的脅威に直面していることを理解しておらず、「ドイツ人が何もしなければ、10年後にはミッテルシュタントは壊滅的な打撃を受けるだろう」と断言した。[†]

† ミッテルシュタント（中堅企業）は、ドイツの経済や輸出の成功のカギを握るとされる、中小の工業製品メーカーのこと。

それでもバノンは「文化戦争」を否定することはなかった。彼は、大統領顧問のスティーブン・ミラーと共同で、「トランプが行った最後の興味深い演説」の共著者であることを誇らしげに主張した。この演説は、ポーランド政府のイデオロギー的盟友に対する意図的なジェスチャーとして、ワルシャワで行われたものだった。トランプは演説のなかで、西側という概念を再定義していた。アメリカとその同盟国を自由の擁護者、普遍的価値の擁護者として描くのではなく、「文化、信仰、伝統の絆に基づく」西側という観点、つまり普遍的とは程遠い絆を提示したのである。「われわれは交響曲を書く。イノベーションを追求する。われわれは古代の英雄を称え、時代を超えた伝統と習慣を尊重する」とトランプは宣言していた。就任演説と同様、ワルシャワでも「われわれの時代の根本的な問題は、西側が生き残る意志を持っているかどうかだ」と、終末論的な言葉を発した。[*22] 私には、トランプとバノンによるEU攻撃は、将来、どのような形で中国と闘うにせよ、西側の弱体化につながるのは明らかだと思えた。しかし、バノンは同意しなかった。「私はヨーロッパが好きだ、ただEUはダメだ。私にとって、オルバン、ファラージ、サルビーニのような人々は英雄だ。アメリカは欧州を必要としている。ただし、保護国としてではなく、同盟国としてだ」

オルバン、ファラージ、サルビーニ、トランプがこぞって注目した脅威は、とくにイスラム圏からの大量移民であり、「時代を超えた伝統と慣習」に対する脅威として扱われた。実際、中国を国外の敵と位置づけるなら、バノン、ミラー、トランプは非白人移民を国内の敵とみなしていたことは疑いようがない。そうでなければ、なぜバノンはイギリスの極右で反移民活動家のトミー・ロビンソンを「この国［イギリス］の屋台骨」と表現するのだろうか[*23]（訳註：トミー・ロビンソンはイングランド防衛同盟［EDL］の元指導者で反イスラム的な主張をしている）。バノンが運営していた「ニュース」サービスであるブライトバートも、移民や人種問題についての扇動的な記事を得意としていた。

ベルリンで会った後、私はバノンの国際的な活動や人脈について、より関心を抱いた。数カ月後、彼はパリに現れ、反エスタブリッシュメント的な「黄色いベスト」運動を好意的に語り、ホテル・ル・ブリストルに宿泊していた（どうやらポピュリズムは、最高級ホテルに泊まることの制約にはならないようだ）。東京に行ったときには、バノンも少し前に来ていて、安倍晋三の自民党にいる強硬派のナショナリストたちと交流していたと聞いた。ブラジルでは、バノンはボルソナロの知的な「師」であるオラーボ・デ・カルバーリョと親しいと聞いた。ミラノでは、バノンはサルビーニ率いる移民排斥派「同盟」の選挙戦勝利を祝っていた。サルビーニはプーチンを敬愛している。

また、バノンがプーチンのお気に入りの理論家の1人であるアレクサンドル・ドゥーギンとローマで長時間会っていたという報告も目にした[*24]。ドゥーギンは極右思想家のネットワークのなかのあちこちに出没する人物である。彼は、私が2019年の夏にモスクワで会った億万長者のロシア人ナショナリスト、コンスタンチン・マロフェーエフと親しかった。マロフェーエフは、今度はサルビーニと「同盟」に接近していた。同じ年、上海で、私がよく知る中国のナショナリスト李世默（エリック・リー）が、ドゥーギンを復旦大学中国研究院の上級研究員として受け入れていたことがわかった。

これらのつながりをたどることは興味深く、陰謀論の形成過程を知ることができた。さまざまな極右やナショナリストの思想家たちが国境を越えてつながっている様子に、何か本質的な不吉さを見出したくなる誘惑にかられる。だがそれは極右が「グローバリスト」左派に投影するものと、さほど変わりはない。極右には自分たちが嫌う多くの思想家たちがいて、彼らが関与するプロジェクトにソロスが資金を提供していることをわかっていた。そのなかにはトニー・ブレアやビル・クリントン、あるいは主要なメディア組織のために働いていた人物たちがいたかもしれない。つまりXはYを知っていて、両方ともZから資金提供を受けている、という構図が出来上がる――やがて、壮大な陰謀論が生まれる。

実際には、極右にもグローバリストの左翼にも、もっと単純で、出来損ないの力学が働いているように感じた。ナショナリストや反リベラルな思想に興味を抱く人どうしが、互いに会ってみたくなり、意見や人脈を交換し合い、さらには資金まで融通し合うこともあった。しかしそれは、彼らが世界的な運動を結びつける組織的ネットワークの一部であるという意味ではない。実際、これらの思想家のなかには、明らかに相容れない見解を持つ者もいた。バノンは、中国の台頭を阻止し、アメリカを唯一の超大国として維持することを最大の使命としていた。ドゥーギンは、アメリカを憎悪し、ロシアと中国の間に特別な関係を築きたいと考えていた。李世默は明らかにトランプに興味を持ったが、中国のナショナリストとしてバノンの思想を受け入れることはできなかった。

また、私が彼らの影響力を過剰に強調していた可能性もあった。バノンは、２０１７年８月にトランプ政権から切り捨てられていたのだ。多くのロシア専門家は、プーチンが本当にドゥーギンのことを真剣に考えているのか疑っており、ドゥーギンが２０１４年にモスクワ国立大学の職を解雇されたことを指摘する。李は英語が堪能なため西側での知名度は高かったが、中国国内では権力の周辺部にいるように見えた。

それでも、これらの人々は重要であったし、いまも重要である。彼らは、ポピュリスト・ナショナリズムを支える重要な考え、議論、スローガンを提供し、強権的指導者が活動する知的な背景を作るのに貢献した。また思想家たちの主張には明らかに大きな違いがある一方で、共通して繰り返し登場するテーマもある。重要なのは、その共通項に反リベラリズムと反グローバリズムを含むことである。彼らの多くは、フェミニズムにもＬＧＢＴ＋（訳註：「＋」はＬＧＢＴに含まれない多様な性的指向や性自認を指す）の権利の向上にも熱心に反対しており、それらの運動を自然の摂理に対する「政治的正しさ」からの攻撃として描いている。リベラリズムやグローバリズムに対する嫌悪は、国民国家に対する崇敬の念とも結びついている。普遍的な価値観は、それぞれの文化や文明の独自性を脅かすものとして拒絶され、結果的に、人種差別や民族的純粋性の強調につながることが多い。個々の文明の維持が最も重要である以上、民主主義はこの目標を促進する程度にしか価値がない。選ばれた文明とその価値を守ることができないのであれば、民主主義は捨てられるし、捨てられなければばならない。これらの考え方は、強権政治を推進するすべての思想家が持っているわけではないが、異なる大陸で繰り返し不意に出てくるテーマである。

リベラリズムに対する世界的な反発を理解しようとした私は、バノンと面会したベルリンのホテル・アドロンからウンター・デン・リンデン大通りを数百メートル下ったところで教鞭をとっていた人物の考え方に行き着いたのだ。カール・シュミットは、ナチ党員で、1933年から1945年までベルリン大学（現フンボルト大学ベルリン）教授を務めた。「第三帝国の最高の法学者」と評され、ナチズム敗北後の数十年間は、彼の思想は不穏当なものとされた。しかし、近年、世界的にシュミットの研究への関心が復活している。中国の法学者、ロシアのナショナリスト、アメリカやヨーロッパの極右思想家たちが、ナチス・ドイツの最高の法学者であるシュミットの研究を利用しているのである。これらの極右思想家は、習近平、プーチン、トランプといった強権的指導者の行動を正当化し、知的エネルギーの多くを提供してきた。

プリンストン大学教授でポピュリズムの専門家であるヤン゠ヴェルナー・ミュラーは、シュミットを「［20］世紀で最も優れたリベラリズムの敵」と表現している。[*25] ナチスという過去があるにもかかわらず、シュミットの思想は近年、学問の主流にふたたび入り込んでいる。ミュラーに言わせれば「1990年代半ばにシュミットについて書き始めたとき、歴史上の人物としてしか書くことはできないと言われた。ナチスであった以上、思想家として真剣に取り上げることはできないと言われたのだ」。しかしそれ以来、「多くの点で彼の思想は正常化された」。２０１７年、オックスフォード大学出版局は『*The Oxford Handbook of Carzl Schmitt*（オックスフォード版カール・シュミット・ハンドブック）』を出版した。その宣伝文には「シュミットの過激な反ユダヤ主義にもかかわらず……とりわけ代表民主制と国際法に対する……彼の鋭い批判の魅力は……衰えていない」と記されている。シュミットは現在、ケンブリッジ大学、ハーバード大学、北京大学で開講されている政治哲学の講義のリーディングリストに掲載されている。

議会制民主主義に敵対し、権威主義的指導者の立法権を支持したことで、シュミットは、ナチズムを受け入れるに至った。１９３３年のドイツ国会議事堂放火事件の後、シュミットはヒトラーによる議会制民主主義の停止と、国家緊急権行使を正当化する意見書を発表している。そして、翌年の「長いナイフの夜事件」でナチスが数百人を粛清したとき、シュミットは「総統は法を守る」と題する悪名高い小論を書いて殺害までも正当化したのである。彼は、ユダヤ人学者のドイツからの追放を要求し、ドイツ法からユダヤ人の影響を排除するための会議を招集した。

にもかかわらず、現代の反リベラル派は、シュミットの業績に称賛すべきものを見出している。彼は三権分立や普遍的人権といった考え方を軽蔑し、代わりに「友・敵」の区別が政治の基本であると主張したのである。「敵を教えてくれれば、君が誰かがわかる」。シュミットにとって、リベラルが語る人類愛などというものはナンセンスだ。「人類を持ち出す者は、欺こうとしている者だ」というのは、おそらく彼の最も有名な断定的な言い回しであろう。[*26] 普遍的人権よりも国家の利己性を重視する極右思想家にとって、リベラルな普遍主義に対するシュミットの攻撃は魅惑的なものである。

リベラル派が法の支配の確立に関心を持つのに対し、シュミットは非常事態の宣言によって法の支配がどのように停止され得るかに関心を持った。彼が書いたように、「例外状況で決断を下すのが主権者である」。この議論は現代のドイツにとくに共鳴するもので、ＡｆＤはメルケルが２０１５年から２０１６年にかけて１００万人以上の難民をドイツに入国させるのではなく、難民に関する国際法を停止すべきだったと主張した。実際、トランプ政権も不法移民・難民がもたらすアメリカ南部国境への脅威とされる事態に対応するため、限定的な国家非常事態宣言を検討した。トルコとエジプトは、非常事態宣言が法的権利の停止につながり、壊滅的な影響を与えた最近の事例である。

しかし、驚くべきことに、シュミットが最も再評価され、最も影響力を持ったと考えられるのは中国である。北京の清華大学法学院教授である林来梵《リンライファン》は、２０１６年に次のように言っている。「今日の中国で、カール・シュミットは本当に有名だ。多くの政治理論家、哲学者、法学者が……彼の考え方は非常に説得力があり、非常に深いと感じている」[*27]

中国における「シュミット思想のきわめて優秀な代弁者」[*28]と目されているのは、北京大学法学院教授の強世功《ジャンシゴン》である。強世功は、駐香港連絡弁公室に勤めた経験もあり、習近平思想の重要な解説者であり、細部にわたる設計者でもある。彼はシュミットの「友・敵」の区別を熱心に採用している。「友と敵の間には、自由の問題はなく、暴力と征服があるだけだ」と書いている。[*29] また、強世功はシュミット流に「政治における重要な問題は、善悪の問題ではなく、服従と不服従の問題である」と主張している。[*30]

このような考え方は、習近平が中国政治におけるリベラルの伝統を断固として拒絶したことを裏づけている。習近平が政権を握った当時、中国のリベラル派は、三権分立と司法の独立を含む、法の支配への移行を迫っていた。アメリカのリベラル派の哲学者、ジョン・ロールズが頻繁に引用されていた。しかし習近平は断固としてこれらの思想を拒絶した。２０１８年にきっぱりと述べている。「西側の『憲政民主』『三権分立』『司法の独立』といった道をたどってはならない」[*31]

中国や世界中の権威主義的な思想家の間でカール・シュミットが流行していることを知ったのは、復旦大学の李世默との会話がきっかけだった。李はドゥーギンを復旦大学中国研究院の上級研究員に推薦したことを私に告げた。私は「ドゥーギンはファシストでは？」と、攻撃的に聞こえないように、好奇心から尋ねているような声で言った。李は「違う」と答えた。「彼はカール・シュミットの思想に非常に傾倒している」。私は、どういう意味かと尋ねた。李の返事は「すべては政治的だ」という不可解なものだった。つまり、強権的な権威主義を正当化する哲学的根拠は、真に独立した機関や客観的な真実など存在し得ないという考えに基づいているのだと私は理解するようになった。すべては政治的なものなのだ。ドゥーギンは「カール・シュミットのロシアへの5つの教訓」という論文のなかで、ナチスの思想家の「何よりも政治を優先せよ」「常に敵が存在するようにせよ」という言葉を好意的に引用している。プーチンのドゥーギンに対する態度はかなり微妙なようだが、ドゥーギン自身は強権的指導者の個人崇拝を臆面もなく称賛している。「プーチンはどこにでもいる」と彼は書いている。「プーチンはすべてである。プーチンは絶対であり、プーチンは不可欠である」[*32]

ロシアの運命におけるユーラシア大陸の重要性を信じるドゥーギンは、シュミットによる「広域秩序論」――「大きな地政学的実体はそれぞれ、柔軟な超国家によって統治されるべきである」――の重要性にも着目している。皮肉なことに、これは、レーベンスラウム（生存圏）を求めるナチスのソ連侵略を正当化するために用いられた学説であった。しかし、ドゥーギンはシュミットに巨大帝国の道徳的正当性だけでなく「ヨーロッパ、ロシア、アジアが直面している敵、すなわちアメリカおよびその同盟国の島国イギリスに対する明確な理解」を見出しているのである。北京では、強世功もシュミットの「広域秩序論」の思想にますます関心を寄せている。中国のエリートが、中国がアメリカに代わって世界をリードする大国となるという考えを抱いているいま、ユーラシア大陸に陸上帝国を建設するというシュミット的な意見は、新たな妥当性を持っているのである。また、南シナ海の支配権をめぐる対立が激化するなか、シュミットが英語圏の海軍大国――および彼らの「自分勝手な」国際法理論（とシュミットは主張する）――を敵視していることも、彼の思想が注目を集める理由である。

西側の極右思想家もシュミットの思想に惹かれている。アメリカの白人至上主義者、リチャード・スペンサーは、ニーチェと並んでシュミットをインスピレーションの源泉として挙げている。彼は２０１６年11月、新大統領の選出を「万歳《ハイル》トランプ」と叫んで祝う姿を撮影されている。また彼のロシア人の元妻は、ドゥーギンの著作を英訳している。

シュミットの「友・敵」の区別や、裁判所や大学といった「独立した」はずの機関が実は政治秩序の一部であるという主張は、ボルソナロの知的な「師」であるオラーボ・デ・カルバーリョにも強い影響を与えた。彼はバノンに「世界で最も偉大な保守派知識人の１人」と称賛されている人物だ。[*33]「文化的マルクス主義」を激しく非難し続けている元占星術師で独学の哲学者であるカルバーリョは、シュミットの著作を、進化論を教えることさえ科学ではなく政治問題とみなすべきだという主張の正当化に使っている。[*34]カルバーリョにとって政治とは、なによりもシュミット的な「友・敵」の冷酷な戦いである。政治闘争とは「思想を破壊することではなく、人々のキャリアと権力を破壊することである。遠慮はせずに、敬意を持たずに行動しなければならない」と彼は書いている。[*35]２０１９年にワシントンのブラジル大使館で行われた夕食会で、ボルソナロの隣に座ったカルバーリョは、このような思想の持ち主である。ボルソナロの正面に座ったのはバノンであった。

バノン自身、イタリアのファシスト思想家ユリウス・エボラを敬愛している。エボラはシュミットと文通していた人物だ。しかし、バノンはシュミットを読んだことがあるのだろうか。これは、2019年のある朝、当時ロンドンに駐在していた元駐米ドイツ大使のペーター・ヴィティヒと朝食をとりながら議論した疑問であった。彼は、バノンがシュミットの思想に触れたことは間違いないと考えていた。「実際、私は彼にシュミットの著作をいくつか渡して読ませた。興味を持つだろうと思って」。大使は言いよどんで、少し悲しそうな顔をした。「おそらくそれが間違いだった」

実際のところ、バノンは知的ながらくたを収集する癖があり、個人的・政治的な目的にかなう思想を拾って利用している。バノンの人生における「私」と「政治」の融合は、2019年に習近平を激しく批判するアメリカ亡命中の中国人大富豪、郭文貴《グオウエングイ》（別名マイルス・クオック）のヨットで逮捕されたときに明らかになった。郭はバノンのビジネスパートナーであり、気前の良い資金提供者であることが判明した——これは、バノンがホテル・アドロンに宿泊できた理由の1つだろうし、間違いなく彼が反中国的主張にさらに情熱を傾ける理由になっただろう。逮捕容疑は、トランプが約束したメキシコとの国境に壁を建設するための募金活動「We Build the Wall」からの私的な不正流用だった。こうしたことから、バノンは私腹を肥やすためにポピュリズムを推進するペテン師に過ぎないと断じたくなる誘惑にかられる。しかし、不正流用容疑の真偽はともかく、バノンはトランプとの関わりを通じて、世界を変えた本物のイデオローグでもあるのだ。

2021年1月6日の議会議事堂襲撃でトランプ大統領が『神々の黄昏』の瞬間（訳註：世界の終わり）を迎えたとき、バノンはふたたび登場した。選挙に敗北した後、絶望の日々のなかで、トランプは元顧問に何度も対応策を相談していたのだ。バノンはポッドキャストや他のメディアを通じて、選挙が盗まれたという考えを広め、デモ隊がワシントンを襲撃するよう促していた。

選挙結果をひっくり返し、アメリカの民主主義の制度や機構を破壊しようとするのは、バノンとシュミットの2人の考え方と非常に近い。それは、世界が「友・敵」に厳格に分けられ、敵に勝つことだけが政治的責務とされるような政治である。そして実際、トランプは強権的指導者として、シュミットが推奨する手段に手を伸ばそうとしていた。すなわち国家非常事態の宣言と、通常の法の運用を停止することだ。

2021年1月のあの日、親トランプ派の暴動が失敗したことは、アメリカをはじめ世界中の自由民主主義の支持者たちにとって深い安堵感をもたらした。しかし、希望と同時に疑問もある。アメリカそのものは深く分裂しており、共和党は依然としてトランプに隷属している。アメリカの世界的なパワーは低下している。そして、中国、ロシア、インド、トルコ、サウジアラビアなど、世界の他の大国の多くは、強権的指導者によって運営されている。バイデン政権は、果たして流れを変えることができるのだろうか？

エピローグ　強権的指導者とバイデン

1961年1月20日、アメリカ史上最年少の大統領ジョン・F・ケネディは、議会議事堂前の階段で就任演説を行った。それからちょうど60年後、史上最年長の大統領ジョー・バイデンは、同じ場所で宣誓した。

ケネディは議事堂の荘厳な雰囲気を背景に「松明《たいまつ》はアメリカの新しい世代に渡された」と宣言した。当時のアメリカには世界中の「自由の存続と繁栄」のために、「あらゆる代償を払い、あらゆる重荷を担う」覚悟があった。バイデンにとって、議事堂の背景はより不吉なものであった。わずか2週間前に、大統領選の結果を覆そうとするトランプ支持者の暴徒が議事堂を襲撃した。古い世代の代表者であるバイデンは、アメリカで自由の松明が消えてしまうのを危うく見届けるところだった。「民主主義は貴重であることを改めて学んだ。民主主義はもろいものだ。そしてみなさん、いまこのときは、民主主義が勝利したのだ」と宣言した。新大統領は「国境の外の人々」に宛てた短い一節のなかで、次のように約束した。「アメリカは試練を受け、さらに強くなってそれを乗り越えた。われわれは同盟関係を修復し、ふたたび世界と関わりを持つようになる」

もしアメリカで民主主義が崩壊していれば、世界的な大惨事になっていたことだろう。世界各国の政治的自由の度合いは15年連続で低下しており、1930年以来最長連続記録であった。1930年代を通じて、当時の2大強国であるアメリカとイギリスは、自由民主主義を維持していた。もしトランプとその支持者が民主的な選挙をひっくり返すことに成功していたら、アメリカの「自由世界のリーダー」としての伝統的な役割は終わっていただろう。そうなったら、現代の2大強国であるアメリカと中国の両方が、権威主義的なナショナリズムの掌中に落ちる事態になっていた。

2020年の大統領選でのトランプの敗北は、危機が去ったことを意味しない。バイデン政権は2方面で強権政治と戦っている。国内では、依然としてトランプが支配する共和党の脅威に直面している。海外では、自己主張を強める中国とロシアの強権的指導者にバイデンは対処している。インド、ポーランド、フィリピンなど、習近平とプーチンに対抗するために彼が期待する同盟国のなかには、強権的指導者の統治スタイルを受け入れている国もある。冷戦時代と同様、アメリカにとって、自由な世界と不自由な世界との間に明確な境界線を引くことは難しくなる可能性がある。

これらの国内と海外の課題は連動している。アメリカは、自国の民主主義を救うことができなければ、海外の自由を守ることなどできない。一方、もしアメリカの国内の混乱がバイデン政権のエネルギーの大半を消費するならば、アメリカが世界の他の場所で政治的自由を支えるために割く時間や資源は少なくなってしまうだろう。そして、そのような役割を果たすことができる、アメリカに代わるもっともらしい別の選択肢は存在しない。ドイツ、フランス、ＥＵは全体として、政治的自由の世界的擁護者としてアメリカに代わって介入する政治制度、軍事力、外交的反射神経を持ち合わせてはいない。英語圏の同盟国であるイギリス、オーストラリア、カナダ、ニュージーランドは、アメリカにリーダーとしての地位を求めている。バイデンが２０２１年夏にアフガニスタンから米軍を撤退させ、カブール政府を放り出したとき、ヨーロッパにおけるアメリカの同盟国の一部は愕然とした。しかし、彼らはすぐに、アメリカの支援なしにはアフガニスタンでの自国のプレゼンスを維持することはできないと判断した。同盟国はアメリカに追随するほかなかった。

バイデンは大統領就任後初の記者会見で「これは21世紀における民主主義の有用性と独裁政治の間の戦いである。民主主義が機能することを証明しなければならない」と自らの任務を明確に定義した。[*1]

バイデン政権にとって、民主主義が機能していることを証明するための戦いは、自国から始めなければならない。それは手ごわい仕事である。２０２０年の大統領選挙でバイデンが勝ったのは明らかだったが、圧勝ではなかった。与党・民主党は議会でかろうじて過半数を維持している。そして、共和党がトランプと縁を切る兆候はほとんどない。２０２０年の投票前でも、共和党員の半数以上がある世論調査で「伝統的なアメリカの生活様式が急速に失われており、それを救うために武力を行使しなければならないかもしれない」にＹＥＳと答えた。[*2] 選挙後、共和党の有権者の約77％が、投票に「大きな不正」があったというトランプの主張に同意した。議事堂襲撃事件後、共和党員のトランプ支持率はほんの少し下落した。一方、バイデンの当選を承認した上院共和党のミッチ・マコネル院内総務の支持率は急落した。[*3] ジョージ・W・ブッシュ大統領のスピーチライターを務めたマイケル・ガーソンは、こうした傾向を見て、共和党の大半は本質的に民主主義に愛想を尽かしたのであり、「崩壊の瀬戸際」にあると信じられている「空想上の白人キリスト教国アメリカ」を維持することを優先していると結論づけた。[*4] バイデン政権が発足して1カ月が経過した時点で、共和党の有権者の61％が、次の議会選挙などではトランプが推薦する候補者に投票する可能性が高いと答え、ほぼ半数がトランプが「指導者として神から召命された」ことに同意している。[*5] トランプ崇拝は、彼の家族にまで及んでいる。トランプの元首席補佐官であるマーク・メドウズは、2024年の大統領選挙で共和党から誰が有力候補になるかを見据えて「言えるのは、そのリストの上位にいる人たちは全員、名字がトランプだ」と予言した。[*6]

1・9兆ドル規模の景気刺激策を成立させ、幅広い世帯へ現金を給付するなど、トランプ主義の危険な誘惑を斥けるためのバイデンの取り組みは幸先の良いスタートだった。しかし、2021年夏のアフガニスタンからの混沌とした米軍撤退は、大統領と世論の短いハネムーンの終わりを告げた。インフレの再燃、メキシコ国境での移民問題、民主党内の反目などがバイデンの人気をさらに低下させた。私が2021年10月にワシントンを訪れたとき、大統領の支持率は40％前後で推移し、有権者の60％がアメリカは間違った方向に進んでいると考えていた。トランプ時代の荒々しさの後では、ホワイトハウスや国務省での私のミーティングはごく普通で、安心できるものだった。しかし、私が話をした高官たちは、すでにバイデンが失敗するかもしれないという恐怖――そして再登板となった場合のトランプ政権がアメリカと世界にどのような意味を持つのかという恐怖――に取り憑かれているようだった。トランプの支持基盤が最も関心を抱く移民問題やアイデンティティー政治は、依然として強烈な論争を巻き起こしている。そしてバイデン自身も、次の大統領選挙の頃には82歳になっている。副大統領は黒人女性のカマラ・ハリスである。ハリス大統領の誕生の可能性が視野に入ってきたなら、共和党支持層の不安と反発のエネルギーをさらに刺激することになるだろう。

それを見守っている世界は、アメリカでトランプ派がまだ強い勢力を保っていることを知っている。バイデンは、トランプ派がふたたび権力の座に戻るまでの、4年間の幕間である可能性は小さくない。政治学者のジョナサン・カーシュナーが言うように「世界はトランプ大統領の記憶を消し去れない……今後、世界中の国々は、（たとえ不正がなくとも）アメリカの政治体制はトランプ政権のような種類の政権を生み出すことがあると理解したうえで、自国の国益を計算し、期待を調整しなければならない」[*7]。しかし、バイデンがアメリカの国際的リーダーシップを回復することを妨げているのは、潜在的なトランプの影だけではない。アメリカが国家として、世界中で自由民主主義のために戦うエネルギーと手段をまだ持っているかどうか、世界が疑問を抱く理由があるのだ。

バイデン政権は、アメリカのミドルクラスのための外交政策を実行すると繰り返し表明している。[*8] 言い換えれば、普通のアメリカ人に恩恵をもたらすかどうかを基準に、すべての外交政策が精査されることになる。この結果、世界に対してより控えめで慎重な姿勢がとられることになるだろう。

バイデンの顧問陣は、国民が海外での戦争に深く疲れていることを知っており、海外派兵には慎重である。アフガニスタンから米軍が撤退し、タリバンがふたたび国を支配したときの絶望的な光景は、大統領がいくら「アメリカは戻ってきた」と宣言しても、それよりはるかに力強いシグナルを送った。

ケネディの「あらゆる重荷を担う」という姿勢は、アメリカ経済が他の追随を許さない世界であったからこそ生まれたものである。しかし、バイデン政権は、中国がすでに世界最大の製造・貿易大国となった時代に発足した。２０１９年末には世界１９０カ国中１２８カ国で、アメリカとの貿易額よりも中国との貿易額のほうが多くなっている。貿易・投資の相手国としての中国の魅力は、アジア、アフリカ、中南米の全域で、中国の外交力と政治力を強くしている。対照的に、アメリカでは保護主義が依然として強まっている。民主党は外国との多くの新・貿易協定に署名しないだろう——まったくしない可能性もある——から、中国の経済的影響力に対抗するのはますます難しい。

これらの要因はすべて、バイデンが宣言したアメリカの国際的リーダーシップを回復する野心を制限している。それでも、トランプ敗北とバイデン大統領就任は、世界の政治情勢を一変させた。本書で取り上げた強権的指導者たちはみな、新しい状況に適応しなければならなくなった。

プーチンにとって、バイデン当選は悪い知らせのように見える。トランプはロシアを批判したり、ロシアと対立したりすることを常に避けてきた。さらにクレムリンにとって好都合だったのは、トランプがアメリカの同盟体制に公然と懐疑的な姿勢を示していたように見えたことだ。トランプ2期目はNATOの終焉を意味した可能性があり、クレムリンにとって地政学的な勝利となったかもしれない。対照的に、バイデンはNATOにコミットしており、ロシアを警戒してきた長い歴史がある。[*9] 2020年の大統領選の1週間前、彼はこう述べていた。「現在のアメリカにとって最大の脅威は……ロシアだ」。[*10] 就任直後、バイデンはテレビ・インタビューで、プーチンを「殺人者」だと思うかどうか尋ねられた。彼の「そう思う」という回答はクレムリンの怒りを買い、駐米ロシア大使の一時召還につながった。

民主主義や人権の問題でプーチンと対立する覚悟のあるアメリカ大統領の復帰は、ロシア国内の弾圧の激化と重なった。バイデンの就任から1カ月も経たない2021年2月、アレクセイ・ナワリヌイが収監された。この事件は、モスクワやその他の都市で大規模な抗議デモを引き起こした。警察がデモ参加者に暴行を加え、大量に拘束した。多くのロシア研究者にとって、これはプーチンの長い支配の新しい局面を示しているように見えた。カーネギー・モスクワ・センターのアンドレイ・コレスニコフは、「彼は常に残忍だったのかもしれないが、いまは自由に、公然と、制限なく残忍になることにしたのだ」と述べている。[*11]

ロシアのリベラル派の多くは、当初、ナワリヌイの抵抗に元気づけられ、鼓舞された。彼は被告席から勇敢に演説し、この投獄は「「プーチンの」強さの証明ではなく、弱さの証明だ」と主張し、プーチンは「下着毒殺者ウラジーミル」として歴史に名を残すだろうと嘲笑した（訳註：ナワリヌイの暗殺未遂事件では下着に毒物が仕込まれていた）。しかし、時間の経過とともに、ナワリヌイの果敢な抵抗に対するリベラル派の高揚感は、鬱屈したものへと変わっていった。ナワリヌイは流刑地に送られ、プーチンはいまだクレムリンにいる、という暗い現実があった。「強権的指導者の時代」には、真実、勇気、民衆の抗議が、最終的には権威主義的支配に勝利するという信念を貫くことが難しくなっている。ベラルーシからベネズエラ、ロシア、香港まで、現在の実情は逆だ。

ナワリヌイに対処した後、プーチンはふたたび国外の敵に焦点を合わせた。２０２１年７月、プーチンは「ロシア人とウクライナ人の歴史的一体性について」という長文の論文を発表した。そのなかで、ウクライナの独立を歴史的異常事態として描き、それをロシアの敵が悪用したと書いている。言外の脅しは、ウクライナ国境にロシア軍が集結することでより現実味を帯び、バイデン政権はロシアによるウクライナ侵攻の可能性に対して警戒を隠さなくなった。

習近平の中国でも、バイデン就任後の1年間、国内での弾圧と国外への攻撃という組み合わせが出現した。香港の代表的な活動家である黄之鋒（ジョシュア・ウォン）や黎智英（ジミー・ライ）は刑務所に送られ、民主化運動の指導者たちは事実上全員、国家政権転覆罪で起訴された。中国はまた、２０２１年３月に香港の選挙制度を改変し、親中派の選挙委員会を設置して、すべての立候補者の「愛国心」を審査し、民主化運動が進展する可能性を閉ざした。[12]　２０２１年を通じて、中国空軍の台湾周辺での演習はますます頻繁になり、威嚇的になってきた。

　中国に関しては、バイデンはトランプの対立的な政策を引き継いだ。バイデンは、「私が任にある間は」中国が「世界の主導的な国……最強の国」になることはないと約束したのである。[13]　しかし、トランプが対立状態を経済的観点から捉えていたのに対し、バイデンはより明確なイデオロギー的要素を加えた。彼にとって米中の争いとは、独裁主義と民主主義の戦いの最も重要なものであり、それが21世紀を規定すると考えている。

　バイデンは、オバマ政権の副大統領として、習近平と何時間も直接会談していた。バイデンはあの中国の指導者の「体には民主主義の骨がない」と言うのが好きだった。新しくアメリカ国務長官に就任したトニー・ブリンケンと中国外交トップの楊潔篪《ヤンジエチー》との最初の会談は、メディアの目の前で、たちまち険悪な雰囲気に包まれた。ブリンケンは冒頭、香港、新疆ウイグル自治区、台湾をめぐる中国の行動、サイバー攻撃、アメリカの同盟国に対する「経済的抑圧」を非難した。これに対して楊潔篪は、アメリカは帝国主義国家であり、国内では人種差別に悩まされていると非難し、こう軽蔑的に発言した。「アメリカは中国に対して強者の立場から発言する資格はない」[14]。中国がアメリカの弱さを揶揄したのは、単なるあてつけではなかった。２０２１年の冬までに新型コロナウイルスによる中国の公式死者数が５０００人であるのに対して、アメリカが80万人以上の死者を出したという事実は、北京では中国の体制を正当化し、アメリカの衰退を確認するものとして扱われていたのである。

こうしたバイデン政権発足当初の衝突は、習近平が長年抱く「アメリカは中国の体制転換を狙う敵対国である」という思い込みを強めたであろう。中国が敵対的な外国勢力に包囲攻撃されているという主張は、習近平の在任期間を通常の10年よりも延長するための論拠として使われる。２０２２年秋の次の中国共産党の党大会で3期目が正式決定されるだろう。楊・ブリンケン会談後に発表された中国側の声明は、習近平の指導者としての「核心的地位」を強調し、「14億人の心からの支持を得ている」と付け加えている。14億人の支持などありそうにない話に聞こえる。だが中国の苦境に立たされたリベラル派たちが、北京の揺るぎない強権的統治に対して、直ちに反撃ができるようになる兆しはほとんどない。

バイデン政権が民主主義と人権を外交政策の中心に据えようと取り組んだことは、習近平とプーチンにとって歓迎されない展開であった。しかし、他の強権的指導者にとっては、状況はより曖昧である。モディ、ＭＢＳ、エルドアン、ボルソナロといった人物はみな、アメリカが人権をふたたび重視することに警戒心を抱く理由がある。一方で、中国やロシアとの新冷戦において各国はアメリカの同盟国となり得るだけに、これらの国々の指導者たちは、国内政治体制に関してアメリカが彼らと対決するのを避けるだろうと期待する根拠もある。しかしそれでも、アメリカとの同盟は単純な選択ではない。強権的な政権を含むすべてのアメリカの同盟国は、中国の台頭という動かしがたく見える事実と、ロシアの侵略を前にして、アメリカの新たな指導力というバイデンの約束をどれほど信用するべきか考えなければならない。

中国の力を封じ込めようとするアメリカの政策にとってインドは中心的な存在である以上、バイデン政権はインドの民主主義の後退に見て見ぬふりをするだろう——。このように楽観する有力な拠り所がモディにはある。バイデン政権のロイド・オースティン国防長官の初外遊先には、デリーが含まれていた。北京に対抗するワシントンの取り組みにおけるインドの重要性は、2021年9月にバイデンが「Quad（クアッド）」（アメリカ、インド、日本、オーストラリア）首脳会議を初めて対面形式で主催した際に強調された。クアッドは、インド太平洋地域の主要国を集めた対中国の非公式同盟であると広くみなされている。

モディのインドが権威主義を強めていることは、ワシントンも気づいている。2021年10月、バイデン政権の外交政策チームの主要メンバーの1人が私に、懸念事項を列挙した。私が促したわけではないのに彼が自然と言及したのが、インドの民主主義の衰退だった。私は驚き、インドの戦略的重要性から、アメリカは無視するものと思っていた、と伝えた。「私の経験では、知らぬふりをすると、しばしば嫌な不意打ちを食らうものだ」と、相手は答えた。

しかし、西側の批判や圧力がモディを弱体化させることはないだろう。実際、ヒンズー至上主義を基盤とする彼の立場を強化する可能性さえある。プーチンや習近平のように、インドの指導者は長期政権への備えを固めているのである。

強権政治を敷くアメリカの同盟国で、トランプ大統領の敗北後にしっぺ返しを恐れる理由があったのは、サウジアラビアのＭＢＳである。ジャマル・カショギの殺害、イエメンでの人道的惨事、そしてＭＢＳとトランプ政権の特別な関係から、バイデン政権にとってＭＢＳはまったく信用されない存在となった。バイデン政権は就任後数週間のうちにイエメン内戦に介入するサウジアラビアに提供していた軍事支援を撤回し、カショギ殺害に関するＣＩＡの報告書の公開に同意した。ＭＢＳとサウジアラビアは迅速に対応しなければならなかった。イエメンでの和平協議の動きが発表され、カタール封鎖も解除された。

その調整は一方的なものではなかった。ロシアや中国と、中東における影響力争いに直面していたバイデン政権は、サウジアラビアと敵対的な関係に陥るわけにはいかなかった。サウジアラビアの諜報機関はテロとの戦いにおいて重要な資源であり、ＭＢＳは同国の諜報機関を支配している。ワシントンでは皇太子が脇に追いやられるという希望的観測があるが、現実にはＭＢＳがサルマン国王の後継者として国家元首になる可能性は依然として高く、その場合、何十年も権力の座に留まるだろう。西側企業は依然としてサウジとのビジネスに意欲的である。これらの理由から、バイデン政権はＭＢＳとの全面的な断絶のリスクは冒せないと判断し、カショギ殺害事件で彼が果たした役割に応じた制裁を求める圧力に抵抗した。

２０２１年６月、イスラエルで12年間政権を維持してきたネタニヤフが、政権を失った。その間の選挙はどれも政治勢力の間で決定的な議席差を生まなかった。野党政治家がようやく連立政権を組むことに成功したとき、ネタニヤフの政権喪失に対する反応は、トランプを強く想起させるものだった。彼は、自分が「イスラエル史上最大の選挙詐欺」の被害者であり、イスラエルの「ディープ・ステート」による陰謀の存在を主張した。彼の汚職裁判の裏にいるのは、このディープ・ステートだという。しかし、イスラエルでは、半年前のアメリカと同様、国の制度は持ちこたえた。ネタニヤフは政権を失い、彼の汚職裁判は継続された。

相次いで発生したアメリカとイスラエルの政治危機は、強権的指導者に対する戦いについて重要なことを示した。独裁的な衝動を持つ指導者は、世界中どこでも権力を握る可能性がある。その支配をいつまでも続けることができる強権的指導者と、退陣に追い込まれたり法によって責任を取らされたりする強権的指導者との違いは、その国家の機関や制度の健全さであることが非常に多い。両国の機関や制度は試練に耐えた。

ネタニヤフに代わって誕生した連立政権は、左派から極右まで含んでいる。ムスリム同胞団に連なるイスラム主義政党ラアムも含まれていた。同党は、ユダヤ人国家で初めてのアラブ系イスラエル人の政党である。新しい連立政権の唯一の統一理念は、ネタニヤフを追い落とすことであった。この寄せ集めの連立政権は、議会の過半数よりもたった１議席多いだけだ。ネタニヤフは、汚職容疑で裁判中ではあるが、すぐに首相の座に返り咲くという自信に満ちているように見える。

イスラエルの経験は、強権的指導者が支配するが、幸運にも競争的な選挙を実施することができている国にとって、多くの教訓と疑問を提示するものである。野党勢力には強権的指導者に対抗し、団結していけるだけの十分な動機づけがあるか？　その国の機関や制度は、自由選挙を保証するのに十分な健全さを今でも持っているか？　強権的指導者は権力を失えば退陣するのか？　このような問いは、ハンガリー、フィリピン、ブラジル、トルコなど、今後２０２２年から２０２３年にかけて重要な選挙が行われる国々で展開されるだろう。

トランプ敗北の余波で、ハンガリーのオルバンは、アメリカの右派ポピュリストのお気に入りとしてさらに確固たる存在となった。２０２１年夏、ＦＯＸニュースで最も著名な親トランプ派のキャスター、タッカー・カールソンは、オルバンのハンガリーをアメリカのモデルとして紹介するために、番組を1週間ブダペストから放送した。カールソンはオルバンにインタビューし、文化や移民に関する彼の政策を称賛し、政治的な理由でブダペストに移り住んだ多くのアメリカ人に会ったと主張した。「移住した人たちは自分と同意見の人、あなた［オルバン］に同意する人に囲まれて生活したかったのです」[*15]。ワシントンやブリュッセルの公式な場で嫌われているオルバンは、モスクワや北京に目を向けた。中央ヨーロッパ大学がついにブダペストから追い出されたのと同じ年、ハンガリーは中国の復旦大学がブダペストに新しいキャンパスを開設することに合意した。

2021年のメルケルの退陣に伴い、オルバンはEU加盟国の最長政権となった。しかし、オルバンの権力は、接戦が予想される2022年の総選挙で終わるかもしれない。総選挙を前に、6つの野党は結束して共同の首相候補を立てるために予備選挙を実施した。その結果、現在は小さな市の市長を務めるペーテル・マルキザイという候補が選ばれた。イスラエルと同様、強権的指導者を引きずり下ろすという強い思いが、左派リベラルと右派ナショナリストを結びつけ、あり得ない連立を実現させた。共同首相候補の指名を受諾したマルキザイは「ユダヤ人やロマを支援するように、われわれは常に同性愛者の側に立つ」と鋭く宣言した。彼はまた、ハンガリー人が「EUの忠実な市民」であることを約束した。[*16] 野党は苦しい戦いに直面している。オルバンの支持基盤は強固だ。そして、10年以上政権を維持している間に、彼はハンガリーの選挙法を自分に有利なように変更し、メディアの力を組織的に削いできた。もし、接戦の末に敗れた場合、オルバンはトランプの戦略に従い、結果を受け入れないかもしれない。

もう1人のトランプのかつての盟友であるブラジルのボルソナロもまた、2022年10月に迫った大統領選で苦戦を強いられている。最高裁判決によってルラ元大統領が釈放され、世論調査では手強い対立候補となっている。インフレと失業率がともに2桁台となるなか、投票日から1年前の時点でボルソナロの不支持率は65%に達している。しかし、ボルソナロが2022年10月に敗れた場合、トランプを真似て選挙結果を受け入れず、民主主義を破壊しようとするとも考えられる。投票に先立ち、彼は、選挙が不正に行われる可能性が高いと繰り返し主張している。ある集会でボルソナロは、応援する支持者に「私には逮捕、死、勝利という3つの運命しかない」と語った。[*17] このような雰囲気のなか、ブラジル国内外のメディアでは、ボルソナロが敗北を受け入れなかった場合に軍事クーデターや内乱が起き得るのか公然と議論されている。裁判所や軍隊も含むブラジルの機関や制度が、近いうちに厳しい試練にさらされるかもしれない。

エルドアン率いるトルコは、２０２３年に予定されている大統領選挙を前に、同じような事態に陥る可能性がある。２０２３年3月で、エルドアンは権力の座に20年間いることになる。だが強まる権威主義と無能な経済政策のために、逆風が吹いている。ハンガリーやイスラエルと同じように、強権的指導者を失脚させるために野党連合が結成されたのである。インフレ率が20％に達し、２０２１年にはトルコリラが暴落し価値が半減した。野党連合は「ナショナリスト、クルド人、左翼、右翼、世俗主義者、宗教的保守派のあり得ない同盟」とＦＴに評されているが、[*18] 次の議会選挙と大統領選で勝利を望む十分な根拠がある。だが２０２３年の投票でエルドアンや与党・公正発展党が負けたとしても、トルコの強権者が権力を手放す保証も、トルコ国家が彼を追い出す保証も、まったくない。

一方、フィリピンでは、ドゥテルテが２０２２年5月の大統領選挙で2期目を可能にする改憲を主張せず、一部の批判的な専門家を驚かせた。ドゥテルテは後継者に娘のサラを望んでいた。しかし、サラは、元フィリピン独裁者フェルディナンド・マルコスの息子ボンボン・マルコスの副大統領候補として出馬することを選択し、父を失望させることになった。フィリピンのリベラル派にとって、ドゥテルテの離脱は歓迎すべきことだが、マルコス王朝とドゥテルテ王朝の明らかな合併は憂慮すべきことだ。とくにボンボンはマルコス独裁を進歩と安定の黄金時代として描くために、歴史を塗り替えようとしているのだから。

２０２３年末に、オルバン、ボルソナロ、ドゥテルテ、エルドアンの4人全員が権力を失っている可能性がある。しかし、一部の強権的指導者が倒れる一方で、他が台頭する可能性もある。フランスでは、２０２２年の大統領選挙の序盤戦で、マクロンがルペンと元政治ジャーナリストのエリック・ゼムールという2人の極右候補の強力な挑戦を受けることになった。とくにゼムールの選挙活動は、国の衰退を嘆き、フランスをふたたび偉大な国にすると約束し、すべての移民を止めると誓い、「イスラム左翼」（訳註：共産党や社会党にイスラム移民層が加わった勢力を指す、フランスで２０００年代から使われ始めた造語）と「狂ったジェンダー思想」の非難など、強権的指導者を目指す者にはおなじみのテーマをすべて盛り込んでいた（訳註：２０２２年４月に行われた大統領選挙で、ゼムールは1回目投票で敗れた。マクロンがルペンと2回目の投票である決選投票で対決し、マクロンが勝利した）。

ドーバー海峡を隔てたイギリスの保守派のなかには、ルペン、ゼムール両氏を精力的に応援する者もいた。強硬なブレグジット派にとって、マクロンが敗れれば、憎きＥＵへの歓迎すべき打撃となる。しかしジョンソンは強権的な候補者や反民主的な勢力を公然と受け入れるわけにはいかない。なぜなら、それはバイデン政権との間に亀裂を即座に生じさせるからである。バイデンがジョンソンをトランプの「肉体的・心理的クローン」と呼んだことは、イギリス政府の一部を逆なでした。また、バイデンがアイルランド系のアイデンティティーを主張していることにも、イギリス政府は神経質になっている。ブレグジットの結果、北アイルランドの緊張が高まっているため、事態に大きな影響を与えるかもしれないからだ。だがイギリスは、イスラエルやポーランドと同様に、あまりにも重要で伝統的なアメリカの同盟国であるため、アメリカが正当な理由なく遠ざけることはあり得ない。またイギリスのほうからも、ワシントンと北京との対立激化に適応する意志を示した。オーストラリア、イギリス、アメリカの間で締結された新しい安全保障協力の枠組み（ＡＵＫＵＳ［オーカス］）は、この点を明確に示している。

しかし、国内では、ジョンソンは強権的指導者の手法を取り続け、とくに、首相の権力を抑制する独立した機関を攻撃するようになった。イギリス最高裁がジョンソンの議会閉会を違法としたことに腹を立て、ジョンソン政権は、政府の決定を覆す司法審査権を削ぐ法案を提出した。これには保守派の弁護士も憤慨した。キャメロン政権で司法長官を務めたエドワード・ガルニエは、「この政府は、われわれと同じように、自らも法律に従う必要があるということを忘れているようだ……この国は法治国家であって、独裁国家ではない」と抗議している。[*19]

イギリスの機関や制度は頑強であり、ジョンソンの本能的なルール破りと縁故主義は反発を招いた。ジョンソンが友人のために下院の倫理基準委員会の運営規則を変更させようとしたことは、マスコミの反感を買った。ジョンソンはすぐにその方針を撤回させられた。また首相官邸で新型コロナウイルスのロックダウン中にパーティーをたびたび開催し、政府自らがパンデミック対策の規制を破っていたことが暴露された。調査が行われて、複数の辞職者が出た。2021年末の世論調査では、過半数が「ジョンソンは首相にふさわしくない」と回答した（訳註：不祥事が相次ぎ求心力が低下したジョンソンは、2022年7月に辞意を表明した）。

ジョンソンの苦難は、過去10年間に世界中で政権を獲得したポピュリスト・ナショナリストの多くに見られるパターンに合致する。エルドアン、モディ、トランプ、ボルソナロ、ジョンソン、ドゥテルテといった指導者たちは、国の統治よりも選挙活動のほうが得意だと証明してきた。彼らは個人的なファンを集めることには長けているが、効果的に統治するためのテクノクラートならではのスキルや忍耐力には欠けている。

これらの欠点は、強権政治の手法が自滅していく可能性があることを示唆している。ここから「強権的指導者は、まだ世界中に広がる傾向にあるのか、それともピークは過ぎたのか」という重要な疑問が浮かび上がってくる。

新しい政治的、思想的なトレンドが生まれると、それが将来にわたって力を持ち続けると信じたくなる。ロシア革命後、多くの共産主義者は、世界中の資本主義の崩壊が必然だと信じていた。1930年代には、自由民主主義は末期状態にあると考えるのが流行した。冷戦終結後、フランシス・フクヤマは「歴史の終わり」という有名な主張を発表し、イデオロギー競争は終わり、自由民主主義が唯一残された実行可能な体制であるとした。

現実には、歴史は直線的というより循環的であることが多い。政治的な傾向には盛衰がある。過去の事例からすると、「強権的指導者の時代」もいつかは終焉を迎えるが、最長で30年ほど続く可能性がある。

歴史の時代区分を作るのは、やや人為的な行為である。それでも戦後政治には、およそ30年続いた2つの異なる時代があると言える。フランスで「栄光の30年間」と呼ばれる1945年から1975年は、西側諸国において力強い経済成長が見られ、福祉国家の建設とケインズ主義の総需要管理が、冷戦という国際的な背景のもとに展開された。

1970年代半ばになると、このモデルは英米の世界で問題を引き起こし、イギリスは「スタグフレーション」に苦しみ、アメリカはジミー・カーター大統領の時期に国家的な「マレーズ（沈滞）」に陥ったと診断された。1979年にイギリスでマーガレット・サッチャーが、アメリカでは1980年にロナルド・レーガンが選出され、新しい時代（批判的な人は、しばしばネオリベラリズムと呼ぶ）が始まった。振り返ってみると、これも世界的な変化の一部であった。1978年、中国では鄧小平が実権を握り、市場原理に基づく「改革開放」政策を開始した。ヨーロッパでは、1980年9月にポーランドで自主管理労働組合「連帯」が結成され、共産主義圏に亀裂が入り始めた。グローバル化した資本主義経済の基盤ができつつあった。

この「ネオリベラリズムの時代」は、2008年の世界金融危機によって信用を失うまで、およそ30年間続いた。世界金融危機の余波で西側は弱体化し、プーチンやエルドアンのような強権的指導者が、西側の権力や政治規範に挑戦するようになった。2012年、習近平が中国の指導者になると、まさに「強権的指導者の時代」が始まった。

これまでの2つの時代とは異なり、「強権的指導者の時代」が西側以外の国で始まったことは重要である。実際、西側の知識人の多くは、アメリカは強権政治とは無縁だと楽観視していた。だがそれは、2016年のトランプ大統領の誕生できっぱりと否定された。同じ年のブレグジットは、イギリスもまた懐古的ナショナリズムとポピュリズムの餌食になることを示した。英米という自由民主主義の中心地が混乱し、世界各地で強権政治を唱える人たちが力をつけていった。

戦後史における2つの時代も、同じような弧を描いていた。新しいイデオロギーが登場し、初期の成功を収め、それによって新たな名声を獲得し、新しい信奉者を引き付ける。イデオロギーが勢いづくと、運動の支柱となる独自の考え方をより深く、より早く推し進めることが求められるようになる。次第にそれが行き過ぎた行為となり、最終的には反発を招き、新たなアプローチが求められるようになる。減税と官僚主義削減を求めたレーガニズムは、イデオロギーの行き過ぎを示す良い例である。結局は金融の過剰な規制緩和を招き、2008年の世界金融危機につながった。地政学的な面では、西側エリートがグローバリゼーションに酔いしれ、中国を急速に世界経済に取り込むことになった。しかし、中国の富と権力の増大は、ここにきてグローバリゼーションに対する反動に拍車を掛けている。

もし最新の「強権的指導者の時代」が同じパターンに従っているとすれば、強権的指導者のスタイルが「模倣の段階」に入ったと言える。２０１６年以降、ボルソナロ、オルバン、プーチン、さらにはネタニヤフといった指導者が、「フェイクニュース」を糾弾し、気候科学を疑い、「グローバリスト」を非難するというトランプ的な言葉や戦術を用いることが標準的になった。

前例から考えて「強権的指導者の時代」は30年程度は続く可能性があると思われるが、重要な条件が1つある。強権的指導者が繁栄するためには、これらの指導者が一般的に信奉するポピュリスト・ナショナリズムが、成功によって実証される必要があるのだ。中国はこの教訓を確実に意識し、新型コロナウイルスの大流行を利用して、習近平思想に基づく中国の体制が、西側のリベラリズムよりも優れていることを証明したと主張している。しかし中国の外に目を移すと、無能さが、一部の強権的指導者の足をひっぱったようだ。トランプは新型コロナウイルスへの対処を誤り、敗北した。ボルソナロ、ロペスオブラドール、エルドアンは、パンデミック対策をしくじり、自国経済も台無しにした。

政治的リベラル派は、無能な独裁的指導者への支持は弱まるだろうと期待する。しかし民主主義者と異なり、強権的指導者は、事態が悪化しても潔く権力を譲るという習慣がない。アメリカでは、得票数の差と、国家機関や制度の強さが、２０２０年の大統領選挙をひっくり返そうとするトランプの取り組みを阻止できた。しかし、オルバン、ボルソナロ、エルドアンのような強権的指導者は、政権交代の難しさを示すかもしれない。

自由民主主義に対する直近の大きな危機は１９３０年代に起きたが、現代の政治はそれを強く想起させる面がある。政治的自由と民主主義はふたたび後退している。保護主義も再流行している。リベラル派は自信を失いつつある。１９３０年代の多くの問題の背後にあったものだが、独裁政権が近隣諸国の一部を併合し、領土を拡張しようとする欲望もまた、ふたたび広がりつつある。２０１４年のロシアのクリミア併合は、危険な前例となった。中国は、国際法に反して南シナ海を自国の領海にしようと躍起になっている。中国政府はますます執拗に台湾との「統一」を要求している。

強権的指導者はナショナリストとして、国内が困難な状況になると海外に敵を求める傾向がある。中国、ロシア、トルコでは、それぞれの近隣諸国との緊張が高まっており、過去の強権政治が戦争と密接に結びついていたことを思い起こさせる。１９３０年代には、独裁者の時代を終わらせるために世界大戦を必要とした。今日、とくにロシア・中国と、アメリカとの軍事的対立の危険性が高まっている。しかし、冷戦時代には、核兵器による大虐殺の恐怖が平和を維持するのに役立った（核戦争の寸前で回避されたいくつかの事例はあった）。核戦争の恐怖は、「強権的指導者の時代」でも大国間の戦争を、十中八九防ぐだろう。

より大きなリスクは、リベラルな国際主義の衰退が、世界経済や環境に突きつける脅威だろう。２００８年に世界金融危機が発生したとき、世界の指導者たちは速やかに史上初のＧ20サミットを開催した。共通の脅威に直面したアメリカ、中国、ＥＵ、ロシア、日本などの首脳は、政治的な違いを乗り越えて協力し合うことができた。

しかし、「強権的指導者の時代」には、国際協力はもはや流行らない。新型コロナウイルスに対する世界的な対応の分断がそれを物語っている。ポピュリスト的な強権的指導者の台頭により、世界が気候変動に対して効果的な対応策を講じる可能性もかなり低くなっている。この点は、2019年の国連総会で、ブラジルのボルソナロが行った一般討論演説でも強調された。ボルソナロは、アマゾンを荒廃させた山火事について悔恨どころか懸念すら示さず、グローバリストを痛烈に罵倒し始めた。グローバリストは、アマゾンを救うための国際的な取り組みを組織することで、ブラジルの主権をあえて侵害しようとしている、という。

2020年には、中国は世界の二酸化炭素排出量の29%を占め、アメリカとEUの合計よりも多くなっている。中国が行動を起こさなければ、気候変動に対する効果的な世界的対応は不可能である。しかし、米中間の対立が激化すれば、地球温暖化に関する国際的な合意形成も難しくなる。気候変動に関する不吉なニュースは、ライバル国が協力するきっかけになるどころか、中国とアメリカが互いに非難し合う材料になりかねない。「強権的指導者の時代」が終焉を迎える頃には、環境は取り返しのつかないダメージを受けているかもしれない。

アメリカでは、トランプの敗北は、自由民主主義の新たなチャンスと感じられるかもしれない。これに対し中国では、2020年の大統領選の混乱と分裂は、アメリカの体制の衰退を示すさらなる証拠として扱われている。習近平と彼を取り巻くイデオローグたちは、西側の価値観に対する「中国モデル」の優位性を主張する姿勢を強めている。

しかし、北京にとって大きな問題は、「中国モデル」が国内外において、習近平への個人崇拝と結びつけられるようになっていることである。強権的支配は、必ずといっていいほど個人崇拝を生み出す。なぜなら、指導者に弱点や誤りがあることを認めることが、政治的に不可能になるからだ。指導者は間違ったことをしないとみなされるため、議論や批判は封じられなければならない。強権的支配は、最終的には恐怖と強制に頼らざるを得ない。このような統治モデルは魅力的でないだけでなく、トラブルの元でもある。開かれた議論と権威に挑戦する安全な方法がない場合、強権的指導者に隷属する政府がいったん悲惨な政策を採用したなら、より開かれたシステムが行うような軌道修正はなされずに、ずっとそれを維持し続けることになりかねない。毛沢東への個人崇拝は、中国に大惨事をもたらした。実際、指導者への個人崇拝はどの国でも良い結果になったことはほとんどない。

批判を容認しないのは、強権的指導者モデルの唯一の欠点ではない。さらに2つの特徴的な（そして関連した）難点がある。後継者と健康の問題である。

リーダーに対するチェックが事実上排除された強権体制の最も純粋な形態では、すべてがトップに依存するようになる。トップが交代すること、あるいはその交代を議論すること自体が、大きな不安定要因になる。強権的指導者がいなくなれば、ライバルによる権力争いと報復のために、あらゆる利益が脅かされることになる。強権的指導者、その家族、側近は、もし権力を手放したら、必ず報復を受けると恐れるのは当然である。その結果、強権的指導者は権力にしがみつくのが常である。

プーチンは、20年以上もロシアを牛耳ってきたのだから、そろそろ引退してもいいのではないか、と考える人もいる。しかし、もしプーチンが引退すれば、プーチンが敵に嫌がらせをしてきたロシアの法制度が、クレムリンの後継者によってプーチンの友人や家族に向けられる可能性がある。習近平やエルドアンのような指導者も同じようなリスクを抱えている。強権的指導者が権力を失うと、彼を中心とする政治体制全体の安定が危うくなる。このように、政権を維持しなければならないという強迫観念が、「強権的指導者の時代」の特徴であることは明らかだ。プーチンもエルドアンも就任後20年になろうとしている。中国では、習近平がさらに10年、政権を維持しようとしている。

しかし、強権的指導者もいずれは老い、体が衰弱する。習近平もプーチンもエルドアンも60歳代後半になった。トルコでは、エルドアンが癌に侵されているという噂がよく聞かれる。習近平は太りすぎで、元喫煙者である。もし、これらの指導者の誰かが死んだり、機能しなくなったりしたら、その国は危機に陥るだろう。強権的指導者の健康問題は、隠蔽されることが通常である。指導者の側近は公に露出する場面を演出し、ボスが集中力を欠くなかでも統治できる方法を見出す必要がある。

たとえ健康であっても、何十年も権力を握っていると、誇大妄想やパラノイアに陥ったり、指導する国の普通の暮らしがわからなくなったりするのはよくあることだ。民主主義体制には、特有の弱点があるものの、後継者問題という重要かつ微妙な問題を解決するための制度や法律を備えている。耐久性のある政治システムは、最終的には個人ではなく、制度に依存している。そして、成功した社会は、カリスマ的なリーダーシップではなく、法律のうえに築かれている。

これらの理由から、強権的指導者による統治は本質的欠陥があり、不安定な政治形態であると言える。中国でも、他のほとんどの国でも、最終的には崩壊するだろう。しかし、「強権的指導者の時代」が最終的に歴史になるまでには、多くの混乱と苦しみが待ち受けていることだろう。

日本語版へのあとがき

本書『強権的指導者の時代』の最終行を書いたのは、2021年12月だった。「強権的指導者の時代」は「多くの混乱と苦しみ」をもたらすという私の予想は、思っていた以上に早く現実のものとなった。2022年2月24日、プーチンの命令でロシア軍がウクライナに侵攻した。数週間のうちに、1000万人以上のウクライナ人が故郷を離れ、何千人もの軍人と民間人が殺され、アゾフ海沿いの都市マリウポリが破壊された。

プーチンは最初の強権的指導者であり、その原型である。だから、ウクライナ戦争にかかっている利害は、まさにグローバルなものである。ロシアの侵攻が成功すれば、他の強権的指導者も戦争に走るかもしれない。アメリカが支援したにもかかわらずウクライナが敗れることになれば、中国による台湾攻撃の舞台を整えてしまう可能性さえある。

しかし、緒戦はプーチンの予想に反して、より悪い方向に進んだ。プーチンは2014年のクリミア併合のパターンを踏襲すると考えていたようだ。当時、ロシアは戦わずしてクリミア半島を迅速に併合することに成功した。西側が科した制裁は、ロシア経済にほとんど実害を与えなかった。

2022年の侵攻はこのパターンに当てはまらない。ウクライナ軍は猛烈に反撃した。ロシアは最初の1カ月の戦闘で主要都市を占領することができなかった。ある説によれば、ロシア兵の戦死者数は、ウクライナでの1カ月間の戦闘と、アフガニスタンでの10年間の戦争は同じ数（1万5000人）だという。欧米が科したロシアへの制裁措置も、クレムリンの予想をはるかに超える厳しいものであった。とくに、ロシア中央銀行の外貨準備を凍結するという決定は、必須物資の確保と対外債務の返済能力を脅かすものであった。

プーチンが侵攻作戦立案で犯したミスは、強権的指導者の政治手法に内在する欠陥に起因している。1人の人間の判断と知恵に依存するシステムは、常に破滅的な過ちを犯す危険性がある。プーチンは現在、ロシアを皇帝《ツァーリ》のように支配している。ソ連時代の共産党書記長よりも個人的な権限が強いのだ。君主のように顧問や廷臣がいるが、最終的な意思決定はプーチン1人が握っている。新型コロナウイルスのパンデミックによって、プーチンは、ますます孤立を深めた。1970年代にレニングラードでKGBの同僚だった頃から知っているニコライ・パトルシェフ国家安全保障会議書記など、少数のナショナリスト的な顧問と主に交流していた。

プーチンがウクライナ侵攻を決断した思考のプロセスもまた、強権政治の典型である。過激な行動を正当化する国家的緊急事態へのアピール、強さと暴力の崇拝、リベラリズムと法の蔑視、批判や反対意見を締め出す独善的なスタイルなどの要素がある。

とくにプーチンは、ウクライナのナショナリズムの実態を理解できていなかった。2021年夏に発表した例の論文で、ロシア人とウクライナ人は1つの民族であると断言した。ウクライナの異なるアイデンティティーを否定し、ウクライナが独立を守るために戦うことを予期していなかったのだ。

国連では、193カ国中141カ国がロシアの侵攻を非難する票を投じた。しかし、世界で最も人口の多い中国とインドが棄権した。ロシアは、棄権した国やロシアに同調した国が、世界の人口の半分以上を占めているという事実を慰めにすることができるだろう。

またプーチンは、強権的指導者の「非公式な親睦会」からも大きな支持を得ていた。侵略の前夜、トランプはプーチンのウクライナ危機への対処を称賛し、プーチンは戦略的な「天才」だと称えた。このときも、トランプは真の強権的指導者の冷酷さに感激し、戦争がもたらす人道的・道徳的な結果にはまったく無関心であった。

プーチンが侵攻直前に会談したのは、オルバンとボルソナロという、個人的に親密な2人の強権的指導者であった。フランスのマクロン、ドイツのショルツとの侵攻前の会談は、緊張感と敵対的な雰囲気で行われたが、プーチンはオルバンとの会談後に開催された記者会見にはほとんど楽しげな様子で臨み、オルバンもプーチンとの親密さを自慢した。トランプを慕っていたボルソナロは、バイデン政権から、侵攻の準備段階にあるプーチンと会うなと直々に求められていたが、無視した。

それでもハンガリーもブラジルも、国連でロシアのウクライナ侵攻を非難する票を投じた。しかし、こうした公式な立場は、根底にある曖昧さを隠していた。侵攻から1カ月後、オルバンはウクライナのイリーナ・ベレシチューク副首相から、ウクライナへの軍事支援を妨害し「公然と親ロシア」の立場を取っていると非難された。ベレシチュークは、オルバンがウクライナの領土に独自の計画を持ち、「われわれのトランスカルパチアを静かに夢見ている」のではないか、とさえ推測している。トランスカルパチアとは、第1次世界大戦でハンガリーが失った領土の一部で、オルバンはこの大戦で失った領土をすべて回復することを望んでいる。

他の2人の重要な強権的指導者も、プーチンを非難することに著しく消極的であった。モディのインドは、米露間の紛争でどちらかの味方をするつもりはないことを明らかにした。インドでは多くのコメンテーターが、旧ソ連圏へのNATO進出が戦争を誘発したというロシアの主張を受け入れている。インドは冷戦期にソ連と同調してきた歴史があり、また現在もロシアからの武器供給に頼っている。

サウジアラビアでは、プーチンを長年称讃してきたムハンマド・ビン・サルマンが、ロシアへの経済的圧力を強化しようとする西側の取り組みへの協力を拒んだ。MBSはバイデン政権がカショギ殺害事件を重視したことに怒り、バイデンとの対話さえ拒否した。イギリスのボリス・ジョンソンがサウジアラビアに行って、世界市場にもっと石油を出すように説得しようとしたが、彼は明らかに手ぶらで帰ってきた。

しかし、プーチンにとって圧倒的に重要な味方は習近平であった。ウクライナ侵攻の直前、プーチンは北京で習近平と会談した。密室の会話内容は、後世の歴史家が解明してくれるかもしれない。しかし、2月4日の会談後に両国が発表した公式声明は、十分に印象的であった。ロシアと中国は「無制限」のパートナーシップを発表したのである。

中露共同声明は、アメリカのグローバルパワーに対する激しく、あからさまな敵意に裏打ちされており、アメリカが「カラー革命」を支援しているという、習近平とプーチンが共有するパラノイアを明記した。プーチンのロシアが、2014年のウクライナの蜂起を組織したのはアメリカだと非難したように、習近平の中国は、アメリカが香港の民主化運動に資金を提供し、けしかけたと考えている。

また、似たようなスタイルで国を統治してきた2人の指導者の間には、明らかに個人的な親近感がある。習近平もプーチンも権力を一元化し、任期を撤廃し、軍事費を増やし、個人崇拝を奨励した。両者とも、大国間の関係は強権的指導者間の取引によって管理できるという想像の世界に遊んでいる。ロシアの政治アナリスト、アレクサンドル・ガブエフが言うように、彼らは「ロシア皇帝と中国皇帝」なのだ。

習近平とプーチンの関係を支えるアメリカに対する共通の敵意は、ロシアがウクライナ侵攻で早期に勝利すれば、中国がそれを歓迎したであろうことを意味していた。アフガニスタンからの混沌とした米軍撤退の後、ウクライナでロシアが勝利すれば、アメリカはふたたび無力で弱く見えるようになり、アメリカの力はどうしようもなく衰退していくという、北京が好むシナリオにさらに説得力を与えることになっただろう。

それに対して、プーチンのウクライナでの挫折は、習近平の想定を大きく狂わせた。西側諸国の同盟関係は急激に改善し、長年見られなかったほど強く、かつ団結を増したように見えた。アメリカとその同盟国は、新たな経済制裁を発表したが、これは北京にとっても非常に脅威となる可能性があった。中国は、制裁の結果、ロシアが外貨準備を引き出せなくなったというニュースをきちんと理解しなければならなかった。中国には世界最大の外貨準備があり、その資金は潜在的な危機を乗り切るための保険とみなされてきた。ウクライナ戦争は、アメリカとの地政学的な対立が起きれば、中国が一夜にして外貨準備を失う可能性があることを示した。

中国はエネルギーも食糧もほとんど自給できていない。中国は何十年もの間、「マラッカ・ジレンマ」――アメリカ海軍がマラッカ海峡のような主要海上交通路を遮断することによって中国を封鎖すること――を懸念してきた。中国の海軍への莫大な投資は、そのシナリオを回避することが目的の1つである。しかし今、北京は、他の金融制裁と結びついた外貨準備の凍結が、海上封鎖と同じくらい脅威となり、必須物資の輸入を妨げる可能性を考慮しなければならなくなっている。

習近平にとって悔しいことに、この状況を打開する簡単な方法がない。明らかな解決策は、中国が自国通貨である人民元での取引を増やすことだろう。しかし、北京は人民元を自由に他の通貨と交換できるようにすることを避けている。それは、中国を不安定化させる資本逃避につながりかねないと恐れてのことだ。

ＥＵ、イギリス、スイス、韓国、日本、シンガポールがロシアへの金融制裁に参加したことは、北京が予想していなかった先進民主主義国の統一戦線を作り出した。中国はこれまで、最大の貿易国、購買力平価で見たときの最大の経済大国、最大の海軍力を持つ国といったマイルストーンを刻みながら、自らをアメリカと直接比較することを繰り返してきた。しかし、中国がアメリカだけでなく、ＥＵ、日本、カナダ、オーストラリアを相手に自らを評価しなければならないとしたら、北京の立場ははるかに弱く見える。

中国に対する制裁の脅威は、机上の空論ではなかった。経済制裁によってモスクワが経済的・軍事的な問題に直面すると、北京に助けを求めた。繰り返し経済援助を要求したほか、軍事支援まで求めたとされる。これに対してバイデン政権は、中国がロシアの制裁逃れやウクライナ侵攻に協力した場合、二次的な経済制裁の対象になり得ると明確に警告を発した。

ロシアを助ければアメリカと対立する――習近平は難しいジレンマに陥った。もし習近平がロシアを支援できなければ、「協力は無制限で、禁じられた領域もない」というプーチンとの約束はたわ言に終わるだろう。また、多くの中国のナショナリストは、アメリカは事実上、中国に対して最も近い同盟国ロシアを裏切るよう求めているのであり、もしロシアが敗北したなら、西側は次には、新たに孤立状態になった中国に牙をむくだろうと主張した。この観点からして、中国がロシアを孤立させるのは道義的・戦略的誤りである、という。一方、習近平がプーチンを助けるために露骨に動くと、中国が西側の制裁の影響を免れるために必要な経済的・軍事的準備をする前に、アメリカとの対立を招く恐れがある。

難しい選択を迫られた習近平の中国は、当初、沈黙するか曖昧に答えて、身を守った。最も賢明な政策として、事態の行方を第三者的立場から観察し、成り行きに合わせて調整することが選択されたようだった。

アメリカにとって、ロシアによるウクライナ侵攻は、バイデンが大統領就任にあたって中心テーマに据えた民主主義と権威主義の新時代の衝突を完璧に体現した事例のように見える。バイデンがプーチンに「戦争犯罪人」のレッテルを貼り、その罷免を求めたことは、対立の雰囲気を悪化させたとして多くの批判を浴びた。しかし、それは、プーチンのウクライナ侵攻の成否が、今後数十年の世界政治の基調を左右しかねないという大統領の信念の表れであった。

バイデンの判断はきっと正しい。歴史的に、強権的な統治は暴力、征服、国際的な無秩序と密接な関係がある。1930年代の強権政治の時代には、ムッソリーニ、フランコ、スターリン、ヒトラーなどが自国と世界を戦争に陥れた。

プーチンのウクライナ侵攻は、この致命的なパターンを繰り返した。そして、ついにアメリカとEUを刺激し、強権的な権威主義に対する反撃の試みが始まった。ロシアによるウクライナ侵攻のあまりの恐しさを考えると、この戦争はもしかしたら世界のターニングポイントになる可能性がある。「強権的指導者の時代」はプーチンによって始まった。ウクライナ侵攻が成功すれば、プーチンが象徴する強権政治は、今後も世界中で威信と信望を集め続けるかもしれない。しかし、プーチンがウクライナで敗れれば、彼の失敗は「強権的指導者の時代」の終わりの始まりとなるかもしれない。

ギデオン・ラックマン

2022年4月

謝辞

本書はフィナンシャル・タイムズ紙（ＦＴ）における長年の仕事と海外取材をもとに書かれており、世界政治について考え、書く機会を与えてくれたＦＴに最初に感謝する。

また、世界中のＦＴの仲間たちの叡智とホスピタリティにも多くを負っている。とくに何度も快く私を受け入れてくれた大親友のワシントンのエド・ルースに感謝する。モスクワのヘンリー・フォイ、マックス・セドン、キャスリン・ヒルに感謝する。キャスリンには彼女が北京と台北で働いているときにも大いに助けられた。また、トルコのローラ・ピテル、北京と香港のジャミル・アンダリーニ、ニコール・リュー、トム・ミッチェル、デリーのエイミー・カズミン、ビクター・マレット、ジョスタナ・シン、エルサレムのジョン・リード、ドバイのシメオン・カール、ワルシャワのジェームズ・ショッター、ベルリンのガイ・シャザンとトバイアス・バック、サンパウロのアンドレス・シパニとジョー・リーヒーに感謝する。また、ロンドンでは多くの同僚が支援とアイデアの源となってくれた。とくにデービッド・ピリング、マーティン・ウルフ、ジョナサン・ダービシャー、フィオナ・サイモン、ローラ・カラフに感謝する。ダン・ドンビーは本書の大部分を読み、多くの有益なフィードバックと励ましを与えてくれた。ジェレミー・シャピロとシュルティ・カピラは、草稿の一部を読んでコメントをくれた。

読者の方々にもおわかりのように、本書は20年にわたる世界中の人々との対話をもとに書かれている。その多くは、本書で引用されるか、言及されている。なかには、強権的指導者による統治で脅えて暮らしている人もいるので、謝辞で彼らの名前を出すと逆に迷惑かもしれない。長年にわたり、私にわざわざ説明してくれたすべての人に、私は心から感謝している。

この本の大半は、私の海外取材が急停止した新型コロナウイルスのパンデミックの間に書かれたものである。パンデミックには、ポジティブな副作用もあった。それは、最近大学を卒業した4人の子どもが、何カ月も私と同じ家に閉じこもることになったことだ。私の子どもたち、ナターシャ、ジョー、ナサニエル、アダムはみな、リサーチやアイデアに協力してくれた。とくにアダムは東南アジアについて、ナサニエルはアフリカについてのリサーチを担当し、大いに助かった。妻のオリビアは、議論に加わり、ロックダウン期間中も全員を健全な状態に保ち、幸せにしてくれた。

最後に、私のリテラリー・エージェントであるワイリー・エージェンシーのジェームス・プレンとサラ・チャルファントには、いつも親切で良いアドバイスを、伝説的なワイリー・エージェンシーの迅速さで提供してくれたことに感謝したい。イギリスの出版社ボドリー・ヘッド、とくにスチュアート・ウィリアムズとイェルク・ヘンスゲンと一緒に仕事ができたことは、今回も大きな喜びであった。ジュディス・グレウィッチが発行人を務めるアザー・プレスはアメリカでの私の完璧な拠点であり、編集はイボンヌ・カーデナスが担当してくれた。

credibility', *Foreign Affairs*, March/April 2021.

8 Jake Sullivan et al., 'Making U.S. Foreign Policy work better for the middle class', Carnegie Endowment, 23 September 2020.

9 以下で引用されている。Belton, p. 445.

10 'Kremlin accuses Joe Biden of spreading hatred of Russia with threat talk', Reuters, 26 October 2020.

11 以下で引用されている。Henry Foy, 'The Brutal Third Act of Vladimir Putin', *Financial Times*, 11 March 2021.

12 Tom Mitchell, Primrose Riordan and Nicolle Liu, 'Hong Kong will sit on China's lap', *Financial Times*, 13 March 2021.

13 以下で引用されている。Sanger, *New York Times.*

14 Demetri Sevastopulo and Tom Mitchell, 'Bitter summit shows no reset in chilly U.S.-China relations', *Financial Times*, 20 March 2021.

15 David Smith, 'How Tucker Carlson and the far right embraced Hungary's authoritarian leader', *Guardian*, 8 August 2021.

16 Martin Donai, 'Political outsider prepares to take on Orban', *Financial Times*, 19 October 2021.

17 Bryan Harris and Michael Pooler, 'Bolsonaro tests Brazilian democracy: "Only God can take me from presidency"', *Financial Times*, 28 September 2021.

18 Laura Pitel and Funja Guler, 'Turkish opposition leader helps shape unlikely alliance to challenge Erdogan', *Financial Times*, 5 December 2021.

19 Jonathan Ames, 'Boris Johnson plans to let ministers throw out legal rulings', *The Times*, 6 December 2021.

the Bank of England, backing secret plot to thwart Brexit', *Daily Telegraph*, 8 February 2018.

13 以下を参照。Tamkin, p. 172.

14 2019年4月28日の@YairNetanyahuのツイート。

15 Osman Kavala, '710 Nights in a Turkish Prison', *New York Times*, 11 October 2019.

16 George Soros, 'Remarks Delivered at the World Economic Forum', 24 January 2019.

17 Saul Friedländer, *The Years of Extermination: Nazi Germany and the Jews, 1939-1945* (Harper, 2007), pp. xvii, xviii.

18 以下で引用されている。Khalaf, *Financial Times*.

19 以下で引用されている。Conradi, *Sunday Times*.

20 Gideon Rachman, 'America is the revisionist power on trade', *Financial Times*, 13 May 2019.

21 Qiao Liang and Wang Xiangsui, *Unrestricted Warfare: China's Master Plan to Destroy America* (Filament Books, 2017).（邦訳：喬良・王湘穂『超限戦 —— 21世紀の「新しい戦争」』劉琦訳、角川新書）

22 ワルシャワでのトランプの演説全体はCNN, 6 July 2017で見られる。

23 Sarah Marsh, 'Steve Bannon calls for Tommy Robinson to be released from prison', *Guardian*, 15 July 2018.

24 この会合の記述は以下による。Benjamin R. Teitelbaum, *War for Eternity* (Allen Lane, 2020), pp. 153–61.

25 Jan-Werner Müller, *A Dangerous Mind: Carl Schmitt in Post-War European Thought* (Yale University Press, 2003), p. 11.（邦訳：ヤン・ヴェルナー・ミューラー『カール・シュミットの「危険な精神」 —— 戦後ヨーロッパ思想への遺産』中道寿一訳、ミネルヴァ書房）

26 この部分は、おもにシュミットに関する私自身の記事による。Gideon Rachman, 'Liberalism's most brilliant enemy is back in vogue', *Financial Times*, 11 January 2019.

27 以下で引用されている。Ryan Mitchell, 'Chinese Receptions of Carl Schmitt since 1929', *Journal of Law and International Affairs*, May 2020.

28 Xu Jilin, *Rethinking China's Rise: A Liberal Critique* (Cambridge University Press, 2018), p. 27.

29 Ibid.

30 Ibid.

31 以下で引用されている。Gao, *The Diplomat*.

32 以下で引用されている。Mark Galeotti, *We Need to Talk About Putin* (Ebury, 2019), p. 68.

33 Leticía Duarte, 'Meet the intellectual founder of Brazil's far right', *Atlantic*, 28 December 2019.

34 以下を参照。Olavo de Carvalho, 'The Battle of the Monsters', *Diario de Comercio*, 26 June 2004.

35 以下で引用されている。Duarte, *Atlantic*.

エピローグ

1 David E. Sanger, 'Biden Defines His Underlying Challenge with China: "Prove Democracy Works" ', *New York Times*, 29 April 2021.

2 Ibid.

3 Thomas Edsall, 'Mitch McConnell Would Like Trump to Fade Away', *New York Times*, 24 February 2021.

4 Michael Gerson, 'Trump's rot has reached the GOP's roots', *Washington Post*, 15 February 2021.

5 以下を参照。Edsall, *New York Times*.

6 Eliza Relman, 'Mark Meadows says all the top 2024 GOP candidates have Trump as their last name', *Business Insider*, 27 February 2021.

7 Jonathan Kirshner, 'Gone but not forgotten: Trump's long shadow and the end of American

第12章

1 以下で引用されている。Sophie Pedder, *Revolution Française: Emmanuel Macron and the Quest to Reinvent a Nation* (Bloomsbury, 2018), p. 73.

2 Ibid., p. 129.

3 Sunny Hundal, 'Angela Merkel is now the leader of the free world, not Donald Trump', *Independent*, 1 February 2017.

4 'What did Angela Merkel do when the Wall came down?', BBC News, 19 September 2013.

5 以下で引用されている。Lionel Barber, *The Powerful and the Damned* (WH Allen, 2020), p. 96.（邦訳：ライオネル・バーバー『権力者と愚か者 —— FT編集長が見た激動の15年』高遠裕子訳、日本経済新聞出版）

6 Constanze Stelzenmüller, 'The AfD wolf is at the door in eastern Germany', *Financial Times*, 8 September 2019.

7 Rachman Review podcast, 'Germany's shifting foreign policy', *Financial Times*, 20 November 2019.

8 'Emmanuel Macron warns Europe: NATO is becoming brain-dead', *The Economist*, 7 November 2019.

9 'Réactions des Français à la tribune des militaires dans Valeurs Actuelles', Harris Interactive, 29 April 2021.

10 'President Macron on Trump, Brexit and Frexit', BBC News, 21 January 2018.

11 以下で引用されている。Victor Mallet, 'Debate on Islamist extremism law exposes deep rifts in France', *Financial Times*, 11 February 2021.

12 Victor Mallet, 'Resurgent Marine Le Pen revels in Macron's woes', *Financial Times*, 30 January 2020.

13 '[Scandale Soros] Marine Le Pen: "Emmanuel Macron ne peut plus garder le silence" ', *Valeurs Actuelles*, 20 February 2020.

第13章

1 Gideon Rachman, 'Soros hatred is a global sickness', *Financial Times*, 18 September 2017.

2 'The Forbes 400, 2020', Forbes.com.

3 数字は以下で言及されている。Emily Tamkin, *The Influence of Soros* (Harper, 2020), p. 4.

4 Karl Popper, *The Open Society and Its Enemies* (Princeton University Press, 1994) に寄せたジョージ・ソロスによる序文より（訳註：この序文が収録された『開かれた社会とその敵』の邦訳版は未刊）。

5 Roula Khalaf, Interview with George Soros, FT Person of the Year, *Financial Times*, 18 December 2018.

6 以下を参照。Tamkin, pp. 74–5.

7 Seth Mydans, 'Malaysian premier sees Jews behind nation's money crisis', *New York Times*, 16 October 1997.

8 以下を参照。Robert Mackey, 'The Plot against George Soros Didn't Start in Hungary, It started on Fox News', The Intercept, 24 January 2019.

9 Mary Papenfuss, 'Fiona Hill Blasts Anti-Semitic Conspiracy Theories Against George Soros in Testimony', Huffington Post, 22 November 2019.

10 Olivia Nuzzi, 'A Conversation With Rudy Giuliani Over Bloody Marys at the Mark Hotel', *New York Magazine*, 23 December 2019.

11 Peter Walker, 'Farage criticised for using antisemitic themes to criticise Soros', *Guardian*, 12 May 2019.

12 Nick Timothy, Kate McCann, Claire Newell and Luke Heighton, 'George Soros, the man who broke

5 Farai Shawn Matiashe, 'Zimbabwe: Will Mnangagwa go East as more sanctions come in from the West?', Africa Report, 8 February 2021.

6 ムガベとモブツを含む、これらのリーダーの数人の話は以下で語られている。Paul Kenyon, *Dictatorland: The Men Who Stole Africa* (Head of Zeus, 2018).

7 'Jacob Zuma – the survivor whose nine lives ran out', BBC News, 6 April 2018.

8 Tom Wilson, 'Graft under Jacob Zuma cost South Africa $34 billion says Ramaphosa', *Financial Times*, 14 October 2019.

9 'Young Africans want more democracy', *The Economist*, 5 March 2020.

10 Anjan Sundaram, 'Rwanda: The Darling Tyrant', *Politico*, March/April 2014.

11 William Wallis, 'Lunch with the FT: Paul Kagame', *Financial Times*, 13 May 2011.

12 David Pilling and Lionel Barber, 'Interview: Kagame insists "Rwandans understand the greater goal"', *Financial Times*, 27 August 2017.

13 Aislinn Laing, 'Rwanda's president Paul Kagame "wishes" he had ordered death of exiled spy chief', *Daily Telegraph*, 24 January 2014.

14 Michela Wrong, *Do Not Disturb* (PublicAffairs, 2021).

15 'Uganda/Rwanda: Investigate Journalist's Murder', Human Rights Watch, 6 December 2011.

16 Jason Burke, 'Rwandan government accused of abducting Paul Rusesabagina', *Guardian*, 1 September 2020.

17 Sundaram, *Politico.*

18 William Wallis, 'FT interview: Meles Zenawi, Ethiopian prime minister', *Financial Times*, 6 February 2007.

19 Armin Rosen, 'A Modern Dictator: Why Ethiopia's Zenawi Mattered', *Atlantic*, 22 August 2012.

20 Awol Allo, 'Ethiopia's Meles Zenawi: Legacies, memories, histories', LSE Blogs, 18 September 2014.

21 'The man who tried to make dictatorship acceptable', *The Economist*, 25 August 2012.

22 Nic Cheeseman, *Democracy in Africa* (Cambridge University Press, 2015), pp. 138–40.

23 Ibid.

24 Yun Sun, 'Political party training: China's ideological push in Africa?', Brookings Institution, 5 July 2016.

25 Lily Kuo, 'Beijing is cultivating the next generation of African elites by training them in China', Quartz, 14 December 2017.

26 Amy Hawkins, 'Beijing's Big Brother Tech Needs African Faces', *Foreign Policy*, 24 July 2018; Samuel Woodhams, 'How China Exports Repression to Africa', *The Diplomat*, 23 February 2019.

27 Jevans Nyabiage, 'How Zimbabwe's new parliament symbolises China's chequebook diplomacy approach to Africa', *South China Morning Post*, 5 January 2020.

28 Abdi Latif Dahir, 'Why these African countries are defending China's mass detention of Muslims', Quartz, 16 July 2019; 'Spotlight: Ambassadors from 37 countries issue joint letter to support China on its human rights achievements', Xinhua Net, 13 July 2019.

29 Judd Devermont, 'Russian Theater: How to Respond to Moscow's Return to the African Stage', Lawfare, 18 October 2019. 著者は元CIAアナリスト。

30 Robbie Gramer and Jefcoate O'Donnell, 'How Washington Got on Board with Congo's Rigged Election', *Foreign Policy*, 1 February 2019.

31 2020年11月25日の@jakejsullivanのツイート。

32 'Africa's population will double by 2050', *The Economist*, 26 March 2020.

18 September 2017.

21 Julien Barnes and David Sanger, 'Saudi Crown Prince is held responsible for Khashoggi killing in U.S. report', *New York Times*, 26 February 2021.

22 以下で引用されている。Hubbard, p. 272.

第10章

1 Gideon Rachman, 'Brazil and the crisis of the liberal world order', *Financial Times*, 28 August 2017.

2 以下を参照。Richard Lapper, *Beef, Bible and Bullets: Brazil in the Age of Bolsonaro* (Manchester University Press, 2021), p. 22.

3 Ibid., p. 29.

4 Vincent Bevins, 'Where conspiracy reigns', *Atlantic*, 16 September 2020.

5 Sam Cowie, 'Brazil's culture secretary fired after echoing words of Nazi Goebbels', *Guardian*, 17 January 2020.

6 この時期に起こったことを感じるために、以下は一読の価値あり。Luiz Eduardo Soares, *Rio de Janeiro, Extreme City* (Penguin, 2016)、特に第2章の 'No Ordinary Woman'。Jacobo Timerman, *Prisoner Without a Name, Cell Without a Number* (Knopf, 1981) は、アルゼンチンの「汚い戦争」中の投獄についての古典的著作。

7 Michael Reid, *Forgotten Continent: The Battle for Latin America's Soul* (Yale University Press, 2008), p. 123.

8 Ibid., p. 12.

9 以下で引用されている。Anne Applebaum, 'Venezuela's Suffering is the Eerie Endgame of Modern Politics', *Atlantic*, 27 February 2020.

10 Tom Burgis, 'Livingstone secures cheap oil from Venezuela', *Financial Times*, 20 February 2007.

11 Michael Albertus, 'Chávez's Real Legacy is Disaster', *Foreign Policy*, 6 December 2018.

12 Bello, 'The surprising similarities between AMLO and Jair Bolsonaro', *The Economist*, 5 December 2019.

13 'AMLO uses his anti-corruption drive to gain power and scare critics', *The Economist*, 30 November 2019.

14 以下で引用されている。Michael Stott, 'Pandemic politics: the rebound of Latin America's populists', *Financial Times*, 23 September 2020.

15 Gideon Rachman, 'Jair Bolsonaro's populism is leading Brazil to disaster', *Financial Times*, 25 May 2020.

16 'Brazil's Bolsonaro backs Trump fraud claims after unrest', France 24, 7 January 2021.

17 Alfonso Zárate, *El País De Un Solo Hombre* (Temas de Hoy, Mexico, 2021).

18 Ibid.

19 Gideon Long, 'Leftist Pedro Castillo finally confirmed as Peru's next president', *Financial Times*, 20 July 2021.

第11章

1 David Pilling, 'Why Abiy Ahmed is more popular in Norway than in Ethiopia', *Financial Times*, 26 February 2020.

2 2019年1月25日、世界経済フォーラムにおけるエチオピア首相アビー・アハメドとの会話。

3 Michela Wrong, 'Ethiopia, Eritrea and the Perils of Reform', *Survival*, September 2018.

4 Michelle Gavin, 'Amid Misinformation and Suppressed Free Speech, Ethiopian Conflict Erodes Abiy's Credibility', Council on Foreign Relations, 30 December 2020.

22 Coronel, *Foreign Affairs*.
23 Miller, p. 44.
24 Mara Cepeda, 'Arroyo thanks Duterte for helping to acquit her of plunder', Rappler, 9 July 2019.
25 ドゥテルテの生い立ちと経歴については、Jonathan Miller, *Duterte Harry* に優れた記述がある。以下も参照。Michael Peel, *The Fabulists* (Oneworld, 2019).
26 Andrew R. C. Marshall and Manuel Mogato, 'Philippine death squads very much in business as Duterte set for presidency', Reuters, 25 May 2016.
27 以下を参照。Miller, p. 2.
28 Mike Frialde, 'Murder Rate Highest in Davao City', *Philippine Star*, 1 April 2016.
29 Camille Elemia, 'Photo used by Duterte camp to hit critics taken in Brazil, not PH', Rappler, 26 August 2016.
30 Alexandra Stevenson, 'Soldiers in Facebook's War on Fake News Are Feeling Overrun', *New York Times*, 9 October 2018.
31 Dino-Ray Ramos, ' "A Thousands Cuts" Trailer: Ramona S. Diaz's Docu About Journalist Maria Ressa and Press Freedom in Duterte's Philippines Sets Theatrical Run', Deadline, 13 July 2020.
32 Rebecca Ratcliffe, 'Amal Clooney decries "legal charade" after journalist Maria Ressa charged again with libel', *Guardian*, 12 January 2021.
33 Ben Blanchard, 'Duterte Aligns Philippines with China, says U.S. has lost', Reuters, 20 October 2016.

第9章

1 Ben Hubbard, *MBS: The Rise to Power of Mohammed bin Salman* (William Collins, 2020), p. 267.
2 以下を参照。Bradley Hope and Justin Scheck, *Blood and Oil: Mohammed bin Salman's Ruthless Quest for Global Power* (John Murray, 2020), p. 54.
3 Hubbard, p. 110.
4 Jodi Kantor, 'For Kushner, Israel Policy May Be Personal', *New York Times*, 11 February 2017.
5 Rachman Review podcast interview with Anshel Pfeffer, *Financial Times*, 10 September 2020.
6 Anshel Pfeffer, *Bibi: The Turbulent Life and Times of Benjamin Netanyahu* (Basic Books, 2018), p. 17.
7 Ibid., p. 45.
8 Yoram Hazony, *The Virtue of Nationalism* (Basic Books, 2018).（邦訳：ヨラム・ハゾニー『ナショナリズムの美徳』庭田よう子訳、東洋経済新報社）
9 以下で引用されている。Constanze Stelzenmüller, 'America's policy on Europe takes a nationalist turn', *Financial Times*, 30 January 2019.
10 Gideon Rachman, 'Why the new nationalists love Israel', *Financial Times*, 1 April 2019.
11 'Duterte meets Netanyahu: "We share the same passion for human beings" ', Rappler, 3 September 2018.
12 William Galston, 'What's Beijing Doing in Haifa?', *Wall Street Journal*, 28 May 2019.
13 以下で引用されている。Robert Kagan, 'Israel and the decline of the liberal order', *Washington Post*, 12 September 2019.
14 Hubbard, p. xv.
15 Ibid., p. 10.
16 Thomas L. Friedman, 'Letter from Saudi Arabia', *New York Times*, 25 November 2015.
17 Thomas L. Friedman, 'Saudi Arabia's Arab Spring At Last', *New York Times*, 24 November 2017.
18 以下を参照。Hope and Scheck, pp. 59, 64.
19 以下を参照。Hubbard, pp. 127–9.
20 Jamal Khashoggi, 'Saudi Arabia wasn't always this oppressive. Now it's unbearable', *Washington Post*,

30 Bolton, p. 191.
31 Gideon Rachman, 'Lunch with the FT: Chris Ruddy', *Financial Times*, 2 March 2018.
32 Hill, pp. 220–1.
33 Bolton, p. 297.
34 Edward Luce, 'Beware Trump's admiration for Putin, Xi and Erdogan', *Financial Times*, 16 January 2020.
35 Hill, p. 221.
36 Aaron Blake, 'What Trump said before his supporters stormed the Capitol', *Washington Post*, 11 January 2021.
37 Ibid.

第8章

1 Louis Nelson, 'Trump praises Duterte for "unbelievable job" cracking down on drugs in the Philippines', *Politico*, 24 May 2017.
2 Nicola Smith, 'Trump praises Kim Jong-un as "terrific" and pledges to hold second summit', *Telegraph*, 25 September 2018.
3 'Remarks by President Trump in Press Conference', U.S. Embassy & Consulate in Vietnam, 28 February 2019.
4 Will Worley, 'Philippines president Rodrigo Duterte tells people to "go ahead and kill" drug addicts', *Independent*, 3 July 2016.
5 'More than 7,000 killed in the Philippines in six months, as president encourages murder', Amnesty International, 18 May 2020.
6 Ibid.
7 Rambo Talabong, 'Big funds, little transparency: How Duterte's drug list works', Rappler, 16 February 2020.
8 Patrick Symmes, 'President Duterte's List', *New York Times*, 10 January 2017.
9 Jonathan Miller, *Duterte Harry: Fire and Fury in the Philippines* (Scribe, 2018), p. 86.
10 Carlos H. Conde, 'Killings in Philippines Up 50 Percent During Pandemic', Human Rights Watch, 8 September 2020.
11 Davinci Maru, 'CHR Chief: Drug war deaths could be as high as 27,000', ABS-CBN News, 5 December 2018.
12 Aurora Almendral, 'Where 518 inmates Sleep in Space for 170 and Gangs Hold It Together', *New York Times*, 7 January 2019.
13 'The Rodrigo Duterte Interview', *Esquire Philippines*, 25 August 2016.
14 'Philippines: Duterte confirms he personally killed three men', BBC News, 16 December 2016.
15 'Philippine leader says once threw man from a helicopter, would do it again', Reuters, 29 December 2016.
16 Eleanor Ross, 'Philippines President Duterte's Drug War One Year On', *Newsweek*, 30 June 2017.
17 Sheila Coronel, 'The Vigilante President', *Foreign Affairs*, September/October 2019.
18 Richard Heydarian, 'A Revolution Betrayed: The Tragedy of Indonesia's Jokowi', Al Jazeera, 24 November 2019.
19 'Prevalence of drug use in the general population – national data', *World Drug Report,* United Nations Office on Drugs and Crime, 2018.
20 'The Dangers of Duterte Harry', *The Economist*, 12 May 2016.
21 Miller, p. 194.

第7章

1 Philip Bump, 'The real story behind that viral clip of Keith Ellison predicting a Donald Trump victory', *Washington Post*, 22 February 2016.

2 Gideon Rachman, 'We deride chances of Marine Le Pen and Donald Trump at our peril', *Financial Times*, 30 November 2015.

3 Ibid.

4 筆者との会話より。

5 その後のディートンとケースの研究によれば、アメリカの黒人と白人の間ではいまだ平均余命に差があるものの、現在最も重要な決定要因は教育レベルであるという。大学を卒業した黒人と白人の平均余命は同程度の年数であり、大学を卒業していない黒人と白人の平均余命より長い。

6 Gina Kolata, 'Death Rates Rising For Middle-Aged White Americans, Study Finds', *New York Times*, 2 November 2015.

7 Willam H. Frey, 'The US will become "minority white" in 2045, census projects', Brookings Institution, 14 March 2018.

8 Michael Anton (writing as Publius Decius Mus), 'The Flight 93 Election', *Claremont Review of Books*, 5 September 2016.

9 Alec Tyson and Shiva Maniam, 'Behind Trump's victory: Divisions by race, gender, education', Pew Research Center, 9 November 2016.

10 以下を参照。John Sides, Michael Tesler and Lynn Vavreck, *Identity Crisis: The 2016 Presidential Campaign and The Battle for the Meaning of America* (Princeton University Press, 2018).

11 Ibid., p. 71.

12 Ibid., p. 88.

13 以下で引用されている。Thomas Edsall, 'White Riot', *New York Times*, 13 January 2021.

14 以下で引用されている。Larry M. Bartels, 'Ethnic Antagonism Erodes Republicans' Commitment to Democracy', *Proceedings of the National Academy of Sciences of the United States of America*, 15 September 2020.

15 1990年3月1日、『プレイボーイ』誌のトランプへのインタビュー。

16 Ibid.

17 Michael Schmidt, 'In a Private Dinner, Trump Demanded Loyalty: Comey demurred', *New York Times*, 11 May 2017.

18 John Wagner, 'Praise for the Chief ', *Washington Post*, 12 June 2017.

19 以下を参照。Jonathan Rauch, 'Trump's Firehose of Falsehood', *Persuasion*, 18 November 2020.

20 Alexander Griffing, 'Remember when Donald Trump appeared on Alex Jones' "Infowars"', *Haaretz*, 6 August 2018.

21 Peter Baker, 'Dishonesty Has Defined the Trump Presidency. The Consequences Could Be Lasting', *New York Times*, 1 November 2020.

22 Hill, p. 220.

23 Ibid.

24 以下で引用されている。Franklin Foer, 'Viktor Orbán's War on Intellect', *Atlantic*, June 2019.

25 Bolton, p. 312.

26 Ibid., p. 181.

27 Ibid., p. 63.

28 筆者との会話より。

29 Axios, 14 September 2020.

21 Tony Barber, 'Europe's patience with Viktor Orbán starts to wear thin', *Financial Times*, 8 March 2021.
22 Jan Cienski, 'Poland's constitutional crisis goes international', *Politico*, 24 December 2015.
23 Jan Cienski, 'New media law gives Polish government fuller control', *Politico*, 30 December 2015.
24 以下で引用されている。Marc Santora, 'After a president's shocking death, a suspicious twin reshapes a nation', *New York Times*, 16 June 2018.
25 'Half of Poles believe "foreign powers deliberately spreading coronavirus" and approve government response', *Notes from Poland*, 20 April 2020.
26 以下で引用されている。Anne Applebaum, *Twilight of Democracy* (Allen Lane 2020), p. 31.（邦訳：アン・アプルボーム『権威主義の誘惑 ―― 民主政治の黄昏』三浦元博訳、白水社）
27 'Playing the Family Card', *The Economist*, 20 June 2020.
28 'Poland's draconian restrictions on abortion', *Financial Times*, 8 November 2020.

第6章

1 Gideon Rachman and Nick Clegg, 'Is joining the euro still too big a risk for Britain?', *Prospect*, 20 January 2002. この記事は、当時欧州議会議員で後にイギリス副首相となったニック・クレッグとの討論である。クレッグはEU残留支持派だった。
2 Hill, p. 71.
3 Daniel Boffey and Toby Helm, 'Vote Leave embroiled in race row over Turkey security threat claims', *Observer*, 22 May 2016.
4 Tim Shipman, *All Out War: The Full Story of How Brexit Sank Britain's Political Class* (William Collins, 2017), p. 299.
5 Roger Eatwell and Matthew Goodwin, *National Populism: The Revolt Against Liberal Democracy* (Pelican, 2018), pp. 35–6.
6 Ibid., p. 17.
7 以下で引用されている。Sonia Purnell, *Just Boris* (Aurum, 2012), p. 50.
8 Boris Johnson and Nicholas Farrell, 'Forza Berlusconi !', *Spectator*, 6 September 2003.
9 Gideon Rachman, 'Boris Johnson has failed the Churchill Test', *Financial Times*, 22 February 2016.
10 Rajeev Syal, 'Cameron: Johnson said Leave campaign would lose minutes before backing it', *Guardian*, 16 September 2019.
11 Rick Noak, 'Brexit needs some of Trump's madness, Boris Johnson suggests', *Washington Post*, 8 June 2018.
12 Katie Weston, 'Brexit conspiracy: Boris Johnson warns the deep state's great conspiracy will backfire', *Daily Express*, 14 January 2019.
13 Sebastian Payne, 'Downing Street glee as gang of 21 expelled from the Tory party', *Financial Times*, 4 September 2019.
14 Dominic Cummings blog, 'On the referendum: Actions have consequences', 27 March 2019.
15 Peter Walker, 'UK poised to embrace authoritarianism, warns Hansard Society', *Guardian*, 8 April 2019.
16 Allison Pearson, 'We need you, Boris – your health is the health of the nation', *Daily Telegraph*, 7 April 2020.
17 Rush Doshi, *The Long Game: China's Grand Strategy to Displace American Order* (Oxford University Press, 2021), p. 13.

Indian Express, 10 October 2019.

21 Yogita Limaye, 'Amnesty International to halt India operations', BBC News, 29 September 2020.

22 以下を参照。Filkins, *New Yorker*.

23 Shivshankar Menon, 'Rulers of Darkness', *India Today*, 4 October 2019.

24 以下を参照。Jo Johnson, 'Narendra Modi's culture war storms India's elite universities', *Financial Times*, 26 January 2020.

25 Shruti Kapila, 'Nehru's idea of India is under attack from the nationalist right', *Financial Times*, 12 January 2020.

26 Jason Stanley, 'For Trump and Modi, ethnic purity is the purpose of power', *Guardian*, 24 February 2020.

27 'Supreme Court judge describes Modi as "popular, vibrant and visionary leader" ', *The Wire*, 6 February 2021.

28 以下で引用されている。Amy Kazmin, 'Indians maintain faith in messianic Modi', *Financial Times*, 6 July 2020.

29 以下で引用されている。Gideon Rachman, 'Narendra Modi and the perils of Covid hubris', *Financial Times*, 26 April 2021.

30 Amy Kazmin, 'Narendra Modi, the style king, puts on the guru look', *Financial Times*, 1 July2021.

第5章

1 以下で引用されている。Colin Woodard, 'Europe's New Dictator', *Politico*, 20 June 2015.

2 以下で引用されている。Paul Lendvai, *Orbán: Europe's New Strongman* (Hurst, 2017), p. 195.

3 Ibid., p. 192.

4 以下で引用されている。Krastev and Holmes, p. 68.（『模倣の罠』）

5 以下で引用されている。Lendvai, p. 201.

6 Krastev and Holmes, p. 14.（『模倣の罠』）

7 'Trump calls for total and complete shutdown of Muslims entering US', *Politico*, 7 December 2015.

8 以下で引用されている。Krastev and Holmes, p. 47.（『模倣の罠』）

9 これらの詳細は、私のFTの同僚であるヘンリー・フォイが行ったカチンスキへのインタビューと人物紹介より。Henry Foy, 'Poland's Kingmaker', *Financial Times*, 26 February 2016.

10 以下で引用されている。Patrick Kingsley, 'As West Fears the Rise of Autocrats, Hungary Shows What's Possible', *New York Times*, 10 February 2018.

11 Viktor Orbán, State of the Nation speech, 19 February 2020. Transcript from Remix News.

12 以下を参照。Paul Lendvai, 'The Transformer: Orbán's Evolution and Hungary's Demise', *Foreign Affairs*, September 2019, p. 46.

13 Ibid., p. 48.

14 George Soros, 'Rebuilding the asylum system', Project Syndicate 26 September 2015.

15 以下で引用されている。Peter Conradi, 'How the billionaire George Soros became the right's favourite bogeyman', *Sunday Times*, 10 March 2019.

16 Lendvai, *Foreign Affairs*, p. 52.

17 'How Viktor Orbán hollowed out Hungary's democracy', *The Economist*, 29 August 2019.

18 以下で引用されている。Valerie Hopkins, 'How Orbán's decade in power changed Hungary', *Financial Times*, 21 May 2020.

19 以下で引用されている。Lendvai, *Foreign Affairs*, p. 54. 元のインタビューは以下。*La Repubblica* in 2018.

20 Ibid.

Guardian, 25 November 2013.

28 Stephanie Nebehay, 'U.N. says it has credible reports that China holds 1m Uighurs in secret camps', Reuters, 10 August 2018.

29 'China forces birth control on Uighur Muslims, other minorities: birth rates fall by 60% from 2015 to 2018 in Xinjiang', Associated Press, 29 June 2020.

30 James Landale, 'Uighurs: credible case China is carrying out genocide', BBC News, 8 February 2021.

31 Zheping Huang, 'Xi Jinping Says China's authoritarian system can be a model for the world', Quartz, 9 March 2018.

32 'The View from Bogotá – an interview with President Iván Duque Márquez', Aspen Institute, 22 January 2021.

33 Hu Xijin, 'The more trouble Taiwan creates, the sooner the mainland will teach them a lesson', *Global Times*, 6 October 2020.

第4章

1 2018年5月、デリーでの筆者との会話より。

2 以下で引用されている。Benjamin Parkin and Amy Kazmin, 'Narendra Modi renames cricket stadium after himself ', *Financial Times*, 24 February 2021.

3 これらの例の多くは、以下の記事による。Kapil Komireddi, 'India, the world's largest democracy, is now powered by a cult of personality', *Washington Post*, 18 March 2021.

4 Debobrat Ghose, '1,200 years of servitude: PM Modi offers food for thought', Firstpost, 13 June 2014.

5 スブラマニアン・スワミへのインタビュー。Huffington Post, 14 April 2017.

6 Ramachandra Guha, 'How the RSS detested Gandhi', *The Wire*, 30 January 2020.

7 以下を参照。'Why India's Hindu hardliners want to sideline Mahatma Gandhi', BBC News, 30 January 2017.

8 モディの初期の経歴の概略やRSSとの関係については以下による。Dexter Filkins, 'Blood and Soil in Narendra Modi's India', *New Yorker*, 2 December 2019.

9 シンとその改革については、私の以下の著書に描いている。Gideon Rachman, *Zero-Sum World* (Atlantic, 2010), pp. 78–83.

10 Gideon Rachman, 'India needs a jolt – and Modi is a risk worth taking', *Financial Times*, 28 April 2014.

11 Ibid.

12 Barack Obama, 'Narendra Modi', *Time*, 16 April 2015.

13 以下で引用されている。Gideon Rachman, 'How India's Narendra Modi will shape the world', *Financial Times*, 14 May 2018.

14 2019年7月9日にロンドンにてインド高等弁務官のお膳立てでランチをともにした際の会話から。

15 スワミへのインタビュー。Huffington Post.

16 Rachman, *Financial Times*, 14 May 2018.

17 Milind Ghatwai, 'Madhya Pradesh: You vote for Lotus, you are pressing trigger to kill terrorists, says PM Modi', *Indian Express*, 18 May 2019.

18 'Outrage over right-wing Euro-MPs' Kashmir visit', BBC News, 30 October 2019.

19 以下で引用されている。Isaac Chotiner, 'Amartya Sen's Hopes and Fears for Indian democracy', *New Yorker*, 6 October 2019.

20 Pratap Bhanu Mehta, 'Serial Authoritarianism picks out targets one by one and tires out challenges',

第3章

1 Nicolas Berggruen and Nathan Gardels, 'How the world's most powerful leader thinks', WorldPost, 21 January 2014.

2 John Simpson, 'New Leader Xi Jinping Opens Door to Reform in China', *Guardian*, 10 August 2013.

3 Frank Dikötter, *How to Be a Dictator: The Cult of Personality in the Twentieth Century* (Bloomsbury, 2019), p. 105.

4 以下で引用されている。Chris Buckley, 'Xi Jinping opens China Party Congress, his hold tighter than ever', *New York Times*, 17 October 2017.

5 以下で引用されている。Tom Phillips, 'Xi Jinping heralds new era of Chinese power at Communist Party Congress', *Guardian*, 18 October 2017.

6 Mark Purdy, 'China's Economy, in Six Charts', *Harvard Business Review*, 29 November 2013.

7 以下を参照。Evan Osnos, 'Born Red', *New Yorker*, 30 March 2015.

8 習近平の若年期については以下に短いが優れた記述がある。Kerry Brown, *The World According to Xi* (I.B. Tauris, 2018). また、同書に引用されたエヴァン・オスノスによる卓越したエッセイも参照のこと。

9 以下で引用されている。François Bougon, *Inside the Mind of Xi Jinping* (Hurst, 2018), p. 56.

10 以下を参照。Osnos, *New Yorker*.

11 Brown, *The World According to Xi*, p.16.

12 McGregor, *Xi Jinping: The Backlash*, p. 34.

13 Edward Wong, Neil Gough and Alexandra Stevenson, 'China's Response to Stock Plunge Rattles Traders', *New York Times*, 9 September 2015.

14 'Rumours swirl in China after death of top Chongqing Party official', Radio Free Asia, 4 November 2019.

15 Victor Mallet, 'Interpol "complicit" in arrest of its chief in China', *Financial Times*, 7 July 2019.

16 'Xi Jinping Millionaire Relations Reveal Fortunes of Elite', Bloomberg News, 29 June 2012.

17 以下で引用されている。Bougon, *Inside the Mind of Xi Jinping*, p. 39.

18 Ibid., p. 154.

19 Yuan Yang, 'Inside China's Crackdown on Young Marxists', *Financial Times*, 14 February 2019.

20 Gideon Rachman, 'Lunch with the FT: Eric Li', *Financial Times*, 8 February 2020.

21 以下で引用されている。Don Weiland, 'Inside Wuhan', *Financial Times*, 23 April 2020.

22 以下で引用されている。Michael Collins, 'The WHO and China: Dereliction of Duty', Council on Foreign Relations, 27 February 2020.

23 これらの数字は、西側ではいくぶん疑念をもって迎えられている。『エコノミスト』誌による超過死亡の分析は、「武漢における新型コロナウイルス感染症による死者数は公式発表よりずっと多いと思われる」と結論づけている（2021年5月30日号）。中国当局は、最初に感染が拡大した武漢における死者数を3869人としていた。『エコノミスト』誌はこれを、2020年3月末には1万3400人まで増えたと修正している。しかし、仮にこの修正が正しいとしても、中国における死者数が西側諸国よりずっと少ないという基本的な点は変わらない。

24 以下で引用されている。'Xi confers medals for virus fight at victory ceremony in Great Hall of the People', Bloomberg, 8 September 2020.

25 John Sudworth, 'Wuhan marks its anniversary with triumph and denial', BBC News, 23 January 2021.

26 'Unfavorable views of China reach historic highs in many countries', Pew Research Center, 6 October 2020.

27 Jonathan Kaiman, 'Islamist group claims responsibility for attack on China's Tiananmen Square',

27 Tobias Jones, 'How Matteo Salvini Became Putin's Man in Europe', *Prospect*, 30 August 2019.
28 Anne Applebaum, 'The False Romance of Russia', *Atlantic*, 12 December 2019.
29 これらのつながりは以下に描かれている。Belton, pp. 427–36.
30 以下で引用されている。Troianowski, *Washington Post*.
31 Julian Borger, 'Barack Obama: Russia is a regional power showing weakness over Ukraine', *Guardian*, 25 March 2014.

第2章

1 Robert Kaplan, 'At the Gates of Brussels', *Atlantic*, December 2004.
2 以下で引用されている。'To Brussels on a wing and a prayer', *The Economist*, 9 October 2004.
3 Ibid.
4 以下を参照。Gideon Rachman, *Easternisation* (Vintage, 2017), p. 202.（邦訳：ギデオン・ラックマン『イースタニゼーション —— 台頭するアジア、衰退するアメリカ』小坂恵理訳、日本経済新聞出版）
5 以下を参照。Soner Cagaptay, *The New Sultan: Erdogan and the Crisis of Modern Turkey* (I.B. Tauris, 2020), p. 4.
6 以下で引用されている。Kaya Genc, 'Erdogan's Way', *Foreign Affairs*, September/October 2019, p. 29.
7 以下を参照。Steven Cook, 'How Erdogan Made Turkey Authoritarian Again', *Atlantic*, 22 July 2016.
8 以下を参照。Aykan Erdemir and Oren Kessler, 'A Turkish TV blockbuster reveals Erdogan's conspiratorial, anti-semitic worldview', *Washington Post*, 15 May 2017.
9 以下を参照。Jenny White, 'Democracy is like a Tram', Turkey Institute, 14 July 2016.
10 Jonathan Head, 'Quiet end to Turkey's college headscarf ban', BBC, 31 December 2010.
11 Gideon Rachman, 'Don't Be Blind to Erdogan's Flaws', *Financial Times*, 10 October 2011.
12 クーデターの企てについては、以下に生々しい描写がある。Hannah Lucinda Smith, *Erdogan Rising: The Battle for the Soul of Turkey* (William Collins, 2019), pp. 203–21.
13 以下を参照。Laura Pitel, 'Turkey: Gulenist crackdown', *Financial Times*, 11 September 2016.
14 以下を参照。Gene, *Foreign Affairs*, p. 33.
15 Laura Pitel, 'Europe's top human rights court orders Turkey to release jailed Kurdish politician', *Financial Times*, 22 December 2020.
16 Matthew Wills, 'The Turkish Origins of the Deep State', JSTOR Daily, 10 April 2017.
17 197ページに引用したジョン・ボルトンとフィオナ・ヒルの証言を参照。
18 Gideon Rachman, 'Modi and Erdogan Thrive on Divisive Identity Politics', *Financial Times*, 10 August 2020.
19 Peter Spiegel, 'José Manuel Barroso: "Not everything I did was right"', *Financial Times*, 4 November 2014.
20 'Turkey slams EU officials in row over Netherlands campaigning', BBC News, 14 March 2017.
21 以下で引用されている。Laura Pitel, 'Erdogan's great game: soldiers, spies and Turkey's quest for power', *Financial Times*, 11 January 2021.
22 David Kirkpatrick and Carlotta Gall, 'Audio offers gruesome details of Jamal Khashoggi Killing Turkish Official Says', *New York Times*, 17 October 2018
23 Laura Pitel, 'Turkey Senses Growing National Challenge to Erdogan', *Financial Times*, 24 June 2019.
24 2020年6月2日の @SonerCagaptay のツイート。

2020.

第1章

1 Fiona Hill and Clifford Gaddy, *Mr Putin: Operative in the Kremlin* (Brookings Institution Press, 2013).（邦訳：フィオナ・ヒル、クリフォード・C・ガディ『プーチンの世界 ── 「皇帝」になった工作員』濱野大道・千葉敏生訳、畔蒜泰助監修、新潮社）フィオナ・ヒルはトランプ政権のNSCでロシア担当上級部長となり、後にトランプ大統領弾劾をめぐる公聴会で証言した。

2 New Year Address by Acting President Vladimir Putin, 31 December 1999, http://en.kremlin.ru.

3 以下で論じられている。Ivan Krastev and Stephen Holmes, *The Light That Failed – A Reckoning* (Allen Lane, 2019), p. 108.（邦訳：イワン・クラステフ、スティーヴン・ホームズ『模倣の罠 ── 自由主義の没落』立石洋子訳、中央公論新社）

4 以下より引用。Lionel Barber and Henry Foy, 'Vladimir Putin says liberalism has become obsolete', *Financial Times*, 28 June 2019.

5 以下を参照。Susan Glasser, 'Putin the Great', *Foreign Affairs*, September/October 2019.

6 以下で引用されている。Catherine Belton, *Putin's People – How the KGB took back Russia and then took on the West* (William Collins, 2020), pp. 26, 39–41.

7 Hill and Gaddy, p. 76.（『プーチンの世界』）

8 Belton, p. 85.

9 Hill and Gaddy, p. 9.（『プーチンの世界』）

10 以下で引用されている。Belton, p. 112.

11 Ibid., p. 11. ベルトンはまた、エリツィンの周囲でもともとプーチンを後援していた人々が、いかにプーチンを押し出し、その後、いかにその決定を後悔するに至ったかを興味深く描いている。

12 以下で引用されている。Anton Troianovski, 'Branding Putin', *Washington Post*, 12 July 2018

13 James Ciment, 'Life Expectancy of Russian Men Falls to 58', *BMJ*, 21 August, 1999.

14 2014年9月、モスクワでの筆者によるインタビューより。

15 'Putin's Russia'. 2019年10月9日配信の筆者のポッドキャスト Rachman Review より。

16 Krastev and Holmes, p. 82.（『模倣の罠』）

17 2008年、モスクワでの筆者との会話より。

18 以下で引用されている。Jan Matti Dollbaum, Morvan Lallouet and Ben Noble, *Navalny: Putin's Nemesis, Russia's Future* (Hurst, 2021), p. 152.（邦訳：ヤン・マッティ・ドルバウム、モルヴァン・ラルーエ、ベン・ノーブル『ナワリヌイ　プーチンがもっとも恐れる男の真実』熊谷千寿訳、NHK出版）

19 以下を参照。Max Seddon, 'Lunch with the FT: Alexei Navalny', *Financial Times*, 22 November 2019.

20 Luke Harding, 'Revealed: the $2bn offshore trail that leads to Vladimir Putin', *Guardian*, 3 April 2016.

21 'Russian billionaire Arkady Rotenberg says "Putin Palace is his" ', BBC News, 30 January 2021.

22 'Vlad's the boss: "World's secret richest man" Vladimir Putin guards his secret billions like a mafia godfather, expert claims', *Sun*, 22 March 2018.

23 Chris Giles, 'Russia's role in producing the tax system of the future', *Financial Times*, 29 July 2019.

24 以下で引用されている。Martin Chulov, 'Can Saudi Arabia's "great reformer" survive the death in the consulate?', *Guardian*, 13 October 2018.

25 以下で引用されている。Elias Isquith, 'Rudy Giuliani', Salon, 4 March 2014.

26 元のインタビューは、2014年にアラステア・キャンベルが*GQ*のために行った。

原註

はじめに

1　これらの数字は、オクスフォード・マーティン・スクールのマックス・ローザーが、バラエティーズ・オブ・デモクラシー（V-Dem）プロジェクトのデータを用いてまとめたもの。以下を参照。ourworldindata.org.

2　Freedom House, 'Freedom in the World 2021: Democracy under siege'.

3　以下で引用されている。Mehdi Hasan, 'It wasn't just Trump – every U.S. president has gotten Putin wrong', MSNBC, 16 June 2021.

4　Brian Parkin and Rainer Buergin, 'Merkel says Russia risks harm to self with 19th century ways', Bloomberg, 13 March 2014.

5　'A Turkish Success Story', *New York Times*, 28 January 2004.

6　Nicholas Kristof, 'Looking for a Jump-Start in China', *New York Times*, 5 January 2013. 私がこの一文に注目したのは以下による。Richard McGregor in *Xi Jinping: The Backlash* (Lowy Institute, 2019), p. 9.

7　Thomas L. Friedman, 'Letter from Saudi Arabia', *New York Times*, 25 November 2015.

8　Thomas L. Friedman, 'Saudi Arabia's Arab Spring At Last', *New York Times*, 23 November 2017.

9　Gideon Rachman, 'India needs a jolt and Modi is a risk worth taking', *Financial Times*, 28 April 2014.

10　Freedom House, 'Freedom in the World 2020: A Leaderless Struggle for Democracy'.

11　Rachel Frazin, 'Biden calls Boris Johnson "a physical and emotional clone" of Trump', *The Hill*, 13 December 2019.

12　以下を参照。Masha Gessen, 'Autocracy: Rules for Survival', *New York Review of Books*, 10 November 2016.

13　'Trump Defends Putin Killing Journalists', Daily Beast, 13 April 2017.

14　Rana Mitter, 'The World China Wants', *Foreign Affairs*, January/February 2021.

15　Ramachandra Guha, 'Modi Personality Cult Runs Contrary to BJP's Own Objections to Worship of Individuals', Scroll.in, 2 August 2020.

16　Charlotte Gao, 'Xi: China Must Never Adopt Constitutionalism', *The Diplomat*, 19 February 2019.

17　Reuters video, 14 April 2020.

18　以下で引用されている。*The Economist*, 'Getting off the train', 4 February 2016.

19　以下を参照。Nathaniel Rachman, 'The Simpleton Manifesto', *Persuasion*, 15 October 2020.

20　John Johnston, 'Boris Johnson blasted over claims deep state is betraying Brexit', Politics Home, 14 January 2019.

21　2019年10月、ベルリンでの筆者との会話より。

22　Ibid.

23　Fiona Hill, *There is Nothing For You Here: Finding Opportunity in the 21st Century* ' (Mariner Books, 2021), p. 224.

24　'No Job, no house, no welfare', *The Economist*, 28 May 1998.

25　以下を参照。Roberto Foa, 'Why strongmen win in weak states', *Journal of Democracy*, January 2021.

26　'Genocide Aside', *The Economist*, 13 February 2021.

27　Jeffrey Goldberg, 'Why Obama Fears for our Democracy', *Atlantic*, 16 November 2020.

28　'Can you foil the love tonight?', *The Economist*, 19 November 2020.

29　ムッソリーニ、カダフィ、プーチンなど、強権的指導者にとっての「男っぽさ」の重要性は、ルース・ベン・ギアトの著書の大切なテーマである。Ruth Ben-Ghiat *Strongmen: How They Rise, Why They Succeed, How They Fall* (Profile, 2020).

30　2019年8月、モスクワでの筆者との会話より。

31　Mark Easton, 'Coronavirus: Social media spreading virus conspiracy theories', BBC News, 18 June

ギデオン・ラックマン

Gideon Rachman

フィナンシャル・タイムズ紙（FT）
チーフ・フォーリン・アフェアーズ・コメンテーター
BBCや『エコノミスト』誌でジャーナリストとしてのキャリアを積み、ワシントンDC、ブリュッセル、バンコクなどの海外特派員を歴任。2006年にFTに移る。2016年には政治報道でオーウェル賞、欧州報道賞のコメンテーター賞を受賞した。邦訳された著作に『イースタニゼーション』がある。

村井浩紀

Koki Murai

日本経済研究センター・エグゼクティブ・フェロー
1984年、日本経済新聞社入社。ヒューストン、ニューヨーク、ロンドンに駐在。経済解説部長などを経て2018年から現職。訳書にジョセフ・S・ナイ『アメリカの世紀は終わらない』、セバスチャン・マラビー『グリーンスパン』、H・R・マクマスター『戦場としての世界』などがある。

強権的指導者の時代
民主主義を脅かす世界の新潮流

２０２２年８月２日　１版１刷

著者　ギデオン・ラックマン
監訳者　村井浩紀
発行者　國分正哉
発行　株式会社日経ＢＰ
　　　日本経済新聞出版
発売　株式会社日経ＢＰマーケティング
　　　〒１０５-８３０８　東京都港区虎ノ門４-３-12
装幀　新井大輔（装幀新井）
ＤＴＰ　アーティザンカンパニー
印刷・製本　中央精版印刷株式会社

ＩＳＢＮ ９７８-４-２９６-１１４２７-６

本書籍に関するお問い合わせ、ご連絡は左記にて承ります。
https://nkbp.jp/booksQA
Printed in Japan